Der interdimensionale Lichtweg

AF161254

Der Interdimensionaler Lichtweg

von Herta Drnec

Copyright 2014 Herta S. Drnec

3. Auflage

Herstellung und Verlag:

Bod, Books on Demand GmbH, Norderstedt,

ISBN: 9 783 735 718 396

Projektleitung: Pierre Bruyère, www.virtas.net

Layout: Maria Gössler, www.pixelfisch.at

Titelbild: Herta Drnec

Für Interessierte: www.interlichtweg.net

Trotz sorgfältiger Bearbeitung und Herstellung dieses Buches können Fehler nicht ausgeschlossen werden. Nach geltender Rechtsprechung muß jede Haftung für Folgen, die sich daraus ergeben könnten, sowohl für den Verfasser als auch für den Verlag ausgeschlossen werden.

Inhaltsverzeichnis

Einleitung

1. Der Mensch ist ein multidimensionales Wesen — 10
2. Der Große Drache — 20
3. Das Hohe Selbst — 25
   Seelische Entwicklung im Interdimensionalen Lichtweg
4. Fähigkeiten - Kontakte - Intuition – Divination — 34
5. Kontakte — 42
   Tore
   Das Ritual
   Reinigung
6. Kraft — 64
7. Matrix — 69
8. Die Dimensionen — 73
   Intuition
   Devination
   Channeln
   Arbeiten mit dem Planeten Erde
9. Deva - Antar – Arhat — 98
10. Gruppen und Einzelarbeit — 106
    Verbündete
    Das Projekt
11. Training — 120
    Einweihung
    Pfade
    Die kosmischen Strahlen
12. Der Planet Erde im interdimensionalen Kosmos — 138
    Waffen und Werkzeuge
    Kristalle
13. Das große Tor — 153
14. Heilen aus der Sicht der magischen Hygiene — 156
    Energiezentren

Danksagung — 168
Der nächste Schritt — 170
Bibliographie — 173

Der interdimensionale Lichtweg

Einleitung

Die Arbeit, die hier beschrieben wird, begann bereits vor 40 Jahren. Ich wohnte damals in Denver, Colorado und fühlte die ersten Belebungen, die eine freie Welt der Gedanken nährt, welche damals für mich in den Vereinigten Staaten von Amerika zu erfahren möglich wurde.

Zwar war auch in meinem Heimatland Österreich Gedankenfreiheit das Recht jedes Staatsbürgers, aber als Frau waren mir gesellschaftlich und religiös wesentlich mehr Grenzen gesetzt. Ich begann, zu lesen, zu lernen, zu hinterfragen - oh, welch eine wunderbare Welt tat sich auf, ich durfte, ja, ich sollte Fragen stellen, die sich jemand bemühte, zu beantworten!

Als Frau - genau hier liegt einer der Gründe für all das, was bis jetzt zu mir kam. Die Frage, warum die klügste Frau beruflich, gesellschaftlich und auf dem religiösen Sektor einfach hinter dem Mann zu stehen hatte, nur, weil Frauen einfach nicht klüger, agressiver, oder zumindest gleichgestellt sein konnten und daher nicht durften, bewog mich, einfach jetzt einmal alles zu bezweifeln, zu analysieren und zu durchleuchten.

Natürlich war das in den sechziger Jahren des vorigen Jahrhunderts. Heute kann sich kaum jemand, der nicht so alt ist wie ich es bin, solch eine Situation vorstellen. Als ich vor 24 Jahren nach Europa zurückkehrte, hatte sich vieles zum Besseren verändert.

Da sich in den Vereinigten Staaten - mehr als in meiner Heimat - die religiöse Toleranz in unendlich vielen verschiedenen Kirchen zeigte, die eher friedlich nebeneinander ihr Verständnis der Ursprünge des Glaubens, meistens des christlichen Glaubens, voll auslebten, war es nur eine Frage der Zeit, bevor ich begann, die heilige Schrift eingehend zu lesen, zu diskutieren und zu finden. Schließlich war ich so weit, Armageddon mit offenem Herzen und voller Angst wegen meines liederlichen Lebenswandels zu erwarten.

Wir wohnten damals in der Nähe des Flugplatzes von Denver, Colorado, und jeden Morgen bei Sonnenaufgang wachte man vom Start einer der Verkehrsmaschinen auf. So auch an diesem schicksalshaften, mit heftiger Morgenröte unterstützten Tag, als ich vom Donnern erwachte, das rote Licht leuchtete und ich aus dem Bett sprang, mit aller Kraft rief: „Herr, ich bin bereit!"

Endlich, nach einigen Minuten der Erwartung und anschließenden Ernüchterung, erkannte ich, daß ich mich auf diesen Moment hin programmiert hatte. Dies war die erste Katharsis, die ich voll bewußt erlebte: Wir können uns dermaßen in eine Anschauung hineinsteigern, bis wir das Brainwashing, uns selbst zugefügt oder auch von außen unterstützt, gar nicht mehr bemerken.

Seither analysiere ich alles, was mir begegnet, immer und mehr als jemals zuvor. Es bringt vieles, wenn man sich auf dem inneren Weg befindet, denn die Worte, welche man hört, die Bücher, die man liest, die Menschen, mit welchen man sich austauscht, alles formt oder sogar verformt das Innere. Jeder Mensch, dem wir begegnen, hinterläßt mehr oder weniger einen Eindruck, ob wir es zulassen wollen oder auch nicht.

Ich bin nicht nur das Produkt meiner Erbanlagen, meiner Bildung und Lebenserfahrung; ich bin auch das Resultat der vernetzten inneren Kommunikationen, des Austausches mit anderen, des seelischen Entwicklungsvorganges, mehr von dem Wesen auszudrücken, das ich wahrlich und letztlich bereits vor diesem Leben war und danach sein werde.

Die nachfolgenden Jahrzehnte der inneren Suche, des Kontaktierens verschiedener esoterischer Organisationen und des immerwährenden Studiums von Religion und Energiearbeiten, das Berühren von Geistwesen und das damit verbundene Lernen waren nunmehr nur eine logische Weiterentwicklung, bis ich jetzt, an diesem Tage, den Entschluß faßte, dem Vorschlag einiger meiner geliebten und hoch verehrten geistigen Kontakte und meinem inneren Drang zu folgen und dieses Buch zu beginnen.

Möget Ihr, die Ihr diese Zeilen lest, mit mir die Gewißheit teilen, daß der Mensch nicht alleine steht, daß im Gegenteil er derjenige ist, der die Hoffnung der höheren Welten zu erfüllen vermag, die unendlich langen Anstrengungen, die in das Formen dieses derzeitigen Intelligenzträgers über Äonen investiert wurden, zu rechtfertigen.

Herta Drnec, 1. Mai 2013

… Der interdimensionale Lichtweg

1. Der Mensch ist ein multidimensionales Wesen

Diese Behauptung wird jenen Lesern, welche esoterisch mit dieser Materie noch nicht vertraut sind, außergewöhnlich erscheinen. Dafür habe ich Verständnis, denn vor noch etwa 25 Jahren wäre es mir genauso ergangen; Dimensionen existierten damals in meinem Verständnis nur in Form von geometrischen Begriffen, niemals aber erschien mir die Idee, daß es Realitätszustände geben könnte, die ähnlich erfahrbar sein würden wie jene, die unseren Körper umgeben.

Die metaphysischen Erkenntnisse kennen fünf Elemente, welche Resultat und Ursprung der Schöpfung in sich tragen: Feuer, Wasser, Erde, Luft und Äther.

Die vier ersteren sind den meisten europäischen althergebrachten Kulturen geläufig, der Äther wurde jedoch in meinem Werdegang als Esoterikerin zunehmend prominent. Im asiatischen Bereich existieren die Begriffe der fünf Elemente bereits seit tausenden von Jahren. Nichts hievon ist neu im Interdimensionalen Lichtweg.

Im Laufe der Jahrzehnte haben sich kleine Gruppen Gleichgesonnener zusammengefunden, welche gemeinsam meditierten und lernten, wie der Mensch sich in die metaphysische Schöpfung einfügt. Sie werden in diesem Buch des öfteren lesen, daß ich von „Wir" spreche; hiemit meine ich das gemeinsame Gedankengut jener Mitarbeiter, welches wir uns während vieler Jahre erarbeitet haben. Obwohl ich dieses Buch schreibe, so habe ich doch vieles darin mit anderen Menschen und uninkarnierten Wesen in Kooperation gelernt.

Parallel zu den Urelementen, welche eigentlich mit den heute allgemein akzeptierten Elementen in der Physik nichts gemeinsam haben, gibt es noch die Betrachtungen bezüglich der „Ebenen", welche Ausdrücke des Menschen und des Lebens in der Schöpfung erklären. Diese gehen in erster Linie auf die Erkenntnisse Suchender in den vergangenen Jahrtausenden in vielen Kulturen zurück, auf welchen wir noch heute unser Basiswissen aufbauen können, bis ein anderer, einleuchtenderer Gedanke uns weiterbringt.

Ein Mensch, der in sich nicht gefestigt ist, begibt sich auf energetisch-spirituelles Glatteis, wenn er dimensional arbeitet, denn die physisch-ätherischen Welten beeindrucken das Energienetz des Menschen zwar nicht gewaltig, jedoch nachhaltig.

Die anfänglichen Fehler sind auch mir unterlaufen, anderen Unvorsichtigen ebenfalls, wenn sie die Ätherwelten, verschiedene Ausdrücke des Elementes Äther, unvorbereitet erkundeten. Dazu braucht man Training, das manchmal lange Zeit in Anspruch nehmen kann, bei gewissen begabten Menschen aber nur eine Öffnung eines bereits latenten Talents bedeuten würde.

Der interdimensionale Lichtweg

Diese Studien sind nicht für alle geeignet, aber jene, welche sich dazu hingezogen fühlen, werden die Wege finden, die sie in die Richtung weisen, die sie brauchen.

Für viele mag es so scheinen, daß esoterische Studien nutzlos sind. Wahr ist aber, daß fast alle Religionen der Welt - man denke an die Propheten der etablierten Glaubensrichtungen, an die Schamanen, an die New Ager und ihr Channeln etc. - auf Visionen und geistigen Eingebungen beruhen. Religionen waren oft der Auslöser für Konflikte vieler Art, was geschichtlich festgehalten wurde; sie sind eine Macht in der menschlichen Gesellschaft, die viele von uns tief bewegt und die Sehnsucht nach dem Höheren in uns oder außerhalb von uns treibt viele ein ganzes Leben lang zu Bestrebungen, welche ohne diesen Impuls nicht auf diese Weise verwirklicht werden könnten.

Wenn wir beginnen, dimensional zu arbeiten, tun wir dies vorerst meditativ und später dann mehr und mehr energetisch. Bis jetzt ist unsere Gruppe noch nicht physisch hinübergetreten, denn unsere Körper sind noch nicht dafür geeignet. Es braucht eine lange Zeit des Adaptierens, des Akzeptierens der jeweiligen dimensionalen Schwingungen in die physische Inkarnation dieser Dimension bevor ein solcher Vorgang erstrebenswert scheinen sollte.

In alten Zeiten, als die Öffnungen in den Tempeln noch aktiv waren, durch wissende Herrscher und Priesterschaften geschützt, war ein Übergang leichter und möglich, da der Kontakt gewünscht und gefördert wurde. Später wurden die Dimensionen allerdings voneinander getrennt, die meisten Heiligtümer versanken oder wurden zerstört, verloren, vergessen, verschollen. (Diese Information wurde mir im Jahre 1990 gegeben, als ich gechannelt hatte).

Die Herrscher der verschiedenen Realitäten im Ätherbereich beschlossen, die Zugänge so zu verschließen, daß ein Eintritt für den Menschen ohne Zugangsberechtigung zu höheren oder niedrigeren Formwelten fast unmöglich wurde. Sie hatten ihre Gründe dafür und wollten ihren Bereich schützen. Genaue Vorgänge kenne ich nicht, ich gebe nur wieder, was mir bekannt gegeben wurde.

Ab und zu kann man die etwas chaotischen Öffnungen (Dimensionsrisse) spüren, und es gibt vielleicht Menschen, die da eingreifen können. Häufiger aber sind solche, die nicht bemerkt werden. Dann gibt es im Gefüge, welches die Dimensionen stabilisiert und nährt, dunkle Stellen, die oft mehrere Realitäten einbrechen und welche dann über Jahrtausende bleiben. Die Erde, unser lieber Planet, ist reichlich davon betroffen.

All dies gehört zum Leben dieser Welt. Jene, die annehmen, daß die Erde in eine höhere Realität aufsteigen wird, erkennen nur einen Teil der Wahrheit, wie auch ich gewiß nur einen Teil der Tatsachen sehe.

Der interdimensionale Lichtweg

Die Erde als Planet und Lebewesen, ist ebenso multidimensional wie alles Leben in und auf ihr. Sie ist eingebettet in die Matrix, das Quellnetz. Was aber erkannt wird, ist, daß die drei Formdimensionen einander wieder näher kommen, i.e. Terra-b, die nächsthöhere Dimension, sich mit terra-a - der unseren - und terra-c, der nächstniedrigeren, verschmelzen muß und wird. Dies bedeutet mehr oder weniger angenehme Geburtswehen. Terra-b aber ist und war IMMER ein Teil des Lebewesens Erde, genauso wie alle anderen Dimensionen.

In uns Menschen sollte der Anteil von Terra-b genährt werden, um den Vorgang des Meldings zu erleichtern, ebenso wie wir uns evtl. auch etwas von der langsamer schwingenden Terra-c-Qualität nehmen können, die uns stabilisieren würde.

Im Raum, nicht nur um die Erde, sondern überhaupt, gibt es viele verschiedene Ausdrücke von Leben, die nicht notwendigerweise alle auf demselben Niveau schwingen. Manche existieren in Räumen, die nicht von einer Dimension genützt werden, andere sind zwar im selben Platz aber in einer feineren oder schwereren Schwingung verwirklicht. Unsere Wissenschaftler sind bemüht, mehr und mehr über die Schöpfung zu erkunden, dennoch aber sind meist die Geräte, die sie benützen, noch nicht auf dementsprechende Gegebenheiten abgestimmt. Wenn wir alles wüßten, würden wir uns des Vergnügens und der Freude der Entdeckung und des Lernens berauben.

Das würde etwas von der Dynamik des Lebens nehmen, nicht wahr?

Der Sinn des Genusses, wenn etwas entdeckt wird, erkannt wird, WIRD, ist unübertroffen. Die ganze Schöpfung steht uns offen, zu erfahren, zu begreifen. Wir sind Geistwesen, die lernen, sich in der Schöpfung zurechtzufinden und, im Lernen und Werden, unser volles Potential früher oder später ausdrücken dürfen. Da wir aus Gott geboren wurden, ist es unser Geburtsrecht.

Wenn allerdings eine Art von Intelligenzträger in seiner Entwicklung stagniert, vielleicht sich selbst zerstört oder durch äußere Einflüsse aufhört zu existieren, braucht es sehr, sehr lange, bis der Verlust wieder aufgeholt werden kann. Deshalb auch jetzt die Anstrengungen der höheren Geistwelten, das Leben auf dieser Welt zu erhalten, auch wenn es einer Anpassung an neue Gegebenheiten gleichkommt.

Wenn wir es wollen, wenn wir lernen und uns adaptieren, erfüllen wir die Hoffnungen der aufgestiegenen Wesen, die uns vorangingen, das Leben nicht nur das des Menschen, sondern der gesamten Erdennatur zu erhalten, vielleicht nicht in der herkömmlichen Form, sondern besser, reicher, schöner....

... Die Abschaffung des Lebens und des Todes wird noch nicht möglich sein denn Leben nimmt immer noch anderes Leben, um zu existieren; aber manche, manche von Euch werden es auch anders tun können und ihre Schwingungen in den Äther setzen

Der interdimensionale Lichtweg

(Kontakt: Große Alte) ...

Erklärung: Wenn immer sich eine innere Kontaktstimme meldet, wie gerade jetzt zuvor, werde ich versuchen, sie auch niederzuschreiben, denn die Verbindung zu jenen höheren Geistwesen, die mich zu diesem Buch angeregt hat, läuft während des Schreibprozesses. Sollte man diese Gedanken wegediten wollen, ginge der Pfeffer in der Suppe verloren, glaube ich.

Dimensionen sind auch das Ziel dieses Buches: Das Verständnis für ihre Existenz zu fördern, aufdaß der eine oder andere versuchen möchte, sich mutig darauf einzulassen, sie zu erfahren. Der Lernprozeß in den folgenden Anleitungen wird so detailliert wie möglich erklärt. Sollten Fragen innerhalb des Buches unbeantwortet bleiben, könnte man mich über den Verlag erreichen.

Warum nenne ich dieses Buch: Der Interdimensionale Lichtweg?

„Lichtweg" ist dieser Tage schon etwas gebraucht, aber ich selbst habe diesen Namen bereits vor etwa 15 Jahren kreiert, als ich mich von den Beschränkungen der ersten seelischen Entwicklungen befreien wollte. Die Lehren, die ich empfing, paßten nicht mehr so richtig in die bestehenden Muster. „Interdimensional" wegen der oben angeführten Gründe.

Der Weg ist aber eigentlich die Kulminierung eines langen und für mich ereignisreichen Weges des inneren Lernens. Man kann zwar vieles aus Büchern erfahren, jedoch bleiben etliche Fragen unbeantwortet, und das war für mich nicht überzeugend genug.

Immer wieder kommt man bei den „alten Lehren" (Theosophie, Wicca, Altertumsphilosophien, Hinduismus etc.) auf Situationen, die für unsere heutige Zeit und den heutigen Menschen schwer nachvollziehbar sind. Die Kontakte aus der geistigen Welt, die sich mir im Laufe der Jahrzehnte öffneten, betonen immer wieder, daß es eine Zeit der Veränderung gäbe, die um ca. 1987 eingeleitet wurde. In selbigem Jahr kontaktierte mich, aus dem „Blauen" heraus bei einem Spaziergang durch die österreichischen Felder Sanat Kumara. Er teilte mir mit, daß er von nun an eine steuernde Funktion innehätte und ich wählen möge zwischen der alten Rasse und ihren Lehren und der neuen und ihrer Entwicklung.

Mein innerer Lehrer hatte damals bereits unbekannte Wege mit mir beschritten, und daher entschied ich mich für die neue Entwicklung, für die Zukunft, für ein Leben im Einklang mit den höheren Mächten, und zwar jenen, die uns wohlgesonnen waren.

Seither habe ich vorerst mentalen Kontakt und später das Channelling mit höheren Wesenheiten und Gottheiten gepflegt und, so glaube ich aus ganzem Herzen, viel gelernt.

Der interdimensionale Lichtweg

Ich anerkenne, daß nicht jeder Mensch Dimensionen erkennen und nützen kann noch es möchte. Erst, wenn der innere Weg schon länger beschritten wurde, der seelische Kontakt zum Hohen Selbst und dem Inneren Göttlichen gefestigt wurde, erst dann würde ich diese Reise anraten. Viele mögen diesen Werdegang auf die leichte Schulter nehmen und scheitern an irgendwelchen vagen Erfahrungen und ihren eigensüchtige Zielen. Die Zeit wäre dennoch nicht verloren, denn auch durch Eliminierung lernt man.

Die alternativen Realitäten sind eine Art von Werkzeug, das wir in unseren Gruppen nützen, um zum Besten aller, des Planeten und des Lebens auf ihm und in ihm zu wirken.

Jene, die heilen wollen, anderen Menschen helfen können und wollen und dies als einziges Ziel ihres Lebens erkennen, möchte ich dazu beglückwünschen und ermutigen, nur jene Kräfte und Mächte zu kontaktieren, die ihnen in ihrem Weg helfen. Andere aber, die die innere Liebe auch für die Welt, für das Göttliche und Menschliche in Harmonie sehen, wären vielleicht im Dimensionsweg richtig. Manche vermögen beides.

Dieses Buch soll Ihnen helfen, das, was wir generell tun, zu verstehen. Es wird Ihnen Informationen liefern, wie und wieso wir dies tun wollen.

Die Anfänge eines Suchenden sind nicht so wichtig; alles läßt sich nachholen oder verwerten, adaptieren. Wichtig ist die Zuneigung zur Erde, die innere Beziehung zu einer positiven Gottheit und der Wille, Zeit und Anstrengungen zu investieren, um etwas Positives in das Energiefeld der Erde zu bringen, es zu stärken und zu erneuern, wo es notwendig ist, und sei es nur in kleinsten Quanten.

2001 - das Schicksalsjahr - arbeiteten einige von unseren Gruppen bereits glücklich an den Dimensionsaufstiegen, liebten den Kontakt mit dem nicht-terra-a-Leben und channelten selig darauf los mit Göttern, aufgestiegenen Meistern, Devas etc. Alle hatten wir die Weihe einer Priesterin oder eines Priesters des Lichtweges absolviert, manche davon sogar in höheren Dimensionen eine weitere erlangt, innere Entwicklungen bis zum und inkl. dem „Galaktischen Chakra" gemacht (Der Vorgang wird in einem späteren Thema eingehender beschrieben).

Dann kam der 11. September und für mich, die ich so lange in den Vereinigten Staaten verbracht hatte, brach alles zusammen. Ich liebe die Leute und das Land, das so gut zu mir war, und als das, was da geschah, ins Bewußtsein drang, fühlte ich die Kraft der Verzweiflung und der Kriegsbereitschaft in mir. Dunkelheit umfing meine Seele, ich rang um innere Ruhe, konnte aber nicht die Sammlung erlangen, trauerte um die vielen Toten, die so sinnlos...so sinnlos getötet wurden.

Da ich bis dato die erste in dieser spezifischen Versammlung war, die im „Galaktischen Chakra" die höheren Energiezentren schon seit längerem vereinigt hatte, empfing ich plötzlich klare Gedanken. Niemand sonst konnte sie hören, manche erkannten, daß da etwas Feines war, aber es wurde nicht klar. Für mich aber war das der Beginn einer schönen Freundschaft mit einer großen Gruppe von hoch entwickelten Geistwesen, die in einem ihrer Entwicklung angepaßten Schwingungsbereich existieren und die Interesse am Geschehen dieser Welt hatten und noch haben.

Sie zeigten uns eine Meditation, die wir dann auch durchführten. Dadurch wurden meine Trauer und meine Dunkelheit wie im Cauldron der Göttin zu innerer Ruhe und Wärme transformiert.

Dies war der erste Kontakt mit den „Großen Alten".

Sie inspirierten uns für die nachfolgenden Projekte, die im Einklang mit dem Geist der Erde und der Großen Göttin seither unsere Meetings bestimmten. Durch ihre Führung gelang es uns, andere unserer Art zu interessieren. Seither fließt die Arbeit gut voran.

Allerdings hätte keiner von uns diese Anstrengungen in Angriff nehmen können, hätten wir nicht die Jahrzehnte der Vorentwicklung seelischer, magischer und energetischer Natur hinter uns. Deshalb habe ich mich auch entschlossen, dieses Buch zu schreiben, denn allein das Ersuchen der Höheren Mächte wäre da zwar ein großer Ansporn jedoch nicht der entscheidende Faktor gewesen. Sie werden immer nur vorschlagen, niemals versuchen, jemanden zu zwingen. Dies wäre gegen ihre tiefsten Überzeugungen.

Inzwischen hat sich die Zusammenarbeit der sichtbaren und unsichtbaren Welten intensiviert und gewiß auch harmonisiert.

In einer der Sitzungen, in der wir lernen wollten, warum gewisse Saurierseelen noch Interesse an uns hätten, erfuhren wir, daß man am Ende der Herrschaft ihrer Rassen erkannte, daß der Lebensraum Erde sich verändern würde, nicht mehr geeignet für die hochentwickelten Kulturen der früheren Intelligenzträger. Man entschied sich, wegzugehen.

Die Wege, welche ihnen damals offen waren, stehen uns heute noch nicht zur Verfügung. Ein Teil ging ins All, ein anderer Teil entschied sich für eine dimensionale Überlebenschance, ein dritter Teil veränderte das Genmaterial gewisser kleiner Säuger, die sich damals bereits zeigten und von welchen man wußte, vielleicht nur hoffte, daß sie überleben würden. Auf diese Weise wollte man zumindest eine Chance für das Fortwähren der Erbsubstanz finden.

Die Saurier regierten die Erde weit länger als 120 Millionen Jahre, ein Zeitraum, den der Mensch sich zwar numerisch vorstellen könnte, dessen tatsächliche Länge als Kultur- und Entwicklungsphase uns jedoch utopisch vorkommt. Solche, die glauben, daß

Der interdimensionale Lichtweg

die erste materielle Rasse keine Intelligenz, keiner Seele oder Gefühls fähig gewesen wäre, sollten bedenken, daß es dem Menschen in weit weniger Zeit gelang, seinen Weg zu finden.

Es ist schon so, daß wir vom Erbe jener Wissenschaftler (aus der Saurier-Rasse - Info der Großen Alten) profitierten, die die ersten Adaptierungen an unseren frühen Vorfahren tätigten und daher unsere Anlaufzeit nicht ganz so lang war wie die der Altvorderen. Dennoch spricht auch die Logik dafür, daß das, was wir versteinert in den Lagern vergangener Zeiten finden, nicht alles sein kann, was vor 60 Millionen Jahren verschwand.

Jene, die sich entschieden, im spirituellen Schwingungsraum der Großen Alten zu verharren, um die Früchte ihrer Anstrengungen zu beobachten, sind uns wohlgesonnen. Der dem göttlichen nächste Bereich läßt keine qualitativ dunklen Gedanken mehr zu, welche die Schwingung negativ beeinflussen könnten. Die meisten dieser Wesen, denn es sind dort nicht nur saurische Vorfahren sondern auch hohe Geistwesen anderer Art und Vergangenheit angesiedelt, sind dort aufgrund iher eigenen Entscheidung und nicht, weil sie einfach nicht höher gehen können. Ihre Ethik und ihre Hoffnungen haben uns wieder und wieder gezeigt, daß sie auf der Seite des Lichtes sind.

Das Licht aber, um wieder auf den „Interdimensionalen Lichtweg" zurückzukommen, war nicht immer Teil meiner Arbeit und meiner Ziele. Der Anfang war dunkler im Suchen nach Macht und magischen Fähigkeiten, die jedoch nicht die innere Fülle und das Glück brachten, sondern mich nur tiefer und tiefer ins Fleischliche führten - Verstrickungen, die meiner Seele Schaden zufügten und, wenn länger durchgeführt, mich auf immer von meinen höheren Funktionen abgeschnitten hätten.

Der Lichtblick in diesen Zeiten war das Kennenlernen der weiblichen Kraft der Schöpfung. Heute, wenn ich mich zurückwende, erkenne ich, daß es mir nur so möglich war, mich aus den Verstrickungen des Patriarchats zu befreien, um schließlich so etwas wie eine Perspektive zu erlangen. Das Männliche des Göttlichen ist nämlich für uns, als bigepolte Wesen, nur ein Teil der Ganzheit.

Lange bevor die Götter vom Manne geformt wurden, gab es die Mutter-Göttin, jene, die Leben gab und nahm. Und lange, bevor es Menschen gab, waren es Geistwesen, welche sich mit der Erde verbanden, dem Planeten und dem Bewußtsein, das ihn belebte.

Die diversen, mit Sensitivität ausgestatteten Intelligenzträger in der irdischen Entwicklung erkannten die Energieformen, gaben ihnen Namen, die sie sich vorstellen konnten und welche Bedeutung für sie hatten. Oft waren es dieselben Wesen, die für verschiedene Gruppierungen die verschiedensten Namen und Begriffe darstellten. Für uns begreifbar waren es die frühen Menschen, die den Glauben-Aberglauben entwickelten und sich Gottheiten nach ihren Vorstellungen schufen.

Der interdimensionale Lichtweg

Wie konnten sie anders sein als männlich-weiblich, sind wir es doch auch?! Wahr, es gibt auch jene unter uns, die weder-noch sind, aber deren Seltenheit ist so groß, daß sie nicht als Vorbilder der Gesamtheit dienen können. Unsere Geister, Götter und Göttinnen mußten dem angepaßt werden, was wir waren, verstehen konnten, was uns verstehen konnte. Und so wurde es.

Wer jemals einen Arbeitsvortrag hielt, der weiß, wovon ich jetzt spreche: Energie fließt vom Publikum zum einzelnen Menschen, der da spricht. Die Aufmerksamkeit liefert eine Art von Kraft, die man spürt. Wenn nun tausende, Millionen von Anbetungen über einen großen Zeitraum stattfinden, was geschieht dann mit jener Einheit, die diese Energien immer und immer wieder auf sich gerichtet bekommt?

Sie wird zum Gott oder zur Göttin.

Welchen Gott oder welche Göttin wir auch immer ansprechen, wir kontaktieren ein mehr oder weniger großes Energiefeld, das aber nicht nur „Feld" sondern „MEHR" beinhaltet.

Ein Gott hat zwar Kraft aber auch Qualität, hat Gefühle und Neigungen, kann belohnen oder bestrafen, befehlen oder verleiten. Im Laufe der Zeit wurde diesen sich dem Planeten anschließenden Geistwesen oder sogar nur einem Energiewesen, das ohnehin bereits dachte, fühlte und manifestierte, jedoch nur für sensitive Menschen wahrnehmbar war, so viel Kraft verliehen, daß sie verblieben, neue Qualitäten annahmen, den Menschen formen konnten.

Heute aber kommt das alte Erbe wieder durch, und zwar in den jungen Rassen. Heute gibt es Indigo-, Kristall- und Atlantiskinder (manche hievon gewiß schon in reiferem Alter), die mit den alten Gaben des Erkennens und Durchblicks geboren wurden. Die Auslese des Mittelalters, wo in den Verfolgungen eventueller Begabter, die „sehen" und Energien „wirken" konnten, eine Gen-Auslese stattfand, hat sich inzwischen wieder ausgeglichen.

Heute gibt es gottseidank in zivilisierten Ländern keine Verbrennungen mehr, wo auch viele dem Aberglauben und der Habgier anderer zum Opfer fielen, denn gewiß nicht alle jener, die da gefoltert und ausgelöscht wurden, waren „schuldig". Heute dürfen jene, die können, heilen, in die Zukunft blicken, Strömungen erkennen, außerphysische Kontakte pflegen, jeder nach seiner Art.

Dies trägt vielleicht dazu bei, daß einige traditionelle Institutionen aufmerksam und besorgt werden, allerdings nicht in einem Maße, wie manche befürchten. Heute denkt man bereits daran, diese Talente für sich zu gewinnen.

Der interdimensionale Lichtweg

Weiters beginnt das Konzept dessen, was Gott ist oder sein könnte, sich zu ändern. Mehr und mehr erkennen jene Menschen, deren Geist flexibel und wach ist, daß das alte Verstehen Gottes sich ändern muß, wenn es in der neuen Zeit kraftvoll bleiben will. Die Intelligenz und Ausbildung des heutigen Suchenden ermöglicht viel mehr Einblick und Verantwortung für das, was man findet.

Gott ist und wird mehr und mehr zum universellen Geist, der in allem ist und wirkt, und dies jenseits der Strömungen von weiblich und männlich, korporeal und entropisch. Er wird zur Seele der Universen eher als zum rachsüchtigen, engstirnigen, kleinlichen Konzept, das oft traditionell verehrt wird. Bereits seit Jesus, der einer der erfolgreichsten Verfechter des neuen Konzepts wurde, ist es die Liebe, die die Zukunft verheißt. Auf dessen Aussage konzentrieren sich viele seiner heutigen Nachfolger und finden einen neuen Frieden und eine neue Zukunft.

Dies ist tatsächliche Hilfe für viele unserer Zeit. Andere wiederum können zwar intellektuell damit zurande kommen, finden sich allerdings im Netz der Spinne der etablierten Kulturen gefangen. Wie entfliehen? Wie entkommen und dennoch Gott lieben?

Man trifft sie immer wieder, jene begabten Kinder der Neuen Zeit, die suchen und schließlich etwas finden, was sie überzeugt oder zumindest für einige Zeit fesselt, lange genug, um einen kostbaren Teil ihres Lebens ruhiggestellt zu sein, keine Dynamiken geistig-spiritueller Natur zu erzeugen, sondern einfach nur jemandem nachzufolgen, der etwas „Macht" demonstriert, die Seele aber verkümmern läßt.

... dazu müssen wir jetzt etwas sagen: (Kontakt: Große Alte) Wir sehen den Menschen anders. Er mag zwar nicht immer das Licht erkennen, aber oft glaubt er es zu sehen und folgt ihm nach. Für viele deiner Art, heute, in dieser Zeit, ist es wichtig, etwas abzuschließen. Wenn sie nicht bereit sind, selbst dem Licht zu folgen, dann ist es doch weitaus besser, jemandem, der die Laterne hält, zu folgen.

Diese Leben sind ebenso wertvoll wie andere für jene Menschen es sind, die einen alternativen Weg beschritten haben. Wir wollen uns nicht einmischen, sondern jene beraten, die bereit sind, dem Planeten mit ihren Gedanken und Taten zu helfen. Solche, die wie Ihr daran glauben, daß die Energien, die ihr einbringt etwas bewirken. Ist es nicht ebenso wichtig, daß die Liebe zu Gott, in welcher Form möglich, dazu beiträgt, etwas mehr Harmonie in die Schöpfung zu bringen? ...

Ihr habt natürlich recht von Eurer Warte aus.

Der Mensch ist dafür geeignet, in vielen der Dimensionen aktiv zu sein, weil er in sich das Potential dafür trägt. Bewußt oder unbewußt - meistens Letzteres - sind Teile von ihm verankert und bestimmen seine magischen Neigungen eher als das Bewußtsein.

Wenn man ein dimensionales Portal gebaut hat, dann erkennt man, wenn man passiv bleibt, welche Schwingungen aktiviert werden, wenn bestimmte Personen dabei sind. Sich selbst kann man gar nicht so genau festlegen, außer man orientiert sich danach, wie es einem in einer jeweiligen Realität ergeht.

Schwerpunkte sind dazu da, erkannt und genutzt zu werden und, wenn man ein Manko erkennt, dieses auszugleichen. Es ist mir klar, daß das Einwirken auf die dimensionalen Bereiche der Schöpfung gegen Tabus irgendwelcher Art verstößt, ich weiß nur nicht welche.

Schon seit vielen Jahren vor dem Kontakt mit den Großen Alten hat mein innerer Lehrer mir die Arbeit mit Dimensionen verheißen und mich, zaghaft wie ich war, liebevoll informiert und gelehrt. Diese Entwicklung ist daher nicht neu für mich. Neu ist nur, daß es auch von einer anderen Seite mehrmals bestätigt wurde, daß dies eine Annäherung an die Arbeit für uns ermöglicht, im Sinne des Planetaren Geistes und seinen ihn unterstützenden Intelligenzen zu wirken.

Die Multidimensionalität des Menschen verheißt ihm mehr Verständnis und Fähigkeit, mit den Mächten der Erde und des sie umhüllenden Kosmos in freundlicher Kooperation zu wirken. Dieselbe Verheißung allerdings kann auch zu seinem Untergang führen, wenn er sich der Materie in Dunkelheit öffnet. Der Wille ist frei, nicht aber das Resultat dessen.

2. Der Große Drache

Es gibt in jeder Lebensform Felder, welche sich elektromagnetisch, qualitativ aufbauend oder auflösend, evtl. auch synergisch ausdrücken. Auch wir haben welche, die unser Befinden steuern, aber die der Erde sind es, die in unserem speziellen Projekt wichtig sind.

Des Menschen Lebensfelder werden durch viele Einflüsse berührt, die meistens durch Energiearbeit und Seelenarbeit beeinflußt werden können. Ein Heiler kann nicht umhin, sie zu erkennen und zu behandeln.

Obwohl ich, wie die meisten von uns, Reiki, Prana-Healing, astrale, mentale und ebenenorientierte Arbeit mache, bin ich kein Heiler. Ich wähle ein Lehrer und Forscher der esoterischen Wissenschaften zu sein; deshalb freue ich mich, wenn etwas Neues erkannt wird und ich lernen darf.

Das Heilen der Erde allerdings ist etwas, das ich sehr gerne mache. Wie wir es tun, ist es anders als das Althergebrachte. Da es ohnehin viele gibt, die traditionell wirken, haben wir uns für das, was die Großen Alten vorgeschlagen haben, entschieden.

Der Planet Erde hat einen Kern, der quasiflüssig sich träge und unregelmäßig geformt dreht. Ihn umgibt, wie bekannt, eine dicke, vielgeschichtete Magmahülle, die sich meist erst ca. 50-80 km vor der Erdoberfläche, manchmal mehr, manchmal gefährlich weniger, zu Gestein verfestigt. Auch dort findet Bewegung statt, die sich in etwa 17 Kreisläufen äußert, die mehr oder weniger ineinander fließen oder in sich selbst kreisen, abhängig von der unregelmäßigen Form des Kerns und der äußeren Drehung unserer Welt.

Die große Tiefe und Vielschichtigkeit des Magmas veranläßt diese Kreisläufe auch, daß, wie im Ozean das Wasser, nicht nur oberflächlich sondern auch zum Zentrum absackend und wiederaufsteigend, die Bewegungen eine eigene Dynamik hervorrufen.

In dieser Interaktion zwischen Erdkern und Magmadynamik entsteht das elektromagnetische Energiefeld der Erde, welches die Großen Alten bei einem unserer frühen Kontakte den „Großen Drachen" nannten. Nur durch dieses dynamische Feld, durch seine Kraft und Lebendigkeit wird Leben auf diesem Planeten möglich. Ob nun die Pole so oder anders liegen, ist von der Stabilität der Energien abhängig, die sich auch an die kosmisch-astronomischen Einflüsse anpaßt.

Ist das Magnetfeld der Erde zu labil, zu schwach, schwanken die Pole und das bis dato gehaltene Gleichgewicht des Lebens wird ebenfalls beeinträchtigt. Das würde nicht das Ende allen Lebens bedeuten, würde allerdings große Anpassungsfähigkeiten der

Natur und aller Lebensformen in und auf dieser Erde fordern.

Im Lebensfeld selbst liegt eine Art Elektrizität, worin das Potential von Evolution, Gestation und einem fortlaufenden Kreislauf von Energien liegt. Dieses elektromagnetisch-dynamische Lebensfeld ist wichtig genug für die Großen Alten und die wissenden Bewußtseine, die uns in unserer Arbeit unterstützen, um sich mit ihrem Anliegen an uns zu wenden.

Warum der Mensch?

... Laßt uns beantworten, bitte. (Kontakt: Die Großen Alten) - Wir waren einst eingebettet in eben dieses Feld, von dem da die Rede war, und wir wußten, im Laufe der eher langen Periode, in welcher wir dominant waren, es zu steuern und zu nutzen, vorerst nicht so sehr, später aber gewiß zum besten allen Lebens hier, auf dem Planeten. Ein erkalteter Planet liefert völlig lebensfeindliche Voraussetzungen, kann aber wiederbelebt werden. So weit seid ihr glücklicherweise noch nicht und werdet es niemals sein, außer ihr findet euch auf einer anderen Welt wieder - das bleibt dahingestellt.

Der Mensch ist, wie auch wir es damals waren, der go-between zwischen der geistigen und der physischen Welt. Wenn die spirituellen Realitäten so direkten Einfluß nehmen könnten auf die Formwelten, würden diese Konversationen niemals stattgefunden haben. Wir hätten einfach alles getan, was wir wollten. Aber es gibt Gesetze, die jede Dimension festigen, und sie sind jedesmal den Gegebenheiten angepaßt.

Jetzt und hier ist es der Mensch, einst waren wir es, der in Kooperation mit den geistigen Welten Energien und Qualitäten in die Materie und ihre Ausdrücke bringen kann. Wenn niemand diese Arbeit verrichtet, bleibt alles dem unkontrollierten Lauf von Aufbau und Entropie überlassen und die Kraft der Verschmelzung, um die Deva Kräfte zu benennen, bekommt keine Möglichkeit, Leben zu erhalten. Alles würde schnell kommen und gehen.

Geist aber verwirklicht sich in Materie, sucht, sich in der Schöpfung ausdrücken zu können, und dieser Prozeß schreitet nur langsam voran. Der Mensch ist das vorerst letzte Glied in der Kette der Materialisationen auf dieser Welt. Wir sind Geist und können nur durch Euch wirken.

Natürlich gibt es große Wesen und Bewußtseine, die z. B. die beschriebenen Hitzeherde beseelen, aber ihre Schwerpunkte sind anderer Natur als jene, die den Menschen und auch uns interessieren. Jeder hat seinen Lebensbereich. Wir haben ein bestehendes Interesse daran, daß das, was wir einst initiierten, so gut wie möglich überlebt. Ihr seid unsere Hoffnungsträger, Ihr, die Menschen. Und IHR, die ihr mit uns zu arbeiten bereit seid, seid der Lichtpunkt am Ende des Tunnels ...

Der interdimensionale Lichtweg

Die Einflüsse, welche dieses elektromagnetisch-dynamische Lebensfeld beeinträchtigen, sind etwas, was wir Menschen zum Teil energetisch harmonisieren können.

Der erste Berührungspunkt war das Telefonnetz. Es ist erdumspannend und erfaßt dieses Lebensfeld, beeinflußt es. Wäre es nur die Elektrizität, die da fließt, wäre es nicht so schlimm; es sind aber auch die Informationen, die hinzukommen, die Gedankenmuster und -energien, welche, energetisch gesehen, berühren und damit beeinträchtigen.

Für einen technischen Menschen wären diese Worte evtl. unverständlich, für einen Esoteriker jedoch kristallklar. Ein Stück Technik allein wäre nur Materie (natürlich auch eine Energieform, die ein gewichtiger Faktor sein kann), jenes aber, was in sein Werden und Agieren zusätzlich einfließt, ist ebenso wichtig.

Hinzu kommen in der Zwischenzeit die unendlich vielen Satelliten und -reste, die im Feld der Erde ebenfalls den Großen Drachen als Metall- und Kraftform berühren. Zusätzlich kam dann noch die Energieform des Internets, und wir alle wissen, welche Qualitäten da drinnen bewegt werden und ihre Imprints im Feld hinterlassen.

Zu einem eigentlich interessant kleinen Anteil gehört auch das Stromnetz dazu, das allerdings, wenn auch für uns unendlich stark, so doch planetarisch schwach ist. Es ist umgewandelte, jedoch existierende Energie.

Das Ziel unserer Arbeit ist allerdings nicht, die Menschheit wieder ins Mittelalter zu versetzen. Wir lieben unsere Technik, unsere Zeit, unsere Freiheit und die Verfügbarkeit von bequemen Ressourcen.

Wir wollen dieses Lebensfeld stärken, nähren und fördern. Die Großen Alten lehren uns, dies auf verschiedene Weisen zu erreichen, welche später näher besprochen werden.

Aufgrund ihrer nun bereits sechs Jahre andauernden Mitarbeit in Form von Inspirationen und Informationen, habe ich Vertrauen zu Wesenheiten gewonnen, welche einfach aus dem Blauen gekommen zu sein schienen. Ihre Sorge um das Wohl des Lebens auf diesem Planeten und ihre gut durchdachten Strategien haben mich überzeugt.

Da in den Arbeitsgruppen aber nicht nur die Großen Alten Impulse setzen, möchte ich noch weitere Mitglieder des Projektes „Interdimensionaler Lichtweg" vorstellen.

Wenn wir es für angezeigt fanden, haben wir des öfteren die Große Göttin oder die eine oder andere Ausdrucksform derselben konsultiert, um Fragen zu beantworten, die unseren Fortschritt betrafen.

Der interdimensionale Lichtweg

Die wahrhaft prominenten Formen sind natürlich die Große Göttin selbst, evtl. die Himmelskönigin, die direkt mit dem Großen Drachen arbeitet und das Netzbewußtsein, das wie eine unendliche Form der Göttin die Universen verbindet und durchwirkt.

Zusätzlich ziehen wir auch frei mitarbeitende Gottheiten hinzu, die ihre Qualitäten und Energien mit den unseren verbinden. Vor allem Siva, der Herrscher des Zerstörerstrahls, hat uns schon einige Male aus der Patsche geholfen. Er und andere bewußtgewordene Urkräfte wollen das Leben unterstützen.

Die Frage, warum Siva, der Zerstörer, Leben unterstützen sollte liegt natürlich nahe. Ich weiß nur, daß er jene, die ihn um Hilfe rufen, von Unreinheiten energetischer Natur befreien kann, sie auflöst und dem, der ihn bat, einen weiteren Start ermöglicht. Ich verehre Ihn sowie seine beiden Komplementärgottheiten Brahma und Vishnu und sehe in ihnen Urkräfte, Primärstrahlen aus dem Göttlichen Quell ins Leben.

Was auch immer die verschiedenen Religionen aus den diversen Gottheiten gemacht haben, welche Eigenschaften auch immer ihnen angedacht und zugeordnet wurden, es sind immer noch wir, die um spezifische Verstärkungen bitten und auch diese Gottheiten in die neue Zeit und das neue Verständnis der Menschen bringen können.

Solange ich das Einverständnis dieser hohen Wesen habe, werde ich in ihrem Sinne handeln und sie unterstützen in unserem gemeinsamen Anliegen. Es geht nur gemeinsam. Auch der einsame Schamane wirkt gemeinsam mit den Kräften der Natur und seinen Wesenheiten. Es ist alles verbunden.

Mit unserer Kraft vermögen wir verbindend zu wirken. Wir sind mehr, als die Summe aller.

Manchen von Ihnen mag es erscheinen, daß ich ein blauäugiges, liebes Wesen bin, weil ich so idealistisch vor mich her babble. Das Leben hat mich anders gelehrt. Immer wieder haben mich die höheren Kräfte unterstützt, mir geholfen, mich aus seelischen Tiefs geholt und genährt. Ohne sie wäre ich nicht mehr am Leben.

Ob diese Dynamiken jetzt wahr sind oder nur in meinem Bewußtsein Bestand haben, ist egal. Durch das, was geschah, habe ich Einfluß auf meine eigene Realität genommen, habe ich Einblick bekommen in gewisse Situationen und sie vorweg analysieren und daher bewältigen können. Jeder möge hier seinen eigenen Weg beschreiten.

Ich bin mir dessen bewußt, daß in der christlichen „Geheimen Offenbarung" die Rede von einem „Großen Drachen" ist. Ein ganzes Jahr habe ich mit diesem Ausdruck gehadert, bis ich eines Tages die Gelegenheit bekam, durch eine Kontakt-Reliquie den

Der interdimensionale Lichtweg

Schreiber dieses Teiles der Apokalypse zu channeln. Er ist glücklich mit seinem Meister vereint, erkannte aber, daß die Interpretationen seiner Visionen sich auf einer anderen Ebene befinden als jene, die mit dem Lebensfeld in Frage zu tun haben.

Es ist aber schon so, daß ein weibliches Wesen - die Himmelskönigin, sich mit diesem Energiefeld, eben dem „Großen Drachen" verbinden wird, um die Erde zu retten. Der Name selbst aber wurde durch die Großen Alten damit begründet, daß sie selbst Saurierwesen waren und ihnen dieser Ausdruck geläufig war, allerdings mit dem „Bösen" nichts zu tun hatte.

Die wiedergeborene Himmelskönigin (eine uralte Form der Göttin) und der Große Drache sind energiedynamisch miteinander verbunden; sie sind jene Kraft, welche das natürliche und menschliche Leben in der neuen Zeitepoche erhalten will und kann. Es scheint, daß die Visionen soweit korrekt waren, allerdings ihre Interpretation dem verständlich engen Horizont der Zeit, in welcher diese Sichtungen gegeben wurden, entsprach.

3. Das Hohe Selbst

In vielen Kulturen beschreiten die Schüler der Tempel den Pfad der Seele. Er bedeutet meistens jede Menge Hungern, Leiden, Feuerlaufen, Dienen, im Dunkeln meditieren oder Überlebenstraining. All dies hat gewiß seinen Vorteil, wenn man in einer alten Kultur aufgewachsen ist, die das braucht.

Heute, zumindest in einem westlichen Staat, wird sich kaum einer all diesen Disziplinen unterwerfen, es sei denn, er versteht den Grund und ist einverstanden damit. Wir sind nun einmal das Produkt unserer Zeit, haben jede Menge Literatur hinter uns und müssen die Logik niemals hintanstellen, weil wir sonst nämlich ganz „weg vom Fenster" wären," Dinosaurier"," lost in inner space".

Ich selbst hatte meine Anfänge im Christentum, dem Bibelstudium, den Studien in einer bei Echnaton beginnenden geheimen Gesellschaft, war kurze Zeit nicht-interessantes Mitglied in einer pagan group, fortwährende Priesterin der Großen Göttin in der alten Religion, die ich heute noch zutiefst liebe und verehre. Anschließend interessierte mich die Theosophie, Magie und schließlich und endlich dann das, was ich als den Interdimensionalen Ritual-Illuminismus kennzeichnete, einem Zungenbrecher, den ich bald selbst wieder unbenannte zu dem, was der Titel dieses Buches ist.

Sie können also ersehen, daß ich, genau wie viele andere vor und nach mir, viel gearbeitet, gesucht, durchforscht, probiert, erkannt und gewählt habe. Ja, irgendwann bin ich auch selbst über das glühende Kohlenfeld gegangen und hatte eine Art neuen Geburtstag, den Beginn des Restes meines Lebens. Ich möchte diese Erfahrung jedem empfehlen, der diesen Weg nicht nur aus Sensationslust sondern zur tieferen Erkenntnis über das Selbst gehen will.

Irgendwann während meiner Wicca- und Theosophiezeit kam mein innerer Lehrer in mein Bewußtsein und begann, mir andere Wege zu zeigen, die ich beschreiten konnte. Diese Studien waren so gut durchdacht und strukturiert, daß sich mein Logikgehirn freute (ich war damals Programmer-Analyst, daher diese Beurteilung einer Erkenntnis, die man auch anders formulieren könnte). Das, was ich da lernte, brachte ich in Kurse ein, die ich später selbst gab.

Der Seelenweg baut im Prinzip auf die alten Lehren auf, die wieder und wieder von vielen Philosophien aufgegriffen wurden. Demnach gibt es sieben Ebenen, die im Wesen des Menschen aktiv sind. Später, im Lichtweg, wurden diese zu 12 erweitert, sind aber für den Anfang gewiß sehr wichtig, da die erweiterten 5 Zusatzebenen für jene, die diese Dynamiken in ihrer esoterischen Arbeit nicht benötigen, unwichtig erscheinen oder sogar falsch.

Der interdimensionale Lichtweg

Der Interdimensionale Lichtweg verlangt vom Fortgeschrittenen ein eher flexibles Gehirn, das bereit ist, mehr und mehr von dem, was wir wahrlich sind, zu erkennen, zu akzeptieren und weiter auszubauen. Nur so kann er global denken lernen, die universellen Zusammenhänge sehen und beeinflussen wollen oder können, es ist nicht unbedingt dasselbe.

Es geht im Prinzip um eines: Das Erlangen des Hohen Selbst und die weitere Reise durch die Fülle dessen, was jedem von uns als Leben geschenkt wurde. Unser spirituelles Wesen zu erkunden und die Quelle zu erlangen, aus der wir fließen, ist ein tief befreiender Teil des inneren Weges.

Natürlich genügt es, und genügte es in der Vergangenheit den meisten Suchenden, das Hohe Selbst zu erlangen. Da gibt es kein Gegenargument. Jedoch nach der Verschmelzung, sogar schon nach dem Ringen um die eigene Persönlichkeit und ihr Überlebensrecht, werden immer und immer wieder Entscheidungen des freien Willens gefordert, um ein neues inneres Portal zu finden, zu öffnen und zu durchschreiten.

Das, was wir wahrlich sind, will sich verwirklichen, und dies, so gut es geht in dieser Inkarnation. Wenn wir ihm/uns die Gelegenheit geben, wird es sie sich erlauben. Wichtig ist vor allem, zu erkennen, daß jenes Wesen, das ich wahrhaft bin, an dieser Inkarnation interessiert ist. Das heißt, daß es niemals den Preis des physischen Lebens verlangen wird. Niemals darf dieses Leben einer spirituellen Entwicklungsstufe oder Erkenntnis geopfert werden, es sei denn, wir selbst entscheiden dies.

Auch, wenn wir in einem Autounfall verwickelt sind, es wie ein wahrhaftiger Unfall aussieht, sind andere Impulse im Spiel. Wenn der Tod daraus resultiert, hat das Innere entschieden, aus dieser Inkarnation zu treten und einen neuen Anlauf ins Leben zu nehmen oder auch nicht. Manchmal dient ein längerer Spitalsaufenthalt einfach dazu, die Gelegenheit zu nützen, Ruhe und Gedanken zu finden. Es gibt da keine Regeln, entweder das Leben - so sagt man - oder Gott, auch so sagt man, hat seine Gründe. Nun haben wir auch eine dritte Möglichkeit, es zu deuten, und da gibt es bestimmt noch auch ein paar andere.

Aber dies kann man als Kriterium nehmen: Wenn die innere Stimme dieses Leben verlangt oder das Leben einer anderen Person, dann sollte man sofort sich von dieser Stimme lösen und sich „reinigen" und davon abkapseln, denn das war gewiß nicht das Hohe Selbst, sondern ein negativer Einfluß. Das Hohe Selbst liebt den, der im Physischen lebt. Es tut dies, egal war der tut. Es tut dies auch, weil es will, daß der im Körper etwas lernt oder erfährt, jedoch niemals um den Preis des physischen Lebens.

Es ist dann meistens das Ego, das denkt: Warum soll ich dem, der da mit mir redet, meinen Körper überlassen? Bin ich dann ganz weg oder einem Walk-in unterworfen, der mich nie mehr zurückläßt? Warum soll ich das überhaupt tun?

Ich spreche da aus Erfahrung. Ich brauchte Jahre, nicht nur zu erkennen, sondern auch völlig anzunehmen, daß ich es bin, die das Sagen hat, daß ich es bin, die Vertrauen zulassen kann, daß ich es bin, die physisch lebt und daß ich geliebt werde, weil ich es selbst bin, die in mir lebt. ICH BIN das Hohe Selbst, ich bin später mein kosmisches Selbst und letztlich mein Göttliches. Ich bin Ich, die ich bin, erschlossen, soweit ich es vermag, mehr und mehr, wie ich es will. Der freie Wille ist und wird immer mein sein, denn ich bin EINS.

Wenn dieser Punkt erreicht ist, kann ich mich einfach hinsetzen und die Hingabe und Verschmelzung vornehmen. Ich kann alles, was für mich Bedeutung hat, in das neue Sein einfließen lassen, und tue es. Und am Ende war ich mehr, als ich erhofft hatte, alles war klar, keine Überenergien flossen, alles war ausgewogen, rein. Nur die Fähigkeit, weiter zu sehen, klarer zu erkennen, zu channeln, zu denken, was ich niemals zuvor denken wollte oder konzipierte, das war neu.

Es war kein „rush", alles war Harmonie und dennoch nichts, weil eigentlich jede zusätzliche Energie, die ich fühlen könnte, von der Harmonie genommen hätte. Unendlich dankbar weinte ich ein wenig, froh, noch da zu sein. Das kann weiterempfohlen werden.

Und so schaut die Entwicklung des Seelenweges aus:

1. Kennenlernen der Energiezentren

1. Ankerzentrum
2. Füße
3. Kniezentren
4. Schoßzentrum
5. Atlantisches Zentrum
6. Solar Plexus
7. Herz
8. Hals
9. Hände
10. Ajna-Zentrum
11. Kronen-Zentrum
12. Mentales Zentrum
13. Interdimensionales Zentrum

(hier ist vorerst Schluß, weitere Zentren kommen dran, wenn dieser Teil des Trainings erfüllt ist. Die neuen Chakras haben keine Form mehr, da das Astrale von ihrer Wahrheit wegnimmt, ihren Ausdruck einschränkt. Sie ergeben sich durch das Formen des Galaktischen Chakras, welches die Punkte nur initialisiert jedoch nicht extra formt)

Der interdimensionale Lichtweg

2. Erkennen der inneren Möglichkeiten mit Schwerpunkt auf die Ausdrücke der Elemente

Hier entscheiden wir, welche unserer Eigenschaften und -heiten wir welchem Element zuordnen wollen. Wir lösen diese Attribute kurze Zeit aus der Einheit und erlauben ihnen Ausdruck. Wir unterscheiden die Elemente: Erde, Feuer, Wasser, Luft und Äther, jedes mit seinen Zugehörigkeiten.

3. Aufsteigen durch die Chakras und Ausdrücken all dessen, das sich zeigen will

Das Kennenlernen der Eigenschaften jedes der Chakras und evtl. auch das Verbinden derselben miteinander - vorerst auf- und absteigend, später in Zwiebelform.

4. Das Bauen des Astralen Ebenen-Arbeitsplatzes

Dies ist eine nette Meditation, die als gute Arbeitsbasis in jedem der Wege, die ich erklären will, dient. Man lernt vor allem, zu bauen, zu visualisieren, zu erkennen, welche Gedanken aus dem Selbst ersteigen und welche von außen in uns materialisieren, wenn keine Zusatzbilder vorhanden sind. Eine gute Übung für magisches Vorgehen.

5. Erkennen und Berühren des Hohen Selbst

An irgendeinem der höheren Punkte, nicht immer dem höchsten, ist der erste Kontakt mit dem Hohen Selbst aktiv. Wenn man diese Übung allein macht, dann kann es sein, daß man es nicht gleich erkennen kann. Ist eine andere Person präsent, kann diese die veränderten Schwingungen für gewöhnlich sofort feststellen.

6. Der innere Lehrer

Dieser kann, muß aber nicht in einer Meditation Kontakt aufnehmen. Manche Menschen erleben die Worte einer anderen Intelligenz vorerst bruchhaft, später dann klarer und zunehmend flüssig. Es macht sich bezahlt, auch die wenigsten Worte hier festzuhalten. Mitschreiben, entweder mit der Hand oder über das Keyboard.

7. Erkennen der magischen Möglichkeiten

Dies wäre interessant für jene, die die Imaginierung von Gedankenformen oder Energieformen ausloten möchten, evtl. vielleicht auf dem seelischen Sektor versuchen, Heilungen vorzunehmen oder Erkenntnisse durch Beobachtung anderer Energien oder Farben der Aura zu finden.

8. Ebenen

> Emotionale Ebene
> Astrale Ebenen
> Physische Ebene
> Vital -(Energie-) Ebene
> Mentalebenen
> Seelenebene
> Göttliche Ebene

9. Konversation mit dem Hohen Selbst

Hier könnte man sich bereits mit mehr Leichtigkeit auf das Rufen, Fragen oder Kennenlernen des Hohen Selbsts einlassen. Man hat bereits gelernt, es zu erfühlen, geht durch verschiedene Vorgänge, die es als nützlich vorschlägt und bereitet sich generell auf den nächsten Schritt vor.

10. Verschmelzung

Diese wird stattfinden, wenn man ganz bereit ist. Es ist dies nicht eine Einweihung, denn diese kann vielleicht danach vorgenommen werden, wenn man es wünscht. Es ist dies eine Entscheidung und sollte allein auf das Übereinkommen zwischen Ihnen und ihrem Höheren Sein geschehen.

11. Beginn des neuen Lebens

Es könnte dieser Seelenweg parallel mit den anderen Pfaden des Lichtes geschehen. Allerdings ist es gewiß kein Fehler, sich die Zukunft sorgsamst zu überlegen, denn von nun an hat man Zugang zu mehr von dem, was wahrlich sich als die Person, die im physischen lebt, ausdrückt.

... Hier - eigentlich bereits schon viel früher, aber hier mit besonderem Schwerpunkt: wichtige frühere Inkarnationen - beginnen die Leute oft, Reinkarnationen in kleineren Gruppen zu arbeiten, denn dies allein zu tun ist vielleicht zu sehr wie eine Endlosschleife. Man kann sich schwerer völlig darauf einlassen, wenn man allein ist. Wenn ein anderer führt, hat man zusätzliche Sicherheiten. Wenn das Vertrauen nicht völlig ist, besser zwei oder drei andere einbringen, die einander beobachten können. Das Einander-Abwechseln bringt mehr Erfolg in der Arbeit...

Der interdimensionale Lichtweg

Die seelische Entwicklung im Interdimensonalen Lichtweg

Aufbauend auf die vorab angeführten Vorschläge kann, irgendwann dann, die nächste Stufe begonnen werden.

Hier dreht es sich um das Bauen der expandierten Chakras, um zu erkennen, wo die Schwerpunkte liegen.

Beispiel: Man nimmt sich vor, das Schoßchakra als Zentrum zu betrachten. Hier beginnen wir mit diesem und verbinden dann die Kniezentren mit dem Atlantischen Zentrum in einer völligen Rundform, wie die Zwiebelschalen es wären. Wir bauen das vereinte Schoßchakra weiter und weiter, bis alles verbunden ist. Dies wird natürlich bedeuten, daß man die Beine unterteilen wird, weil es oben weit mehr Chakras gibt als unten

Keine Sorge, dies ist nur der Anfang. Man wird aber erkennen, daß, wenn der Schwerpunkt im Schoß liegt, die ganze Energie sexuell wird, was für manche Leute am Anfang des Weges Freude bereiten würde, einem seelisch entwickelten Menschen aber nur zum Lernen geeignet erscheinen wird.

Das nächste Chakra, das als Zentrum dienen wird, ist der Solar-Plexus. Dann geht es weiter bis einmal das erste Chakra außerhalb des Körpers, das mentale Zentrum, den Ton angeben wird. Wichtig ist immer, daß die unteren sieben in Ordnung sind (die Handchakras bleiben in diesen Übungen unangetastet). Die oberen werden sich dann danach richten, sie werden sensibilisiert.

Der Unterschied des Zentralpunktes außerhalb des physischen Körpers zu dem, der innerhalb gelegen hatte, wird schwer zu ignorieren sein. Der Geist wird freier, hebt sich, öffnet sich.

Man kann erkunden, wie weit hinauf man in der Erfahrung des Selbst aufsteigen kann. Am besten in einer Zusammenarbeit mit jemandem, der bereits Erfahrung darin hat.

Im vorhergehenden Schritt wurde das Hohe Selbst gesucht, nun suchen wir unsere feineren Möglichkeiten, das kosmische Selbst meldet sich früher oder später, dann, irgendwann, berührt man das, was göttlich in jedem von uns ist.

Niemand kann diese Erfahrung genau beschreiben. Eines ist nur klar: Man möchte dort bleiben, man läßt die irdischen Interessen gerne, wo sie sind. Es ist nicht „praktisch", das Göttliche Selbst, wo es in die Qualle eingeschmolzen ist, oft und lange zu pflegen, es sei denn, man lebe entfernt vom irdischen Leben, einem Kloster oder Tempel. Der Gesichtspunkt ist aber bereits im Kosmischen Selbst sehr weit von weltlichen Realitäten entfernt.

Der interdimensionale Lichtweg

Wenn dann, irgendwann einmal, der Zentralpunkt das Interdimensionale Chakra ist, wird es das „Galaktische Chakra" genannt und durchmißt etwa 5 Meter im Durchmesser. Wenn dieses Chakra dann richtig funktioniert, formt sich der Energiekörper wie ein großes Donut von selbst. Die Energien von oben und von unten können initiiert werden und die Dynamik wird geboren.

Erst, wenn dieses Chakra fertig ist, wird der Kontakt zu den Großen Alten möglich. Alles andere, sogar der Aufstieg bis weit ins göttliche Sein, muß gesucht und immer wieder gebracht werden, was zwar zu guten Erkenntnissen führt aber den Kontakt mit diesen Wesen, sollte er erwünscht sein, nicht automatisch mit sich bringt.

Ein weiterer Schritt im Seelenweg ist das Hinzufügen der fünf zusätzlichen Ebenen. Hiezu muß einiges erklärt werden.

Es wurde mir im Laufe von 35 Jahren bewußt, daß wir durch die Aufmerksamkeit, die wir den Zentren und den Ebenen widmen, sie stabilisieren, verstärken oder schwächen können.

Der Körper funktioniert, ob wir es tun oder nicht, auf jeden Fall. Wenn wir nun, z. B. den Astralen Körper betrachten und vielleicht reinigen und laden, nehmen wir einen Eingriff vor. Dies ist generell positiv.

Als ich begann, die fünf zusätzlichen Ebenen zuzulassen, erkannte ich, daß ich sie mit den Ladungen auch für mein Wesen baute und stärkte. Die Ebenen sind nicht neu, sie wurden nur niemals in die Lehren einbezogen, denn sie bringen neue Dynamiken in unser Bewußtsein und unsere Energien.

In einem der parallelen Entwicklungswege kann man lernen, verschiedenes andersgeartetes Leben zu erkennen.

Wichtig hierbei sind die Devas, die Architekten des Universums. Sie sind, wie der Mensch, eine aufsteigende Lebensform und überall zu finden, haben Hierarchien und konzentrieren ihre Basis in der zweiten Dimension von ganz oben.

Wenn man mit diesen Naturkräften in Personenform arbeiten möchte, muß man sie kennenlernen und sich mit ihnen arrangieren, vielleicht sogar verbünden. Diesen Weg hatte ich eingeschlagen. Daher war der Vorschlag aus der geistigen Welt für mich leicht zu begreifen:

Der interdimensionale Lichtweg

Fünf weitere Ebenen:

Drei Devakörper, jene

   des Werdens

   des Vergehens

   des Verschmelzens

Zwei Chaosebenen, jene

1. der Rückkehr (dies ist der Drang der Seele zurück zur Quelle. Für mich war Jesus einer der Wegweiser zurück zu Gott, z. B. Die Bewegung ist auch von unten nach oben)

2. der Zerstörung (dies im Sinne des ring-pass-nots des Großfeldes, das ein nicht geankertes Energiegebilde bis zu einem gewissen Punkt ausdehnt und nicht weiter - ein Sicherheitsnetz sozusagen)...

Im Großen und Ganzen beschreiben diese kurzen Ausführungen die Hilfskräfte der Seele, unseres Anteils an dem, was wir wirklich sind. Durch die Kontakte mit sich selbst, welche völlig anders sind als jene, die mit äußeren Intelligenzen stattfinden, lernen wir, was wir sind, waren und sein könnten, wenn wir unserem inneren Plan „Sein" zugestehen.

Immer ist es allerdings so, daß nicht jeder von uns automatisch den inneren Plan für diese Inkarnation durchführt. Manchmal benötigen wir mehrere Leben dafür, manchmal erfüllen wir ihn mit Bravour und es gibt noch genügend Lebensenergie, diesen ursprünglichen Plan auszuweiten. Als EINS wird dies dann erkannt und entweder angenommen oder verworfen.

Die Schöpfung ist kein Verschwender, obwohl verschwenderisch viele Möglichkeiten vorhanden sind. Was genützt werden kann, wird gebraucht. Wenn ein Leben mehr bringen kann als geplant, warum sollte dieses Potential wieder in ein neues, langsam aufzubauendes Reservoir von Geist und Wissen und Fähigkeiten gebracht werden, wenn dies noch in der alten Form möglich ist?

... wir möchten hier antworten (Kontakt). Wir sind jene, die hier die Großen Alten genannt werden, ein Ausdruck, den wir selbst wählten, weil es damals einfach so paßte. Wir freuen uns, einen Anfang mit Euch gemacht zu haben. Es ist in der Tat so, daß unendlich viel Aufmerksamkeit, Sorge, Zuwendung, ja Liebe in den Werdegang eines

Seelenaspektes im Körper investiert wird. Abgesehen von den physischen Aspekten der Gestation, Geburt, des Fütterns und Unterstützens der gewählten Umgebung, i.e. Eltern, Familie, Schule etc., stellt die Entwicklung der geistig seelischen Teile eines Individuums oft große Forderungen an all die zuvor erwähnten Instanzen.

Wird ein Leben geplant, dann nimmt das, was inkarnieren möchte, gewisse Anteile am Ganzen mit in das physische Leben. Trotzdem müssen einige Anteile, die noch zur Inkarnation gehören, uninkarniert bleiben, weil die Anfangsbedingungen die Inkarnationsmöglichkeiten limitieren.

Diese Anteile werden dann möglicherweise später eingebracht oder niemals.

Das Formen der Ganzheit, die in die physische Realität eintritt, erfolgt manchmal langsam, manchmal schneller, es kommt auf die Möglichkeiten der in den Genen gespeicherten Kraft und Umsetzungspotentiale an. Jeder, der lebt, ist ein Unikat.

Es ist nicht so, daß „Christinchen" immer und immer wieder geboren wird, denn ein Christinchen genügt. Sollte „Christinchen" nicht ihr Potential erfüllen können, aus welchen Gründen auch immer, wird im nächsten Anlauf eben ein „Paulchen" so konfiguriert, daß evtl. das, was Christinchen nicht erfüllen konnte nunmehr möglich wird und evtl. noch ein weiteres Feld angeschnitten wird, das sich vielleicht durch „Antonchen" weiter verwirklichen wird.

Wenn „Christinchen" aber ihr Potential während ihres Lebens erhöht, bräuchten ein Paulchen oder vielleicht sogar ein Antonchen niemals gebildet werden. Sie können noch kommen, aber mit einem völlig anderen Paket beladen.

Der Einstieg des göttlichen Kindes, denn das ist jeder von Euch, in die Schöpfung verändert mit jeder Inkarnation nicht nur den Menschen, wie in Eurem Fall, sondern die ganze Schöpfung, weil mit jeder Verbesserung mehr vom Geist des Höchsten sich im Universum verwirklichen kann.

Es ist Liebe, welche die ganze Schöpfung durchdringt. Aber nur jene, die sich jenseits der oft aufreibenden Aufgaben des Lebens auf die Seele einlassen können, werden dies völlig erfahren dürfen. Liebe kommt daher, als Geschenk der Seele im Inneren, zu jedem, der sie sucht oder auch nicht. Das gehört zum Leben. Aber die Nuancen von Liebe zu erkennen und zu erfahren ist weit mehr als das Leben normalerweise gibt - es ist Gnade ....

4. Fähigkeiten

Ob nun die Seele entwickelt ist oder nicht, die meisten von uns suchen, irgendwann, nach dem Verständnis der Kräfte des Universums, wie es tickt und was wir tun können, um die „Dinge" in unserem Sinne zu steuern.

Auf dieser Suche lernen wir, daß es überall Gesetze gibt, egal was wir angreifen. Jeder Elementarbereich, jede Dimension, jede Hierarchie, natürlich jede Stadt, jede Familie etc. hat sie.

Trotzdem wollen wir lernen, analysieren, eingreifen und auch kontrollieren und manipulieren. Jeder halbwegs kompetente Magier, Schamane, Hexer, Priester, sogar die ewig lichtspendenden Erleuchteten wollen dies, voll von Zuneigung und Güte.

Warum auch nicht? Das Universum ist ja voll von Energie, Wesen, die kontrolliert werden wollen, Mächtigen, die nur darauf warten, dem Menschen zu Diensten zu sein. Bin ich zynisch? Natürlich bin ich das!

Es funktioniert nur eine Weile, dann kommt das dicke Ende. Weil es eben, und das gottseidank, Gesetze gibt, die irgendwann anspringen, um die Balance zu halten. Die Magie fällt nicht nur einfach, sondern vielfach auf jenen zurück, der sie nutzte.

Wenn nun das Gute bewirkt wird, kommt dies zwar auch vielfach zurück, allerdings wissen viele Heiler, z. B., nicht alles, was sie wissen oder tun sollten, um die Felder ihrer verschiedenen Körper zu schützen. Wenn der Boden wegfällt, sagen viele: Heiler, heile dich selbst. Alles was er aber tat, war, gut zu sein. Wie darf so etwas geschehen?

Wenn jemand negativ arbeiten will, lernt er meist alles Verfügbare über das Wirken der Kräfte, bevor er sich darauf einläßt. Allerdings wissen die wenigsten, daß es auch da einen ausgleichenden Faktor gibt, vielleicht sogar mehrere, die früher oder später Wirkung zeigen. Manchmal ist es besser, sich mit gewissen Regeln nicht anzulegen.

Nun kann ich bereits die Argumente hören: Aber alles ist Magie. Jeder Gedanke bewirkt etwas, der Schmetterling kann den Hurricane auslösen und der Snowballeffekt ist Gesetz.

Wovon ich aber spreche, sind nicht die Vorgänge des normalen Lebens, die dynamisch genug sind; ich spreche von strukturierter Magie, die sich in Form von Ritualen und/oder durchdachter Strategie verwirklicht, denn das tut sie, egal, was der Unbedarfte glauben mag.

Jede Aktion im feinstofflichen Feld hat ihren Preis, den man bereit sein muß, zu zahlen, in welcher Währung auch immer er verlangt wird.

Gedanken sind Energie. Man kann sie messen. Man kann vielleicht sogar ihre Kraft messen, ich würde dies unserer Technik zutrauen. Wie bereits vorher angedeutet können intensive Gedanken aus einem Wesen, wenn lange genug und gläubig genug gerichtet, einen Gott machen.

Die Energie aus Gedanken kann auch strukturiert werden. Diese Formen haben mehr oder weniger Bestand, sind abhängig von der Kraft des Urhebers. Sie haben auch Substanz, wie man leicht feststellen kann, wenn man alte Möbel kauft. In ihnen liegt noch viel von der ätherischen Substanz der ursprünglichen Besitzer. Man ist gut beraten, alte Möbel immer zu exorzieren, zu reinigen auf energetischer und astraler Basis, wenn man sie in sein Heim stellen möchte.

Manchmal ist dies aber gewollt, denn man erinnert sich gerne an eine alte Tante, an einen lieben Vater; dann mag es so sein. Ein Teil von denen, die vorangingen, wird dann noch länger präsent bleiben können.

Es gibt viele, die gerne mental arbeiten, ohne Ritual und wenn schon ein Ritual, dann eines, wo alle Kräfte involviert unter der immerwährenden Kontrolle des Wirkenden stehen. Dagegen ist nichts einzuwenden, wenn man alleine arbeitet oder das Vorgehen nicht zu kompliziert ist.

Das Unterbewußte kann mehr als eine Funktion jeweils erfüllen. Es kann den Nimbus um den Arbeiter stabilisieren, es kann sich auf die Kräfte, die man engagieren möchte, einstellen, es kann die primären Neigungen aktivieren und die Zusammenarbeit mit dem Normalbewußtsein, das den Vorgang steuert und konzipiert, kurze Zeit aufrechterhalten. Kann es das wirklich? Für wie lange? Und was geschieht, wenn das Anliegen erledigt ist und man wieder in den alltäglichen Zustand zurückkehren möchte, ohne einen Nachhall der mentalen-submentalen und vielleicht sogar noch übermentalen Arbeit?

Ein Ritual erfüllt verschiedene Funktionen.

a) Es schafft einen Raum, in welchem der Praktizierende von äußeren energetischen und spirituellen Einflüssen geschützt ist.

b) Ein definierter Öffnungs- und Abschlußaktivator ist eingebaut.

c) Die logische Folge von Einleitung - Aktion - Abschluß ermöglicht eine Organisation, die Fehler so weit wie möglich ausschließt.

d) Die saubere Abgrenzung von normalem und metaphysischem Leben ist eine absolute Notwendigkeit, die das Ritual automatisch beinhält, die aber bei unstrukturierter Mentalarbeit oft vernachlässigt wird. Dann kommt es zu spontanen Einbrüchen, die ein geregeltes Normalleben verkomplizieren könnten. Ein Beispiel: Visionen bei einer Krisensitzung.

e) Im Ritual gibt es einen definierten Arbeitsfokus, der den Verlust von Richtungsenergien begrenzt.

Bei jeder Arbeit dieser Art geht es um Energien. Energien können durch schlampige Handhabung übertreten und unerwünschte Wesen, die davon leben können, anziehen. Man hat sie dann herum und weiß meist nicht, anfänglich natürlich nur, was das ist.

f) In einem strukturierten Rahmen kann man sich stärker und klarer der eigentlichen Arbeit widmen. Es gehen weniger Energien ins Aufrechterhalten der ambienten Strukturen, dafür mehr in den Zweck selbst.

Für mich haben sich Rituale als praktisch, effektiv und sicherer erwiesen als reine Mentalarbeit. Sogar in Kirchen ist es angebracht, zumindest einen Gedanken-Nimbus zu ziehen, um sich von etwaigen Energieströmungen abzugrenzen, sollte man sich in einer fremden Umgebung, wie das bei Kirchen eben oft der Fall ist, dem Inneren und Gott widmen wollen.

Kirchen haben etwas an sich, das Sicherheit geben kann. Dies ist bestimmt auch der Fall mit anderen Heiligtümern, die auszuloten ich niemals die Gelegenheit hatte. Allerdings stehen manche Kirchen auf heidnischen heiligen Plätzen, das kann man noch spüren. Die Ströme und Kräfte zweier höherer Mächte haben sich miteinander vereint. Oder sind es die Gedankenkräfte, welche einst, vor sehr langer Zeit, das wahrgenommene Wesen durch Anbetung verstärkt haben?

Solche Plätze sind wie ein Reservoir von oft heilenden oder stärkenden, klärenden oder beruhigenden Energien. Manchmal verweilen noch die Seelen vieler Glaubender und schützen oder nähren sich dort vor dem Weitergehen.

Wer jemals in einem Karner bei einer der großen Kirchen war, weiß wovon ich spreche. Als würden an den Knochen, die da aufgestapelt sind, noch ätherische Anteile des Wesens, das diese Knochen einst besaß, gebunden sein.

Verstorbene haben ihr eigenes Schicksal zu bewältigen. Wir können ihnen helfen, ins Licht und die Seligkeit zu gelangen, indem wir für sie beten, Rituale (Messen) stiften, sie in das, was für sie das Göttliche ist, heben. Niemals sollten wir sie zurückhalten mit unseren Ängsten und Nöten und sie an uns binden, was sie und uns selbst ebenfalls zu sehr verankern würde, zu einer unendlichen Belastung führen würde.

Ich weiß, wovon ich spreche. Viele Male sind mir solche Situationen begegnet, wenn Menschen ihr Leben nicht bewältigen konnten, weil sie glaubten, ein Verwandter oder Freund wäre da und sie konnten sich nicht davon lösen, weil sie den Verstorbenen nicht „allein lassen" wollten. Kein Fall ist dem anderen gleich, dennoch muß eine Lösung gefunden werden, wenn die Lage nicht weiter und weiter verdunkelt werden soll.

Jede der großen Religionen kennt ihre Rituale. Sie sind nicht dazu da, gut auszusehen, sondern um die Bewußtseine, durch regelmäßige Wiederholungen, für den Kontakt mit Gott vorzubereiten. Sei es für den Vorstehenden der Versammlung (er kann es auch allein für sich selbst, natürlich) oder die Mitglieder der Glaubensgemeinschaft. Durch Jahrtausende, ja -zehntausende, hat sich der Nutzen dieses Vorganges bewährt. Ich würde nicht dagegen argumentieren, es sei denn, das Ritual beschränke das, was frei sein soll. Dieser Zeitpunkt kommt dann, wenn die Gesetzmäßigkeiten, die das Ritual steuern, ihre Gültigkeit verlieren.

Dann stehen wir am Anfang einer neuen Ära, neuer Verbindungen und Entwicklungen. Dennoch aber ist es fast immer wichtig, eine Art Definition des Arbeitsplatzes vorzunehmen, wenn auch kein elaborates Ritual mehr gebraucht wird. Dann schützen die Kontakte selbst das Ambiente, sie sind das Ambiente, sie sind der Schutz, sínd die Inspiration, der Raum, der Kontakt ist vollkommen.

Heute schätze ich sowohl das eine als auch das andere. Die Schönheit und Intimität eines Wicca-Festrituals, welches das Leben und die weiblich-männlichen Kraftströme in ihrer Verschmelzung zelebriert, erfüllt mich mit Wärme und Liebe wie kein anderes Ritual.

Harmonisierend wirken solche Feste, weil ansonsten die ernste, oft aufreibende und gefährliche Arbeit die Freude im Leben verdunkeln würde, daher ist ein Lebensfest ab und zu notwendig. Mit Gleichgesinnten ist es schöner, aber auch allein kann die Jahreszeit begangen werden, kann man sich umhüllt fühlen von der Göttin und Ihrem Gefährten und in die Zuneigung der verbündeten Elementarwesen eintauchen.

Wenn man sich 40 Jahre auf dem inneren Pfad befindet, verschmelzen sich auch viele der einstmals gegensätzlichen Verständnisse. Von Anfang an war die Hoffnung in mir, von jedem einzelnen der Völker dieser Erde ein Mosaiksteinchen der Wahrheit finden zu dürfen, um es dann zu einer Aussage dessen, was wir als göttlich sehen können oder wollen, zu klären.

Und nun erscheint es mir so zu sein, daß die Unterschiedlichkeiten nicht so gravierend sind wie die Gemeinsamkeiten, die unser Glaubensleben beseelen. Wenn wir die

Der interdimensionale Lichtweg

Kulturen etwas zurücktreten lassen und die Essenz dessen, was in heiligen Visionen gefunden wurde, betrachten, könnten wir sehen, daß es einen roten Faden gibt, der erdumspannend ist, wenn wir es nur wollen.

Das Ritual aber steht nicht allein im metaphysischen Geschehen, i.e. Worte, rituelle Aktionen selbst schaffen nur Verwirrung, wenn die Fähigkeiten des Praktizierenden mangelhaft sind. Zu verstehen, warum welche Aktion genau dann und wo gesetzt werden sollen, einzusehen, wer präsent ist, wes Geistes Kind es ist und wie ich, als Priesterin, z. B. mich hier einbringen werde, um das zu erreichen, wozu der ganze Aufwand geschieht, setzt Fähigkeiten voraus, die nicht jeder, der ein magisches Buch gelesen hat, besitzt.

Sie lassen sich entwickeln. Eine Möglichkeit wäre, dieses Buch zu Rate zu ziehen, evtl. auch sich einer Trainingsgruppe anzuschließen oder sich mit Gleichgesinnten auf die abenteuerliche Reise nach innen zu begeben, die bereits vorher etwas geschildert wurde.

Clairvoyance oder -audience sind meistens bereits seit der Geburt aktiv und können jenen, die diese Gabe besitzen, das Leben entweder erleichtern oder erschweren, abhängig vom Grad der Kontrolle, die der Inhaber besitzt.

Aber auch gewöhnliche Sterbliche können durch kluges Erwecken inhärenter Möglichkeiten im Gehirn oder dem ganzen menschlichen Organismus, gute Fähigkeiten entwickeln, die wachsen können und im Laufe der Zeit, intelligent angewandt, sehr gute Resultate zeigen werden.

Visionen muß man oft zulassen. Sie sind meist nicht logisch real, sondern geben Bilder, die offen für Interpretationen sind. Es hilft hier, die Situation von verschiedenen Seiten zu analysieren.

Vorbei sind die Traumdeutereien, die einst nach gewissen archetypischen Bildern vorgingen und eher erfolgreich das Innenleben schätzen konnten. Der heutige Mensch hat, weil er eben so viele äußere Eindrücke und Informationen hat, die früher niemals in einer Lebenszeit möglich waren, auch viele, viele mehr Symbole, welche vernetzt mit den ursprünglich vielleicht noch interpretierbaren Symbolen zu völlig neuen, nicht verläßlich anzuwendenden Visionen geformt werden.

Ergänzende Informationen sind hier oft sehr hilfreich und alles zusammen ergibt ein größeres Mosaik, welches das Resultat des Zusammenfließens mehrerer Fähigkeiten ist.

Wenn in einer Person solche Talente vereint sind, wäre es angezeigt für diesen Menschen, eine Art Kommitment einzugehen und sich unter den Nimbus einer mächtigen

Energieform zu stellen als Schutz und Kraftquelle. Meist geschieht dies durch einen Schwur oder eine Einweihung.

Bei Menschen, die im normalen, stressigen Leben stehen, führt dies nicht selten zu Interessenskonflikten, die den Sensitiven schwer belasten. Manchmal müssen sie sich zurückziehen, um allein besser zurande zu kommen oder aber sie gehen in eine Gemeinschaft ähnlich Talentierter, denn auch das bedeutet Schutz.

Nicht jeder, der Fähigkeiten hat, hat die Kraft eines Magiers, der aufgrund seiner mentalen Möglichkeiten Macht ausübt. Im Gegenteil, oft werden sensitive Menschen von starken Persönlichkeiten, die sich der Magie verschrieben haben, benützt, um evtl. Visionen oder energetische Sensitivitäten einzusetzen, welche der Magier nicht besitzt. Vorsicht daher wird Euch die ihr begnadet seid, geraten. Informiert Euch, laßt Euch nicht tyrannisieren und durch sexuelle Abhängigkeiten - was oft der Fall bei begabten Frauen ist - binden.

Vielleicht erkennen und anerkennen manche, daß auch das ein notwendiger Schritt im Werdegang ist und akzeptieren die Untertänigkeit, die abverlangt wird für den „Schutz", der gewährt wird. Wenn die Seele in ihren höheren Funktionen dies so will, so sei es eben dann. Ich weiß von einigen Fällen, wo die Verschmutzungen, die jenen schönen Seelen zugefügt wurden, zu deren psychischen Leiden und letztlich dann zu physischen Leiden führten.

Im Feld von magisch aktiven Menschen liegen sehr oft starke astrale Bildimaginationen, die verschleiernd und belastend wirken, ohne daß der Akteur dies bemerkt. Man selbst bemerkt oft nicht, was andere wahrnehmen, weil man die Umstände ja „gewöhnt" ist. Hier kann eine Reinigung Abhilfe schaffen, die in verschiedenen Intensitäten durchgeführt werden kann.

Man sollte allerdings bedenken, daß gewisse Substanzen und Energien zwar ohne das Einverständnis des Opfers entfernt werden können, es aber niemals sollten. Es gibt dann immer wieder Mechanismen, die das, was entfernt, ja sogar aufgelöst wurde, wieder formt und wieder-annektiert. Wenn das Opfer aber gleichzeitig Täter ist, dann kann manches gar nicht entfernt werden, ohne ihm Schaden zuzufügen.

Die Fähigkeiten jener, die sich verschiedenen Geistesrichtungen verschrieben haben, variieren dementsprechend. Manchmal gelingt es einem Schamanen, einem Magier Schaden zuzufügen, weil seine Art zu arbeiten anders, dem Gegner unbekannt ist. Umgekehrt natürlich dito und dasselbe gilt auch für Priester, Hexen, Heiler etc.

Die Symbologien sind individuell anders, obwohl sie nach einem Allgemeinwissen vielleicht gar nicht so verschieden sind, nur durch Semantik sich unterscheiden. Aller-

Der interdimensionale Lichtweg

dings gehen bestimmte Bilder damit einher, die im Unterbewußten bereits verankert sind und daher Sein besitzen. Ich würde mir auf jeden Fall die Lage zuerst einmal genau ansehen, von allen möglichen Seiten, Ebenen und Energien, Verankerungen und Verbindungen untersuchen, bevor ich mich auf einen Konflikt einliesse, es sei denn, die Formen seien bekannt. Dann gibt es kein Zögern.

Zu den Fähigkeiten gehören auch jene der Energieprojektion und -manifestation, die fast in jedem Praktizierenden mehr oder weniger intensiv vorhanden sind. Zu Fühlen, sich darauf einzulassen, gehört unbedingt zum Beginn jeder Einstimmung zum Training, denn wenn man einander nicht fühlen kann, ist eine Zusammenarbeit in einer Gruppe fast unmöglich.

Nicht nur für das Heilen ist dieses Talent unerläßlich; auch für die Kontaktaufnahme mit externen Wesenheiten und ebenso für das Kanalisieren natürlicher Ströme von Bäumen, Kristallen, Elementarenergien, planetarer oder solarer Kräfte sind sie unverzichtbar. Bei Reinigungen, energetischen Ladungen und dem Segnen von Wasser und Nahrung, jeder magischen Handlung, muß man wissen, welche der Energien am besten anzuwenden ist.

Manche werden sagen: alle Energien sind ja eins. Nur zu. Energien können auch sehr, sehr schädlich wirken, wenn sie zu fremd sind. Es ist nicht nur der „Geist", der die Energie polarisiert. Jene, die diese Ansicht vertreten, wären gut beraten, sich etwas eingehender zu informieren.

Unsere Fähigkeiten sind es, die uns Einblicke und Eingriffe ermöglichen. Sie rangieren von seelischen, mentalen, energetischen, emotionalen und psychisch-physischen, astralen und göttlichen Möglichkeiten bis hin zu jenen der Zerstörung und des Werdens-Vergehens-Verschmelzens, also kurz, den Fähigkeiten des Ebenenwesens.

Energien zu „arbeiten" ist das Um und Auf jeglicher Arbeit, die man machen möchte. Allerdings ist es dann oft so, daß das Konzept mehr verlangt, als durch das Mentalfeld oder andere der Felder eines einzelnen Menschen fließen sollte.

Es gibt einen guten Grund dafür, daß nicht mehr von dem, was wir wahrlich sind, in diesem Körper inkarniert wurde. Es würde unweigerlich zu einer Überbelastung von Zellen und Nervenbahnen führen. Nur besondere Menschen, wie vielleicht Jesus einer war, konnten, vielleicht durch Training und wahrscheinlich durch genetische Veredelung mehr vom wahren Sein verkörpern.

Deshalb wird auch geraten, eventuell Kontakte zu pflegen, die in solchen Situationen hilfreich wirken können. Der Mensch muß nicht alles allein tun. Er kann nicht alles wissen oder überblicken. Wir haben Freunde und Feinde unserer Art. Es gibt jene, die uns helfen können und wollen. Ihre eigenen Ziele zu ergründen ist hiebei für uns wichtig.

Mögen Ihre Kontakte völlig auf Ihrer Seite und der Seite des Lebens sein.

5. Kontakte

Der metaphysische Weg öffnet für uns den Kontakt zu verschiedenen Lebensformen. Höhere in Schwingung, basischer in Lebensraum und -effekt, vom irdischen Leben bereits weit entfernt oder noch direkt darauf einwirkend in welcher Weise auch immer, dies treffen wir, wenn wir uns auf die Reise begeben.

Die Welt der Gottheiten und die der aufgestiegenen Meister scheint in vielen der Fälle sich in einem ähnlichen Schwingungsfeld zu bewegen. Ausnahmen gibt es immer wieder, denn manche der Gottkräfte manifestieren noch vielfältiger als der Großteil derer, die Kontakt mit uns erlauben. Die Welten der Devas scheinen noch fremder als jene der Elemente; Engel und Dämonen bevölkern die diversen Ebenenräume, wenn wir es so gestatten und nützen wollen.

Dazu kommen noch die Elfen, welche sich zwischen Terra-b, -a und -c bewegen und ausdrücken können. Naturgeister jeglicher Art werden von Sensitiven beobachtet und man gibt ihnen die Form, die man innerlich im Unterbewußtsein gespeichert hatte. Dazu kommen noch die eigenen Gedankenformen und jene anderer Menschen, welche diese projizieren, zielgerichtet oder einfach drauflos.

Die Lehrer, die von äußeren bis zu inneren oder definiertem wissendem Selbst rangieren können, fallen wieder in eine andere Einteilung. Auch hier ist man gut beraten, sich zu informieren (an ihren Früchten sollt ihr sie erkennen).

So viele Einflüsse können auf uns wirken, daß wir, früher oder später, eine Auslese treffen wollen, wen oder was wir in unserem Leben, unseren Feldern und/oder unserer Umgebung haben wollen. Man kann nicht (oder sollte nicht) alles um sich einwirken lassen, denn es ist nicht nur die Zuneigung, die zur Abhängigkeit an beiden Seiten führen wird, es ist auch der persönliche Freiraum und Machtbereich, der davon beeinträchtigt wird.

Klarheit ist hier das Ziel. Wenn man irgendwann einmal neue Kräfte kontaktieren möchte, sollte für diese Verbindung Platz sein. Es ist guter Rat, wenn ich sage: Das Wegbitten ist wichtiger oft als das Einladen.

Am Anfang ging ich nach dem Buch: Rufen in Form von Befehl, Verbannen mit Nachdruck. Was würde eine Freundin sagen, wenn ich sie so behandelte? Geistwesen sind auch nur „Menschen", i.e. sie möchten mit Respekt und Ehre behandelt werden und geben dasselbe zurück. Es ist immer ein Miteinander, niemals - außer bei Bannungsritualen - ein Gegeneinander.

Wenn eine gewisse Expertise und eine gemäße Entwicklung stattgefunden hat, man

Der interdimensionale Lichtweg

sich einen großen Stab gebaut hat und die inneren Kanäle durch das Hohe Selbst oder eine große Macht geschützt sind, kann man sich für den „Großen Ruf" entscheiden. Aufgrund der Felder, welche sich durch die Arbeit verstärkt haben, ist man durchaus sichtbar in den feineren und auch schwereren Welten. Wenn der künstliche Elementar gebaut und aufgelöst wurde, wird sich auch das in der Aura für jene, die dies wichtig finden auf der anderen Seite zeigen.

Die Übungen werden im Trainingsteil des Buches genauer angeführt. Wichtig ist, zu erkennen, daß das, was sich zu uns gezogen fühlt meist etwas ist, das mit uns harmonisch schwingt. Die Art der Wesen, welche sich melden, werden wegweisend für den Rufer sein. Er wird dann entscheiden, nach einem eingehenden Interview, welcher Art der Kontakt sein sollte und wie nahe er jene, die er rief, bei sich haben möchte.

Nicht jeder sollte akzeptiert werden. Jedoch sollte man jemanden bitten müssen, sich zu lösen, muß dies höflich geschehen, mit guter Begründung und gemeinsamem Einvernehmen, denn jede dieser Persönlichkeiten kam als Freund. Der mächtige Magier, der da kommandiert und sich wie ein Elefant im Porzellanladen aufführt, ist mit dem Eingang in die neue Zeit unmodern und unbeliebt geworden. Er wird immer allein stehen und muß sich immerdar schützen gegen jene, die ja Verbündete sein könnten. Schade um sie und das wunderbare Potential.

Im Laufe der Zeit können sich alte Verbindungen als unnötige Bande für beide Seiten erweisen. Dann wird es notwendig, sie anzusprechen und man wird gemeinsam entscheiden, was man tun will.

Bei mir öffnete ich die Bande und beschrieb meine Bereitschaft zur Befreiung, weil ich jene, die ich lösen wollte, nicht rufen würde. Die meisten gingen, aber ein paar wollten verbleiben, auch, wenn ich sie nicht mehr rief. Das war in Ordnung mit mir. Jedoch mein Feld war wieder klar und unbelastet. Manche würden dieses Psychohygiene nennen, nur auf dem esoterischen Sektor.

Zwischen Visualisierungen, Gedankenformen bauen, Elementar- und Geistkontakte öffnen, Gottkräfte invozieren, Energiekanäle stärken und formen, magische Stäbe und andere Werkzeuge konstruieren, Divinationsmöglichkeiten studieren, Rituale entwerfen und evtl. noch in einer Gruppe zu koordinieren, bleibt nicht mehr so viel Raum für andere Dinge.

Dennoch aber möchte man auch Buch führen über das, was man tat und plante, denn die Notizen sind wichtig. Diese werden „das magische Tagebuch" oder „Liber", bei Wicca „das Buch der Schatten" genannt.

In ihm werden die Strukturen der Rituale, die Fortschritte und Begegnungen und Re-

Der interdimensionale Lichtweg

sultate festgehalten und für nahestehende sogar geöffnet. Meist wird dieses Buch nach dem Ableben des Metaphysikers vergraben, verbrannt oder vererbt, niemals einfach liegenlassen.

Dasselbe gilt für alles an magischem Gerät, welches sich im Laufe des Lebens angehäuft hat. Alle Werkzeuge, angefangen bei den Schwertern, Kelchen, Stäben, Kristallen, Gewändern, Notizen, Divinationsutensilien und -büchern, müssen sachgemäß entsorgt werden, was nicht einfach ist, denn sie alle haben das anhaften, was dem Machtpotential des Vergangenen verbunden bleibt, manchmal länger als man möchte.

Die Fähigkeiten der esoterisch aktiven Person gehen weit über den Körper hinaus. Es werden Verbindungen geschaffen, die Kraft und Hilfe verleihen, sollten sie notwendig werden. Sie können nicht vererbt werden, nur durch Lehren weitergegeben werden. Das Wissen, das heute oft nur in einem Computer gespeichert wird, könnte anderen viel Zeit ersparen, wenn durchforscht. Dennoch aber ist es äußerst wichtig, daß man selbst so viel wie nur möglich lernt, denn das Wissen, das uns von einem Lehrer zufließt, ist immer unseren Bedürfnissen und Fähigkeiten zu assimilieren angepaßt.

Als ich 1970 einen Wicca-Kurs besuchte, waren meine Interessen anders als heute. Ich wollte unbedingt ein Streichholz von einer Seite einer großen Schüssel auf eine andere befördern, und das allein durch Gedankenkraft. Das hat nicht funktioniert.

Früher, noch unbedarfter, hatte ich erfolgreich ein Stück Papier auf einem Dorn drehen können, langsamer, schneller, es faszinierte und ermutigte mich. Frage nicht, wie müde ich danach war. Man hörte sogar von großen Könnern, die Lampen auslöschen konnten oder Dinge levitieren.

Mein Ehrgeiz brauchte Jahre, um sich zu erschöpfen. Ich mußte akzeptieren, daß ich dieses Talent nicht besaß. Ich würde niemals als erfolgreicher Magier auftreten können.

Jedoch es war nicht nur das! Ich spürte nichts, sogar wenn andere soviel Energie registrierten, welche ich offenbar irgendwo hatte. Ich war so zu wie eine Kellertür.

Heute empfinde ich sehr viel, auf etlichen Ebenen und erkenne Wesenheiten, channele, arbeite mit Energien auf viele Weisen. Dieses Beispiel sollte jene, die auch noch nichts spüren, ermutigen, nicht aufzugeben. Man kann es trainieren, man kann es lernen, denn in jedem menschlichen Gehirn liegt die Saat dafür.

Jene, die bereits mit einem geöffneten Energiegespür geboren wurden, brauchen dieses Training nicht so lange zu absolvieren, natürlich. Diese Menschen brauchen vielleicht etwas anderes, wie etwa sich mehr dem göttlichen Inneren zu widmen oder die Gesetze zu lernen, die alles in Gang halten. Nicht jeder ist - gottseidank - gleich gemacht.

Der interdimensionale Lichtweg

Ich finde es immer wieder aufregend, wie in einer Gruppe die Mitglieder einander ergänzen eher als miteinander konkurrieren zu müssen. Bei Problemen kommen verschiedene Gesichtspunkte zum Tragen, die dann, verbunden, zeigen, worum es geht. Das konstruktive Zusammenwirken gibt jedem dabei das Gefühl, etwas beigetragen zu haben. Es ist schöner als wenn alles sich nur auf eine Person konzentriert. Das Guru-Sein ist von beiden Seiten belastend. Ich kenne das.

Ein freier Zusammenschluß Gleichgesinnter miteinander ergänzenden Fähigkeiten kann ein Energiepotential schaffen, das weit größer ist als die Summe aller anwesenden, es potenziert sich.

Fähigkeiten müssen gefunden werden, denn jeder hat sie. Nicht dieselben, wie der andere, fast niemals sind sie völlig gleich. Unsere Nerven müssen angeregt werden, das geschieht durch Training und Exponieren. Die Synapsen formen sich durch TUN.

Hätte der Mensch nicht jede Menge Potential in seinem eher kleinen Gehirn und nützte es, wären wir lange nicht da, wo wir uns letztlich doch jetzt finden; wir wären vielleicht noch immer auf den Bäumen - smile.

Woher kommen die Inspirationen der Erfinder, der Religionsstifter, der Genies? Manche Leute „wissen" einfach. Unsere Savants sind ein Phänomen, das das Geheimnis „Mensch" nur ein wenig, ein klein wenig berühren kann. Immer wieder kommt die Frage: Was sind wir wirklich?

Unsere Anlagen sind immer gleichgeblieben. Was die Natur nicht nützt, verliert sie, baut sie ab. Ja, irgendwann und von Zeit zu Zeit nützen wir jeden Winkel unserer Gehirne, und wir haben sie niemals verloren. Es ist nicht wie ein Muskel, der selten verwendet wird und daher geschwächt werden muß.

Es gibt aber Areale, die bei manchen von uns sogar redundant funktionieren. Ein Beispiel: Wenn eine Person, oft esoterische Menschen möchte ich feststellen, etwas sieht, dann sehen sie Farben herum oder hören Töne. Nicht nur eine Fähigkeit wird im Gehirn animiert, sondern zwei, manchmal sogar drei.

Energien wahrzunehmen ist eine wichtige Eigenschaft bei Heilern. Man kann es lernen, indem man, wenn man nicht natürlich damit geboren ist, sie langsam spürt, erfühlt, ätherisch sehen lernt, manipulieren lernt, nimmt und gibt, verändert. Nicht jeder, der Energien wahrnimmt, wird ein Heiler, dennoch aber sollte man die Gelegenheit haben, das Potential zu ergründen. Erst dann kann man sich entscheiden, was man damit tun will.

Wenn jemand begabt ist und nichts tut, ist es als würde er - als Mensch - den Kopf in

Der interdimensionale Lichtweg

den Sand stecken. Der Prozeß des Wachsens, des Erhöhens des Machtpotentials, kann sehr aufregend sein. Die Energien sind wie lebende Materie, sie bewegen sich, sie sind warm, kalt, prickeln, was noch..

Manche gehen durch den ganzen Körper, durch das ganze Kleinfeld, Großfeld, die Gegend. Wäre doch schade, dies zu versäumen. Wir haben diese Fähigkeiten, weil sie unser Erbrecht sind. Seien sie nun offen oder noch hinter einem Vorhang, sie gehören uns, weil sie nicht nur für unser Überleben einst notwendig waren - auch das mag sein - sondern weil jemand sie in unsere Gene gelegt hat.

Geist formt Materie.

Tore

Im Jahre 1977, bevor ich entschied, die Entwicklungsstufe einer Antara einzuschlagen, lehrte mich mein erster Lehrer Adi-c-arhat, „gates" zu konstruieren. Dies ist ein Sammelbegriff für etwas, das sich später in verschiedene Aspekte einteilen lassen mußte, denn der ursprüngliche Name „Tor" genügte einfach nicht mehr.

Der Anfang war den Experimenten mit dem großen schwarzen Stab gewidmet, mittels dessen Kristallstrukturen die richtige Kombination von Kräften in Fokus gebracht werden konnte. Ich machte „Tore" zum Strahl der Heilung, „Tore" zu den meditativen Welten, welche ich auf diese Weise besser eintreten konnte; ich war einfach ein Elefant im Porzellanladen, und mein Lehrer ließ mich walten, bis eines Tages in meinem Haus verschiedene Phänomene manifestierten, die nicht ins normale Leben gehörten.

Nachdem ich eruiert hatte - alles im Lernprozeß natürlich, der geplant war - daß die „gates" durchschwitzten und das, was hindurchsickerte, mein Haus und mein Leben verkomplizierte, von selbst nicht mehr zurückkonnte, lernte ich die Materie besser kennen und schätzen.

Ich will damit nicht behaupten, daß ich heute alles über die Tore weiß, was es zu wissen gibt. Jetzt aber nähere ich mich diesem Teil meiner Arbeit mit weit größerem Respekt und mehr Sorgfalt, wissend, daß alles seine Gesetze hat, die man berücksichtigen muß, wenn man sich in die Schöpfungsmanifestationen einfügen will.

Diese erste Erkenntnis bewahrte mich nicht davor, später weitere Experimente zu machen. Dies tat ich allerdings nur, wenn ich für einige Tage oder Wochen allein zu Hause war, aufdaß niemand in meiner direkten Umgebung von eventuellen nachteiligen Effekten beeinträchtigt werde.

Bei den Testarbeiten bezüglich der kosmischen Strahlen erlaubte ich mir absichtlich, ein paar Mal Tore entweder offen oder nur geschlossen zu halten, sie aber nicht zu versiegeln. Übernacht ging es noch, später aber erkannte ich, daß sich etwas wie ein riesiges Gesicht in meine ätherische Sicht schob, aus dem Tor herumschaute, mich aber scheinbar noch nicht erkannte. Wer das war, wollte ich gar nicht erst direkt herausfinden, ich schloß die Realitätsöffnung sachgemäß.

Ein anderes Mal erkannte ich, daß sich nicht nur die Einflüsse, die ich suchte, in meiner Realität manifestierten, sondern daß sie und andere Effekte sich im Raum ausbreiteten, je länger ich das Tor ungesichert ließ. Dies war ein langsam wachsender Prozeß, den ich mir erlaubte, einige Tage zu beobachten, da der Strahl, den ich im Fokus hielt, positiver Natur war.

Der interdimensionale Lichtweg

Heute gibt es verschiedene Bezeichnungen für die einzelnen „Tore", die ich für sachmäßiger halte. Wenn ich mich irgendwo hinbegeben will, mache ich ein „Portal", will ich eine Kraft einladen und mit ihr arbeiten, nenne ich es „Fokus". Wenn ich ein Wesen konfrontieren möchte, entschließe ich mich immer noch, es ein „Tor" zu nennen. Oft hängt die Bezeichnung auch mit den einzelnen Kräften zusammen, die im Bau des Tores verwendet werden.

Wie auch immer sie benannt werden, so haben sie doch eines gemeinsam: Alle sind sie eine Zone des Übertrittes von einer Möglichkeit in eine andere, vorzüglich eine der eigenen Wahl. Die Kontrolle dieser Zone darf und muß nur in einer Hand liegen, jener des Erbauers.

Der ideale Werdegang eines solchen Erbauers sollte natürlich seelen- macht- und synergie-orientiert sein. In meinem Fall hatte ich das Glück, einen guten Lehrer zu haben, der mich auf eine für mich fordernde und interessante Weise meinen Weg entlangführte, mir erlaubte, zu straucheln und zu zweifeln, um letztlich meine eigenen Argumente zu beantworten.

Wie keine der Methoden, welche in diesem Buch beschrieben werden, sind auch die Tore nicht ein „Sesam öffne dich" für jedes Problem. Im Gegenteil. Ich rate zur Vorsicht in ihrer Handhabung, denn es gibt keine magischen Worte, keine Rezepte, die hier helfen, sollte etwas schiefgehen. Hier geht es nicht um „Magie" im herkömmlichen Sinn, sondern um eine mental-energetische Manipulation von Raum-Zeit-Dimensionsgeschehen. Das Tor hebt den Fokus aus dem normalen Raum-Zeit-Gefüge heraus und hiemit unterliegt der kleine, runde Platz anderen Regeln neben jenen, die wir alle in dieser Dimension kennen, welche natürlich nur ein Bruchteil dessen ist, was in unserer Fähigkeit liegt zu erfahren.

Anfängliche Experimente zeigen, wie einer allein oder eine Gruppe den „Raum" beeinflussen können. Was genau geschieht, kann ich wissenschaftlich nicht erklären, denn ich bin auf diese Weise nicht geschult. Ich weiß nur, wie es mir geht, wenn ich einen kleinen Teil der Zone um mich aus den „Angeln hebe" und entweder nach rechts oder nach links drehe. Es ist dies sachte und sorgsam, keine schnelle Drehung, die ja mit Schwindelgefühlen einhergehen könnte.

Alle Öffnungen, seien sie strahlenmäßig ausgerichtet oder sogar die Dimensionstore, sind gewissen Regeln unterworfen, die sich sowohl für den Aufbau und gewiß den Abbau dieser Strukturen anwenden lassen.

Eine davor wäre, zu denken wie ein Programmierer (ich sollte es wissen, ich war einer). Alles, was man eröffnet, sollte letztlich wieder geschlossen werden. Alles, was durchgeführt wird, sollte kongruent mit den berührten Elementen sein, also keine „Sackgassen" haben, integrierbar sein.

Der interdimensionale Lichtweg

Eine zweite Betrachtung wäre, jene Kräfte, die man ruft, zu kennen. Dafür gibt es Meditationen, die vorbereitend wirken, im Falle eines geplanten Erstkontaktes via Tor. Die Intensität ist in der Meditation etwas sanfter, der mentale Kontakt schon stark genug - zumindest für unsere Gehirne - und der energetische Effekt herabgestuft, es sei denn, der Meditierende ist in sich selbst bereits ein Tor (ja, beide Auslegungen gelten hier, denn ein solcher und solches sollte sich überhaupt nicht auf das Glatteis begeben).

Wie erkenne ich, ob ich ein „Tor" bin? Es wäre dann in Betracht zu ziehen, wenn sich unerklärbare Energien und Ströme einfach manifestieren, auch wenn man sie nicht gerufen hat. Dann rate ich einen Kontakt zu einem Therapeuten oder Psychologen eher als eine magische Laufbahn. Man sollte sich stabilisieren lernen und sich schützen.

Dies muß kein Nachteil sein, jeder von uns hat andere Möglichkeiten, dieses Leben zu durchleben. Ein natürliches Tor ist ein sehr wertvolles Wesen, dessen Fähigkeit, positive Elemente in unsere Realität zu bringen, geschützt werden sollten. Das bedeutet natürlich den Schutz des ganzen Menschen und kann nur in geeigneten Kontakten gesucht werden. Niemals aber sollte ein Mensch, der diese unschätzbaren Gaben hat, ausgenützt werden, was nur zu oft der Fall ist. Emotionale Abhängigkeit ist hier zu vermeiden.

Weiters sollte man nicht nur das Tor schließen, sondern, nachdem alle Kräfte wieder abgebaut wurden, auch die zeit-räumlichen Strukturen wiederherstellen, die durch das Tor verändert wurden.

Anfänglich fällt das manchen Menschen schwer, es sich vorzustellen, aber im Laufe der Zeit lernt man, die Linien im mentalen Bereich zu erkennen und gleichzurichten. Der Raum ist dann am leichtesten zu berühren, wenn man die Sicht eines Netzes zuläßt, wie man sie im Computer sehen kann, wenn ein Gegenstand dort konstruiert wird. Dreidimensional, räumlich gesehen, würde es sich so am leichtesten manipulieren lassen.

Wenn die Sicht paßt, wird man erkennen, daß durch das vorhergegangene Experiment oder die Arbeit diese Linien durcheinandergekommen waren. Wir aber wollen den harmonischen Zustand wiederherstellen und arbeiten dreidimensional an seiner Heilung. Da wird man an einem Ende lösen, an einem anderen Ende einfügen, bis das „Netz" wieder normal aussieht. Erst dann wird man sich zurückziehen. Alles ist wieder in Ordnung.

Im Laufe der Zeit wird sich solche Sorgfalt rechnen, denn man kann damit allen möglichen Problemen schon im voraus die Basis entziehen. Niemals aber sollte man nachlässig werden, denn es zeigt sich immer wieder, wie sich Veränderungen in irgendeiner der Umwelten zu Komplikationen im esoterischen Bereich bilden.

Der interdimensionale Lichtweg

Als noch keine Rede von Dimensionstoren war, vor etwa 15 Jahren, wurde in einer der Trainingsgruppen kollektiv versucht, einen Kreis (das Energiegebilde, welches als Arbeitsbereich in einem Projekt designiert und definiert wurde) aufzuheben und nur ein paar Grade nach rechts zu drehen.

Sofort veränderte sich die Ambient-Energie, Wahrnehmungen von Bildern oder -fetzen wurden registriert und Bewußtseine erkannt, und das nicht nur von mir selbst, sondern von allen, die anwesend waren. Es war dies das erste Mal, daß ich andre in meine eigenen Experimente einbezog. Ich selbst nahm eine Art „Engel" wahr, dessen Flügel aber nicht schön und geschwungen waren, sondern sich rechts und links in einer flachen Linie unbeweglich repräsentierten. Es gab viele „Seelen" dort, einen Zustand, den wir vorher niemals registriert hatten. Diese „Engel" bewachten das „Volk" und wiesen uns dann letztlich an, zu verschwinden, was wir auch taten.

Eine Woche später, als ich mich zufällig im Badezimmerspiegel betrachtete - aus welchen Gründen auch immer, nach dem Bad - erkannte ich in meinem entspannten Zustand einen solchen Engel direkt hinter mir. Meine ätherische Sicht ist nicht sonderlich stark ausgeprägt, aber dieser Eindruck war so vehement, daß ich vorerst gar nicht erkannte, womit ich es zu tun hatte, sondern versuchte, das Bild irgendwie einzuordnen.

Erst, als es mich erinnerte: „Weißt du denn nicht, wer ich bin?" fiel nach etwa 5 Minuten der Groschen und ich erschrak: Ich hatte eines dieser Wesen aus jener Meditation mitgenommen, ohne es zu bemerken.

Für mich war es danach kein Problem, es wieder in seine Heimat zurückzuführen, aber was war mit den anderen? Auf meine Fragen erfuhr ich, daß ich die einzige war, der dies zugestoßen war. Dies war einer jener Fingerzeige, die mir sagten, daß ich eine Affinität zu veränderten Räumen oder Realitäten habe. Und diese starken Eindrücke bewegten mich auch, mich näher mit dieser eher neuen Materie zu befassen.

Einen Kreis nach rechts zu drehen, bringt andere Energien und Zustände als ihn genausoweit nach links zu drehen. Je weiter man unsere Realität bewegt, umso „fremder" werden die Schwingungen und Qualitäten, die sich manifestieren.

Auch das war ein Tor, allerdings etwas verschieden von jenen, die ich vorher gemacht hatte. Es kann auch sein, daß ich durch meine Kontakte und die Arbeit mit dem Stab bereits darauf geeicht worden war. Der Beginn der Dimensionsaufstiege mußte zu weiteren Experimenten führen, denn nichts - absolut nichts in jeglicher Energiearbeit, die ich bis dato erfahren hatte - konnte sich mit dieser Intensität und daraus folgenden Klarheit der Eindrücke messen.

Der interdimensionale Lichtweg

Ich erkannte, daß an gewissen Punkten die ätherischen Bilder klarer wurden, nur, um dann wieder zu vergehen, und, je „höher" ich nach rechts ging, umso „schneller" bewegte sich die Energie. Das umgekehrte war der Fall mit „linksherum".

Das „Links" stoppte mich sehr bald, denn schon nach einigen ersten Bewegungen wurde der „Raum" so dicht und schwer, daß ich nur soweit ging als den klaren Eindruck zu erlangen und es dann „Terrra-C" nannte, nachdem ich den ersten klaren Eindruck nach rechts „Terra-b" benamt hatte, ausgehend von unserer eigenen Realität von „Terra-a".

Signifikant für mich war, daß, nachdem ich mit der Dimensionsarbeit aus dem direkten Nimbus der alten Religion zwar nicht ausgetreten aber dennoch „filialisiert" war, einige meiner Freunde weniger und weniger zu den Vereinigungen kamen. Sie konnten mit der Materie zu wenig anfangen. Es sei ihnen vergeben, denn ich erkannte und weiß heute, daß es viel besser ist, sich aus jenen Gefilden der Arbeit zu distanzieren, die Gefahr in sich tragen als sich ihnen auszusetzen, nur, weil jemand in der Gruppe „spinnt".

Ich bin selbst aber davon überzeugt, daß die Bezeichnung „hagazussa", die „Zaunreiterin" aus dem Mittelalter sich genau auf diese Grenze zwischen den Realitäten bezieht, die für die meisten Esoteriker sogar nicht nachvollziehbar scheint.

Auch aus dem asiatischen Raum kennt man, unter anderem Namen und Mantel der Religion gewiß doch, den Begriff der Dimensionen. Andere Realitäten, Wohnzonen von Göttern und Dämonen sozusagen, sind keine Fremdbegriffe für jene Völker, die nahe an den Naturgesetzen leben oder meditieren.

Ein flexibles Denkvermögen ist allerdings unbedingte Voraussetzung für diese Sparte der Lichtarbeit, die ich schon lange vorher den „Interdimensionalen Ritual-Illuminismus" benannt hatte, sogar schon während meiner Jahre in Amerika. Bereits dort war mir der Begriff „Dimension" bekannt durch meine Faszination mit der Theosophie und dem Hinduismus, welche ich neben vielen anderen Sparten des Esoterischen (dem Studium des geheimen Wissens oder Forschens) hatte.

Wir haben erkannt, daß in einem existierenden großen Tor, das in sich einen Großteil der Dimensionen und damit den Zutritt in jene anderen Realitäten zumindest energetisch und mental erlaubt, Menschen ihren Schwerpunkt offenbaren, unwissentlich, ja, aber unverkennbar.

Wenn jemand, der in sich „weite-land Substanz" zu einem signifikanten Teil trägt, in diesem Tor steht, werden die anderen es feststellen können, denn diese Person wird unweigerlich in diese Richtung Energien schleusen, i.e. strömen lassen und zwar in beide Richtungen.

Der interdimensionale Lichtweg

Ein „großes Tor" kann nicht einfach auf- und abgebaut werden wie ein kleinerer Fokus. Es benötigt einen Solaren Engel, es zu schützen. Wir haben zwei dieser hehren Wesen dafür interessieren können. Bei der Sonnenfinsternis - ich weiß nicht wieso dies so viel ausmachen sollte, aber es war so - zerrten Kräfte an der Struktur. Alles ging gut.

Eine Struktur, die verschiedene Dimensionen verbindet wird idealerweise auch von Kristallen stabilisiert und in Ringen angelegt, die verschiedene Schwingungen aufgebaut halten. Säulenkräfte müssen engagiert werden, um das Gebilde durch ihre Schöpfungsverbünde überhaupt zu ermöglichen und fixiert zu halten und dennoch aber die notwendige Flexibilität zu erlauben.

Die meiste Zeit aber ist dieses Tor inaktiv. Es war ursprünglich nur gedacht, die drei Formwelten Terra-a-b-c zu linken. Beim Aufbau aber ergab es sich, daß die Gedankenimpulse uns, die wir damit engagiert waren, erreichten und so dazu animierten, weiterzumachen bis hinaus nach terra-0. (Die Erklärung für die Dimensionsbezeichnungen sind in einem anderen Kapitel zu finden).

Wer dann noch höher will und es vermag, der kann dann in die Minus-Welten gelangen. Bis heute habe ich allerdings nur ein paar Anläufe gesehen, denn es sind diese Vor-Schöpfungsrealitäten für uns nicht so interessant wie jene, die uns direkt impaktieren.

Durch Tore habe ich eine ganz neue Art und Weise gefunden, meinen Weg zu gehen. Sie sind eine Intensivierung der Kreis-Idee und gleichzeitig ein Zugang zu neuen, aufregenden Geschehnissen. Die Elementar-Reinigung erreicht bis zu diesem Zeitpunkt ungekannte Tiefen-Erfahrungen, Wesen, welche in Fokus kommen, sind energetisch spürbar und geistig wahrnehmbar, ätherisch sichtbar.

Mit Fremdwesen habe ich allerdings nach den Initialkontakten aufgehört, denn es ist nicht mit meinem Gewissen vereinbar, die Essenz von unbedarften Organismen aus ihrer Verborgenheit herauszubringen, daß ich sie berühren und manipulieren kann. Ohne diese Ethik würde sich mein Weg verdunkeln, ich aber will in Harmonie mit den Kräften des Pro-Lebens und des Göttlichen gehen.

Für jeden, der in diesen letzten Seiten etwas findet, was ihn oder sie berührt, wäre dieser Teil der Arbeit ein großes Feld für Lernen und Bewirken, denn ich selbst kann und werde bei weitem das nicht ausloten können, was in den Toren potentiell verborgen liegt. Und wenn Sie darin eintreten möchten, wünsche ich Ihnen die Kraft und die unendliche Liebe fürs Leben in Natur und Mensch und Schöpfung als Ganzes, die hier ein Wirkungsfeld besitzen könnten.

Das Ritual

Es ist ein bestimmender Teil des esoterischen Lebens. Alle Religionen besitzen solche Rituale, denn in den Strukturen liegt das Geheimnis der Magie verborgen.

Egal wie man es benennen möchte, sogar eine Gebetsversammlung mit gewissen Anrufungen oder Gesängen paßt in dieses Konzept, wenngleich man es so gerne verleugnen würde.

Die Messe in einer christlichen Kirche beinhält magische Symbole und Geräte, angefangen beim Kreuz selbst bis zum Kelch, dem Teller mit dem „Leib", evtl. dem Stab und dem Ring. Jede Segnung, jedes Wort hat Bedeutung. Weil aber die Gesinnung das Wichtige in jeder dieser Handlungen ist, fürchtet man so gerne die Praktiken des anderen. Dabei sind sie einander so ähnlich.

Das Ritual besteht aus einzelnen Teilen, die natürlich ein Ganzes bilden sollten. Es gibt immer einen Anfang, einen Hauptteil, in dem der Zweck des Ritus bestimmend ist und einen Abschluß, der die Portale - mental, geistig, astral, energetisch - wieder verschließt.

Die diversen Kulturen haben wunderschöne Handlungen entwickelt, die den Geist des Menschen öffnen können für höhere oder tiefere Realitäten. Immer wieder finden wir diese Rituale für die Jahreszeiten, für Taufen oder Begräbnisse, für den Mond, die Sonne, Gottheiten, Weihen, Feste, Reinigungen und Verbindungen (zwischen zwei Menschen oder anderen Einheiten).

Aber auch die weniger strukturierten Handlungen im feinstofflichen Bereich, wie Meditationen und Gedankenarbeit, wo man nur ruhig sitzt, keine Waffen, kein Gewand, keinen fixierten Verlauf braucht, gelten als Rituale, weil sie einen Anfang, Hauptteil und Abschluß haben. Diese sind wichtig, egal, wie zu arbeiten man vorzieht.

In unsere interdimensionalen Mysterien bringen wir meist eine stille Minute ein, in welcher wir einen Nimbus zu einer leuchtenden Kugel aus Licht bauen, die aus dem „weißen Strahl der Vollkommenheit aus den Universen" gerufen wird. Wir verdichten ihn bis an die Grenzen des Raumes und exorzieren dann all jene Energien, die unsere Arbeit stören könnten oder (in diesem Falle nicht „und") uns schaden würden. Wir transformieren sie zu reinem Licht, das wir dann in das Universum entlassen.

Dieser einfache „Kreis" benötigt höchstens zwei Minuten und wird für die Dauer von einigen Stunden für unsere Arbeit als Fokus dienen können.

Die rituell stärker gefestigten Kreise haben eine weit längere Lebenszeit und, wenn nicht ausdrücklich zeitlich begrenzt oder beendet, würden auf Jahre ihre Energie behalten. Dies hätte natürlich dann die negativen Auswirkungen einer schlampigen Arbeit nach sich gezogen, i.e. Schwachstellen würden sich bilden, Energien austreten, Wesen angezogen werden....wir wissen schon, wo das endet.

Man könnte diesen Schwächen natürlich vorgreifen, indem man einen solche magischen Kreis mit Kristallen stabilisiert, was in Heiligtümern die Regel ist.

Wenn man Exorzismen vollzieht, braucht man einen strukturierten Kreis, der verstärkt und bewacht wird von freundlichen Wesen - Elementargeistern, Engeln, Meistern, ja sogar Gottheiten haben sich bereits zur Verfügung gestellt. Der Zweck der Arbeit bestimmt die Zeugen und Hilfen, die dabei zum Einsatz kommen.

Meistens, nicht immer, wird solch ein Kreis mit einem Schwert gezogen. Man kann ihn aber auch mit einem Stab bauen und jegliche passende Energie dazu verwenden, die schützt, baut, Kraft durch die Waffe in den Kreis strömen läßt. Immer wird diese Struktur dann exorziert, um keine störenden Geister oder Energien präsent zu binden

Viele Esoteriker arbeiten in der freien Natur unter der Annahme, daß hiezu kein Exorzismus benötigt wird. Der Sensitive wird dies oftmals bestätigen, aber sogar dann wird man den Kreis als Fokus bauen wollen, wenngleich die Ursprungsqualitäten wahrscheinlich rein sind.

Freundliche Wesen werden zu ihren Punkten gerufen, um zu beobachten, zu helfen und zu führen, wenn nötig Energien zu liefern. Die Tradition bestimmt hier, wie und wen man hier hinzuführen möchte.

Danach ruft man meistens jene an, die man für die beabsichtigte Arbeit einsetzen möchte. Oft sind sie bereits da, das weiß man immer schon, wenn der Zeitpunkt paßt.

Für manche Rituale wird eine intensive Ladung einer Gottheit benötigt, die dann durch einen oder mehrere kompetente Teilnehmer durchgeführt wird. Dies wäre dann bereits ein Teil des Hauptgeschehens. Welche Arbeit auch immer man im Schilde führt, nun ist der Zeitpunkt gekommen, sie zu beginnen.

Anrufungen sind oft nur in den ersten Jahren von Interesse, denn man möchte gerne selbst bestimmen, wer dabei sein soll. Später sind die Mächte bereits bekannt, sie kommen meistens, wie sich sich gerufen fühlen, um ihr Wissen beizusteuern. Alles verändert sich, wird entspannter, nicht unbedingt freundlich aber dennoch leichter im Ton.

Der Abschluß ist dann ein Devozieren der Kräfte und Mächte, welche vorher gerufen wurden, in genau der gegenteiligen Reihenfolge. Es ist wie bei einem Computer-Programm. Wenn etwas vergessen wird, paßt etwas nicht, bleibt etwas übrig. Das kann oft

Der interdimensionale Lichtweg

unangenehm werden, es sei denn man hat vereinbart, daß man geht, wenn man will. Das ist nur der Fall mit Freunden und Verbündeten, deren Vertrauen in uns so groß ist wie unseres in sie.

Anfangs werden Worte vorgegeben, jedoch je weiter jemand sich auf dem inneren Pfad befindet umso mehr erwartet man von ihm, daß er seine eigenen Rituale entwirft, für jegliche Situation, die er vorhat. Das Basistraining dient nur als Richtlinie. Jeder sollte einige Zeit mit der Struktur eines Vollmondrituals verbringen dürfen, erst dann versteht man völlig, daß die Absicht und der Verlauf kongruent sein müssen. Das Verständnis wird tiefer, die Kraft selbstverständlicher.

Wenn man solche Rituale ausführt, möchte man sich, wenn möglich, mit dem Unterbewußten verbünden. Daher wird man verschiedene Aktionen setzen, die selbiges versteht und, bei Wiederholungen, schneller einspeichert und abruft. Man bedient sich daher gewisser Musik oder Trommeln, man zieht eine (am besten selbstgeschneiderte, aber anderes tuts auch) Robe an, nimmt vielleicht auch noch ein Bad in gewissen Düften oder Ölen, salbt Füße, Stirn und Hände, schreitet zum Altar, der schon lange vorher bereitet wurde.

Der Altar sollte idealerweise in einem fixen Platz sein, der für den Praktizierenden immer wieder erreichbar ist, jedoch so wenig wie möglich für andere Menschen. Schlafzimmer sind eine denkbar schlechte Wahl, da das Residue, welches oft nach einem sogar gut durchgeführten Ritual nachhallt, wegen seiner Energie Wesen anzieht, die solche Kraftpakete gerne annehmen.

In Wohnzimmern oder in einem Gartenhäuschen, einer Laube oder einem Keller wäre es idealer, manche Gruppen lieben bestimmte Lichtungen im Wald und gehen immer wieder hin. Der Platz nimmt dann eine bestimmte - meist gute - Qualität an, die zum Meditieren einlädt.

Kerzen, ätherische Öle, Salz, einige magische Waffen, Notizen und Schreibzeug, einen Kelch, evtl. etwas Wasser und Eßbares sollten irgendwo in Reichweite liegen. Es ist nicht unbedingt notwendig, die Himmelsrichtungen beizubehalten, es sei denn, man hatte sich dafür programmiert, dann muß es natürlich so sein. Ich selbst habe mich, nach langen Jahren, entprogrammiert, da ich mich entschlossen hatte, fünf Elemente statt der ursprünglichen vier einzuladen.

Für die Wesen, die der Einladung Folge leisten, ist es egal, von welcher Seite sie eintreten. Sie sind froh, einen Platz zugewiesen zu bekommen, aber man kann auch einen äußeren Rand konstruieren, in dem sie sich fröhlich bewegen können und mehr Freiheit genießen als an einem Platz gebannt zu bleiben. Besonders beim „Großen Ruf" ist dieser Vorgang ein Muß.

Der interdimensionale Lichtweg

Jeder hat die Freiheit, zu entscheiden, welche der „Waffen" welcher Kraft zugeordnet werden soll. Ich weiß um die traditionellen Regeln, die sich aber im Lauf der Zeit irgendwie nicht bestätigt haben. Eine Richtung spricht, z. B. davon, daß die Luft im Stab repräsentiert werden solle, eine andere Tradition lädt die Luft unbedingt durch das Schwert oder ein magisches Messer (evtl. das Athame) ein.

Alles sollte fließend sein. Wichtig ist, daß man im Laufe der Zeit das Unterbewußte und das Bewußte so programmiert, daß es positive Gefühle und Bilder formt, wenn eine bestimmte Abfolge von Handlungen stattfindet. Das Überbewußte muß anfänglich nicht so dominant sein, obwohl es natürlich immer alles weiß und jegliche Handlung unterbinden kann, sollte diese gegen das Interesse dessen sein, was die Inkarnation erhalten möchte und muß.

Für viele Menschen steht und fällt der Erfolg von Beruf, Liebe und Beziehungen mit der Stärke in einem Ritual, das sie planen und dann akribisch durchführen. Andere wieder setzen sich hin, projezieren einen Nimbus zur Konzentration und arbeiten astral an einer Bildszene, die ebenso erfolgreich ist.

Es ist nicht so wichtig, welche der beiden Extreme erfolgreicher ist, sondern welche der beiden Methoden dem jeweiligen Arbeitenden am besten liegt. Es mag ja sein, daß in Sachen Liebe eine astrale Imagination mehr bringt für eine Frau, für einen Mann jedoch gewiß ein mental ausgefeiltes, logisch aufgebautes und dann im Detail genau durchgeführtes Ritual erfolgversprechender ist.

Warum würde ich so etwas sagen? Es könnte doch auch genau umgekehrt sein. Das stimmt. Wichtig ist, daß man erkennt, und das geht nur im Laufe der Zeit, nach vielen Stunden des Lernens, worin die besten Möglichkeiten für welchen Zweck für diese bestimmte Person liegen.

Es schien mir immer eigenartig, wenn jemand sagte: „Meine Magie ist besser als die deine", oder umgekehrt: „Wenn ich könnte, was du kannst, stünde mir die ganze Welt offen". Nicht jede Methode ist für jeden geeignet. Genauso wie manche Nahrungsmittel für den einen gesund- und für den daneben krankmachend wirken, ist es auch in der Magie.

Was ist überhaupt Magie? Es ist ein Sammelbegriff für das nicht unbedingt menschliche Einwirken auf natürliche oder auch unnatürliche Situationen im Sinne des metaphysischen Arbeitens. Jede „magische" Richtung hat ihre Gesetze, sei sie nun naturverbunden (wie bei den Schamanen oder auch oft Heilern oder Hellsehern, Wicca oder Pagan) oder logikbelastet (wie bei den klassischen Magiern, den sog. höheren Eingeweihten, den Lichtarbeitern).

Der interdimensionale Lichtweg

Ich muß gestehen, daß das, was ich tue, meist ein Mittelding zwischen beiden Methoden ist. Sich den Bedürfnissen der gegebenen Zustände anzupassen und aus allen Richtungen zu schöpfen ermöglicht es mir, mich von den traditionell althergebrachten und auch den mental strukturierten Fixierungen zu befreien und dermaßen einen neuen, vielleicht unorthodoxen Weg zu beschreiten, der es aber für mich bringt.

Niemals müßte ein Schamande einem Kabbal-Magier unterlegen sein oder umgekehrt. Jeder hat seine eigene Symbologie, arbeitet vielleicht mit ähnlichen Kräften, benamt und versteht sie aber verschieden.

...das ist so gewollt. Wenn alle Symbologien gleich wären, gäbe es, wie bei den Religionen, nur ein sich im Kreise drehen um eine Wahrheit, die letztlich dann wahrscheinlich gar keine wäre. (Kontakt: Gr. Alte) Nur in der Diversität lernt der Mensch als Ganzes, denn die Reibungspunkte in den Ideologien sind dort, wo es lebt, wo der Puls, der Zartpunkt, wenn du willst, liegt.

Wenn es keine Vitalpunkte gäbe, wäre das Resultat Sattheit und Trägheit. Der Mensch wäre noch im Mittelalter, es sei denn, er wollte es so, es wäre seine freie Entscheidung, wissend, daß es auch anderes gibt.

Schätzt Euch glücklich, daß Ihr Reibungspunkte habt, die Ihr bewältigen könnt, denn auch wenn Ihr einmal einen dieser Punkte harmonisiert habt, ergeben sich andere, an welchen Ihr euren Intellekt, Euren Glauben, Eure Fähigkeiten schleifen könnt, um klarer, reiner, fähiger weiterzuwerden.

Auch in der Fähigkeit, Eure Umgebung zu formen, werdet Ihr Euch entwickeln können, denn der Ursprung jeglicher Entwicklung liegt im Geistigen, im Konzept vor dem Tun. Lernt Eure Möglichkeiten in der Feinstoffwelt und ihren Dimensionen kennen und lebt zu größerer Fülle. Das ist der Ursprungsplan und Ihr könnt ihn leben....

Rituale sind Strukturen, welche die Gesetze der sich hier miteinander verbindenden Realitäten und Ebenen achten, inkraftsetzen und wieder am Ende außerkraftsetzen. Wäre das anders, entstünde - und ist auch oft entstanden - ein Schwachpunkt zwischen den Realitäten. Dann findet man, daß ein Platz „verwunschen" bleibt, daß es dort Kräfte gibt, die „Unglück" bringen, wenn es eventuell nur ein gebundener Geist ist, der befreit werden sollte.

Ein Ritual ist auch, unter den richtigen Umständen, eine heilige Handlung, die mit der gemäßen Einstellung begangen werden sollte. Der Respekt für die Mächte, mit welchen man sich verständigen darf und auch für jene, die man zerstören muß, wenn man kann, oft um einen hohen Preis, ist einfach ritterlich und eines Magiers, egal welcher Art, würdig.

Der interdimensionale Lichtweg

Die Magie, sei sie nun hoch oder niedrig, ist das Nützen des menschlichen Gehirns auf eine etwas andere Weise als es in Schulen notwendig ist. Wir haben zwei Gehirnhälften, deren offensichtliche Eigenschaften oft als logisch (links) und intuitiv (rechts) gekennzeichnet werden.

Da ich Jahre programmiert und analysiert habe, konnte ich nicht umhin, zu bemerken, daß in den großen Abteilungen, wo wenigstens hundert intelligente Menschen die linke Gehirnhälfte intensiv einsetzten, die Resonanz auf der rechten Seite phänomenal war. Weit mehr als die Hälfte von ihnen hatte „esoterische Interessen". Da der Mensch Eins ist, wird das ganze Gehirn stimuliert, wenn er sich auch „ganz" einsetzt, ohne es zu beabsichtigen. Daraus kann man lernen.

Reinigung

Wenn man in ein Glas langsam, fortwährend immer wieder einen Tropfen roten Weines einbringt, merkt man es am Anfang oft gar nicht, wie sich die Flüssigkeit verändert. Erst nach einiger Zeit, wenn man fast gar nicht mehr durchschauen kann, fragt man sich, was man wohl gemacht haben könnte, um zu solch einem Zustand zu kommen. Schließlich hatte man ja nichts anderes getan als kleinweise etwas Schönes ins Leben zu lassen.

Sei es nun wirklich etwas Wunderbares oder etwas Schlechtes, gedankliche Prozesse, falsche Ernährung, die nicht typengerecht ist, einfach Leben ohne nachzudenken, das allein genügt oft nicht. Viele von uns denken darüber nach, was wir uns zufügen, dennoch aber fühlen wir nach einiger Zeit, daß wir nicht mehr „durchblicken", „klar erkennen", „feinfühlen" können.

Reinigungen sind nicht nur für das normale Leben, wenn der Körper verstopft ist.

Besonders bei sensitiv ausgebildeten Menschen kommt dieser Zustand öfter vor als man vermuten würde. Schließlich entscheidet man sich, eine feinstoffliche Reinigung durchzuführen, die dann meistens die Situation verbessert.

Nun haben sich aber während meiner Erfahrung hiefür einige Möglichkeiten gezeigt, die für verschiedene Bedürfnisse die besten Ergebnisse bringen.

Die innere Erfahrung wird zeigen, was dem einzelnen möglich ist. Ein Einblick in die Zustände der Ebenen (Gefühle, Physis, mentale Fähigkeiten, Vitalenergien, spirituelle Belastungen und dergl.) oder gewisser Lebensprozesse wird bei einer Analyse helfen.

Die alten Religionen haben hiefür eigene Rituale entwickelt. In unserer Zeit gibt es ebenso moderne Reinigungskuren, welche in Klöstern, östlichen Seminarzentren und westlichen Kuranstalten angeboten werden.

All diese Vorgänge können sowohl geistig als auch physisch und psychisch sehr effektiv sein. Hiefür aber gibt es andere Bücher, die sich damit befassen. In diesem Buch aber geht es um Reinigungsvorgänge im feinstofflichen Bereich, dessen Zustand allen physischen und psychischen Vorgängen und Vorstufen zu stofflicher Manifestation zugrundeliegt.

1. Neumond-Ritual

Generell klärend wirken Neumondrituale, welche einmal im Monat von meist göttinorientierten Gruppen durchgeführt werden. Eingebettet in einen Ritus entläßt man sinnbildlich alle Gifte und schädlichen Einflüsse im Organismus ins Wasser oder die Erde, wäscht und versiegelt die Öffnungen entweder körperlicher oder energetischer Art und verschließt sie wieder.

Natürlich werden in diesem Falle die Aspekte der Großen Göttin hinzugezogen, denn schließlich heißt es zwar „Der Mond", aber im Mittelmeerraum, aus dem viele Überlieferungen der alten Götter ersteigen, ist es „la Luna", ein weiblicher Einfluß.

Übrigens wird zum Großteil angenommen, daß auch der weibliche Zyklus mit dem Mond zu tun hat, was ja in den meisten Fällen der Fall zu sein scheint; es gibt aber genügend Frauen, deren Periode entweder kürzer oder um drei Tage länger ist, und das regelmäßig. Hier kann man vielleicht nur sagen, daß Ausnahmen die Regel bestätigen.

Ein Neumondritual kann etwas sehr Schönes und Erhebendes sein, denn mit Musik, Tanz und Gesang wurden Gemeinschaftsrituale zwar ernst aber auch freudig begangen. In der Gemeinsamkeit und der Verehrung der Göttin werden sowohl Frauen als auch Männer, die keine Angst davor haben, Gefühle und Schwächen vor Frauen zu öffnen, einfach zu Kindern der Großen weiblichen Kraft, die eben jene Gefühle und Neigungen beherrscht.

2. Astrale Reinigung

Astrale Reinigungen sind etwas strukturierter. Die Wahrnehmung sollte hier bereits etwas entwickelt sein, denn das programmierte Erkennungssystem wird in bedeutungsvollen Symbolen oder Farben zeigen, welcher Natur die Verschmutzungen oder Vernetzungen sind. Dementsprechend werden dann diese Bilder verbrannt (Formel: Gift zu Asche, Asche zu Nichts) oder aufgelöst, bis nichts mehr in der Wahrnehmung erkennbar ist.

Viele machen hier den Fehler, diese Auflösung als „Sofort" durchzuführen, vergessen aber, daß sie es hier nicht nur mit den Bildern astraler Tatsachen zu tun haben, deren Seinsberechtigung andere Ursachen als Imagination haben. Ein langsames Auflösen oder Verbrennen ist weit effektiver, auch wenn es mehr Zeit braucht.

Manchmal, wenn die Verbindungen tiefer gehen, bleibt man einfach ruhig sitzen und wartet, bis es sich erledigt hat. Man kann dann schön beobachten und spüren, wie sich die Zerstörung der schädlichen Energien fortsetzt, bis man weiß, daß es erledigt ist. Waschung, Segnung und Versiegelung können dann gleich folgen.

3. Strahl der Zerstörung

Eine dritte Variante wäre die Reinigung mit dem Schwert des Siva, dem Herrscher des Stahls der Zerstörung.

Das Schwert darf niemals für etwas anderes gebraucht werden, als diesen Strahl zu halten. Wenn es dennoch geschieht oder vorher durch eine andere Person gehandhabt wurde, muß jeglicher Rest von Fremdenergie daraus entfernt werden.

Einst, im Anfang meines Lernprozesses, hielt ich die Klinge mit der anderen Hand, die dann prompt völlig einschlief und erst nach einiger Zeit wiederbelebte. Die Beziehung zwischen der Gottheit und dem Priester ist heilig. Sie wird niemals verletzt, denn Siva hat ein langes Gedächtnis.

Diese Reinigung kann sowohl am eigenen Leib als auch an einer anderen Person vorgenommen werden. Der Strahl löst alles völlig auf, Verbindungen, schlechte Energien, sogar manchmal schon Viren oder Bakterien, aber hier bin ich mir nicht so völlig sicher, denn obwohl eine Besserung eintrat könnte der Strahl nur eine kleine Pause ermöglicht haben, um dann den Selbstheilungskräften des Körpers ihre Arbeit zu ermöglichen.

Da das Schwert oft an den Körper gelegt wird, um es dem Strahl zu erleichtern, einzuwirken, sollte man vorzugsweise diese Handlungen nackt durchführen.

Nichts, das durch diesen Prozeß aufgelöst wurde, wird jemals wieder so sein, wie vorher. Man kann versuchen, Beziehungen wieder aufzubauen, aber sie werden niemals wieder die Innigkeit haben, die einst Verletzungen zuließ.

Ich verwende diese Methode heute noch gerne; seltener die astrale Reinigung und fast niemals das Neumondritual, denn ein paar andere Methoden bringen mir und all jenen, die sie kennen mehr als jede andere rituelle Art des Clearings.

4. Generelle Reinigung

In Gruppen, die eine Einstimmung brauchen, wäre eine generelle Reinigung jene, in welcher die „reinigende Kraft des Universums" in eine mit gesalzenem Wasser gefüllte Schale gebracht wird. Das Wasser, nunmehr mit dieser Kraft angereichert, wird physisch und gedanklich an die Energieplätze des Organismus geführt. Dies ist eine rein energetische Reinigung, welche dann allerdings mit einer Aufladung der Zentren ergänzt werden sollte.

5. Reinigung mit Wasser und Elementen

Einfach ist auch eine Art des Einstimmens für einen Arbeitsabend, welche gerne heute noch von einigen Gruppen vorgenommen wird:

Ein größerer Behälter mit Wasser wird exorziert und gesegnet. Einzelne Kerzen werden mit den elementaren Kräften der fünf Elemente geladen und hineingestellt. Daraufhin meditiert man die innere mittlere Säule empor zu jenem Energiezentrum, das man zu diesem Zeitpunkt erreichen kann - für manche ist es das Interdimensionale, für manche eines der kosmischen, für andere wieder die Quelle selbst. Aus jenem Bereich erlaubt man der dort liegenden Energie herabzufließen und durch die Hände, die einander im Behälter und Wasser berühren, das Wasser anzureichern.

Nun erfolgt Reinigung und Ladung gemeinsam durch die Kräfte der Elemente, die sich durch die verschiedenen Ebenen emporarbeiten - manchmal gesteuert durch Gedanken oder Worte, manchmal bleibt man passiv, läßt geschehen und beobachtet nur. Hiefür steht man über den Kerzen und gibt sich gedanklich dem Vorgang voll hin.

Wenn alle Ebenen (sieben oder zwölf, je nach Einstellung) durchgangen wurden, versiegelt man die Fußchakras über dem Feuer und beginnt, den kosmischen Strahl des Göttlichen zu schreiten, vielleicht zu denken oder sprechen, was man von ihm will. In einem separaten Kapitel werden diese Strahlen beschrieben.

6. Große Reinigung

Die intensivste Reinigung ist allerdings die sogenannte „Große Reinigung", welche wir mindestens einmal pro Jahr durchführen oder, wenn nötig, öfter, sollten starke Streßzustände das Innere einnebeln.

Hier arbeiten wir mit einem Fokus aus Elementarenergien, der durch einen Kristall oder einen mit Kristallen bestücktem Stab gebaut wurde. Abwechselnd kommen in diesen die Elemente und werden jeweils, nach dem individuellen Reinigungsschritt, nach dem Dank verabschiedet und verlassen das Tor.

Die einzelnen Sitzungen können 10 bis 40 Minuten dauern, was von der Art der Verunreinigungen abhängig ist, die aufgelöst und entfernt werden sollten. Pausen dazwischen sind angeraten, da sich sehr viel bewegt, wenn Verschmutzungen bewegt werden und die Ladung stattfindet.

In dieser Variante sollten die Netze, welche die Tore halten, wieder geheilt werden, denn jedes Portal verschiebt die universellen Gefüge.

Die Hygiene bei Toren ist unerläßlich. Ich mußte dies vor vielen Jahren lernen, als plötzlich die Vorhänge zerrissen und sich alle Tonbänder verhedderten. Erst, nachdem ich jenen Wesen, die sich hindurchgezogen fühlten, den Weg nach Hause wies, war wieder Ruhe. Also, bitte, fordern Sie nicht das heraus, was Sie nicht verstehen und demnach nicht fest im Griff haben.

Jede dieser Reinigungen sollte in einem adequaten Nimbus stattfinden. Der Praktikus entscheidet, welchen Schutz er wünscht.

Keine der auf dieser Seite erwähnten Prozesse sollte begonnen werden, bevor die Ebenen und die „Tore" nicht durchgearbeitet wurden und hiemit etwas Verständnis für die Vorgänge vorhanden ist. Überhaupt ist dies kein Buch für Anfänger und wird von diesen auch nicht völlig verstanden werden können. Es scheint mir jedoch wichtig, zumindest ein paar Anregungen zu geben.

7. Großfeld-Reinigungen

Weitere Reinigungen haben mit den Großfeldern zu tun und sind nur interessant für Heiler oder ältere Menschen, in deren Mental- und Astralfeldern sich über die Jahre zu viel Debris angesammelt hat und dadurch viel Energie gebunden wurde. Für den normalen Haus- oder Magiegebrauch genügen die vorangeführten völlig. Dennoch will ich sie der Vollständigkeit halber anführen.

Der interdimensionale Lichtweg

6. Kraft

Sie ist etwas, was jeder haben möchte. Es gibt auch andere Ausdrücke dafür, die vielleicht geläufiger klingen: Macht, Energie, Power - alles ähnlich, jedoch mit verschiedenen Auslegungen.

Macht ist immer etwas, was man als edler Esoteriker nicht haben oder anstreben dürfte. Sie ist für die Magier und jene, die gesellschaftlich und finanziell nach oben wollen. Aber Macht - so sagt man - korrumpiert und absolute Macht korrumpiert absolut.

Es ist nicht die Macht, die schlecht ist, sondern wie sie angewandt wird. Der Mensch ist immer noch jene Instanz, die entscheidet, was mit Macht geschieht.

Was aber qualifiziert einen als „mächtig"?

In den Anfängen geht es gewiß darum, gewisse Dinge im Leben zu erreichen. Wenn es nicht auf dem normalen Weg möglich ist, dann hilft vielleicht die Magie. Und wenn ein Zauber oder ein Erfolgsritual nicht das bringt, was man sich erhoffte, dann heißt es eben: „Aber weißt du nicht, daß man Macht nicht anstreben soll?"

Ich finde Macht in Ordnung, solange sie still ist und niemanden erschreckt. Seid mächtig Eurer Sinne und Gebahren, heißt es irgendwo. Wir wollen Macht haben über unsere persönlichen Möglichkeiten, nicht notwendigerweise über andere.

Als ich die ersten Jahre verschiedene Philosophien kennenlernte, einigte ich mich innerlich auf jene Art, die mir am meisten lag, und das war die niedrige Magie der Wicca. Natürlich hatte ich die Kabbalah gelesen, Crowley, Theosophie, modernere noch nicht lange tote Autoren von Büchern, die die Geheimnisse auflisteten, die sich aber nicht signifikant von den ersteren unterschieden, wenn man einmal die Materie kennt.

Ich schrieb auf, analysierte, komponierte, dichtete Zauber und führte sie schließlich an geeigneten Tagen aus. Die Erfahrungen waren erstaunlich. Und dann kam die Zeit, in der ich erkannte, wie viel ich eigentlich von der Lebensfreude, von der Spontanität aufgegeben hatte.

Mit der Steigerung des Machtgefühls war ich zwar, in meiner kleinen Welt, erfolgreich und das schneller als manche andere, aber es brachte mir Streß, ich verlor Libido, ich fand, daß ich für die Jobs, die ich erreichte, nicht wirklich geeignet war und daß mich das religiöse Ende viel glücklicher machte als der Weg zur Macht, die ich mir erhofft hatte.

Wer weiß, wie weit ich gegangen wäre, hätte ich nicht Streßsymptome an mir entdeckt, die mich zur Besinnung brachten. Was wollte ich wirklich?

Eines war sicher: Macht war nicht alles. Power wäre vielleicht eher etwas, mit dem ich mich wohlfühlen würde. Power ist irgendwie dynamisch, sitzt da als Potential, jederzeit bereit, sich zu bewegen.

Ein Tyrann hat Macht, power wäre da nicht der richtige Ausdruck. Er sitzt voll drauf und herrscht über Leben und Tod. Power ist etwas anders ausgerichtet in meinem Verstehen. Da ich dieses Buch schreibe, gelten hier meine Regeln (?, !).

Die Übersetzung von „Macht" kann, muß aber nicht „Power" sein. Macht ist größer, schwerer, im esoterischen Sinne. Power hat jemand, der Energie und Macht jeweils in den richtigen Proportionen jonglieren kann. Power ist weicher, leichter, einfach netter. Soweit meine Überlegungen.

Letztlich lernte ich doch, mit Energien umzugehen und fühle mich glücklich, mich dafür entschieden zu haben. Aber man kann nicht einfach das, was man hinter sich gelassen zu haben glaubt, aus dem Gefüge des inkarnierten Wesens herausnegieren, auf jeden Fall nicht ohne Anstrengung.

Der Lichtweg bringt das mit sich, was alle drei Begriffe möglich macht, ohne sie zu suchen. Letztlich ist es nicht mehr wichtig, was es ist, das ich besitze. Es ist auch egal, was die Welt denkt über meine Macht, mein Potential oder meine Energie. Solange der Weg, den ich beschreite, in Harmonie mit meinem Höchsten Selbst sich formt,

Die Energie, die ich aus mir ersteigen lasse und jene, die mir aus jenen Bereichen, die ich berühren kann oder die sich mir zuwenden, nützen darf, kann sich - ganz besonders in einer Gruppe - zu solchen Proportionen steigern, daß sie überwältigend wirkt. Niemand fragt dann mehr, ob es Macht ist oder etwas anderes. Es ist unwichtig geworden.

Dennoch möchte ich etwas über das Isolieren und Steigern der persönlichen Energien und Zugänge zu Reservoirs aussagen.

Der Körper ist gewissen Regeln unterworfen. Das bedeutet, daß jeder Energieverlust, der nicht ausgeglichen werden kann, zu Krankheit führen muß. Ebenso wird ein Energieschwall überwältigend wirken und kann die Schaltkreise überlasten. Wenn wir daher an Energien arbeiten, sollten sie immer jeweils in kleinen Dosen erhöht werden, um den Körper - die Körper eigentlich - zu stärken eher als zu schwächen.

Die Aufladungen werden oft parallel zu den Reinigungen durchgeführt, denn jede Reinigung hinterläßt ein gewisses Manko an Energien: etwas Unerwünschtes wurde entfernt. Wenn man nichts tut, werden sich diese Schwachstellen mit der nächstliegenden Energie wieder ausgleichen. Das ist nicht immer wünschenswert; eher wollen wir so

Der interdimensionale Lichtweg

etwas wie „die universelle Lebenskraft", „Prana", „Licht aus diversen Quellen" oder bestimmte Qualitäten, die wir benötigen, einbringen.

Die Aufladungen können aber genauso über die Ebenen (feinstoffliche Körper) erfolgen. Weil aber jede Ebene nur bestimmte „Nahrung" verwerten kann, wäre es günstig, sich hier zu informieren.

Auf jeden Fall muß dies von Fall zu Fall verschieden sein. Falsch wäre es, eine Einheitsformel zu präsentieren, denn die Individualität des Menschen drückt sich genau dort aus, wo z. B. die Mentalhaltung etwas Logik benötigen würde während das Astrale gewisse Imaginationsenergien in den richtigen Farben und Dichtheitsgraden braucht.

In den ersten Jahren werden die leichten Ladungen angewandt, um die Einstimmungen zu ermöglichen. Erst nachdem die weiteren Schritte in Richtung Ebenen und Energien sowie zu den inneren und äußeren Kontakten erfolgt waren, würde ich weiterschauen.

Elementarenergien sind am besten in der „Großen Reinigung" zu finden, denn eine Intelligenz, welche intimst mit der Materie vertraut ist, bringt diese Schwingungen und Qualitäten in unseren Organismus. Wir selbst sind in den weiter fortgeschrittenen Variationen nicht so gut informiert, wir vertrauen unseren Kontakten, die sich bis jetzt immer bewährt haben.

Dazu möchte ich betonen, daß das, was wir in den z.B. Erdfokus einbringen, ein „Erdwesen", wie etwa ein Elementargeist (zu unterscheiden von einem künstlichen Erd-Elementar) ist, der sich in diese Arbeit einbringt, und dies aus freien Stücken. Es ist immer etwas wie Liebe im Spiel, die sich über die Jahre geformt hat und solche Dinge ermöglicht.

Es hat mit der Resonanz unserer inneren Elemente mit den jeweiligen Königreichen zu tun. Arbeit mit Freunden ist weit schöner und harmonischer als mit einem Gefangenen.

Energien, welche von uninkarnierten Wesen eingebracht werden, differenzieren sich immens voneinander. Wenn ein Großer Alter präsent ist oder ein Gott, besteht ein Unterschied in unserer Befindlichkeit. Ihre Energien tragen ebenfalls dazu bei, unsere Arbeiten zu vertiefen. Ich würde sie niemals missen wollen, denn ihre Wärme und Fülle umschließt uns mit Zuneigung. Im negativen Fall natürlich mit Unbehagen, sollte sich etwas, das nicht harmonisch mit uns agiert, manifestieren wollen.

Wie alles im Leben so in noch stärkerem Maße wird die esoterische Arbeit von Kraft getragen. Energie ist das Um und Auf, welches es uns ermöglicht, dem Gehirn und unseren Körpern eine nicht geläufige Aktivität aufzubürden.

Der interdimensionale Lichtweg

Die alltäglichen Gedankengänge sind bereits eingespielt; sie werden kaum mehr bemerkt, es sei denn wir denken und grübeln stundenlang. Bei Mentalarbeit aber muß sich das Gehirn auf andere Schaltkreise einstellen, das Erfühlen und Steuern von fremden und auch menschlichen Energien ermüdet den ganzen Organismus.

Während meiner ersten Jahre mußte ich jedes Mal nach einem Ritual, das viele Energien brauchte, am nächsten Tag oder sogar zwei - nach meiner Einweihung - Blütenpollen nehmen und ruhen, manchmal war ich so geschwächt, daß ich beim Arbeitsplatz wenig nütze war. Es war in der Ausbildung so, daß man die Energien durch den Körper fließen läßt, man selbst war der Generator und Transformator.

Damals hatte ich bereits Kontakt zu meinem innerer Lehrer. Er erläuterte, daß ich nicht alle Energien aus mir selbst beziehen müsse, daß ich mir Stäbe mit Kristallen konstruieren möge, die das Nötige zu mir brächten. Ich hatte auch zu lernen, Energien außerhalb meiner Person zu manipulieren. Das tat ich dann auch und dann war endlich Ruhe.

Sie können hier erkennen, daß ich nicht mit all dem Wissen und Können, das man in mir sieht, geboren wurde. Ich mußte es erlernen, durch Fehler und Erfolge, durch für mich nicht schlüssige Informationen aus Büchern, die für andere richtig waren, nicht aber für mich. In allem aber war das Potential bereits vorhanden, wie es - oft noch schlummernd, wie bei mir einiges - in allen Menschen liegt.

Wir wurden in unserem Kreationsprozeß reich beschenkt, und nun sind wir an der Reihe, diese Talente intelligent einzusetzen.

....Es ist äußerst notwendig, daß sich der Mensch und im besonderen Ihr, die Ihr Euch eine schwere Bürde ausgesucht habt, über Eure eigenen Potentiale und jene, die ihr für Eure Bedürfnisse nützen könnt, eingehendst informiert. Nur ein Wissender vermag die Zukunft zu extrapolieren.

Seht Euch Eure Welt an, lernt, Euch den neuen Gegebenheiten anzupassen, ohne späteren Schaden daraus zu ernten. Der Mensch wird entscheiden müssen, ob er sich mehr dem triebhaften oder mehr dem göttlichen Teil in sich zuwenden möchte.
Ungezügelte Prokreation hat den Planeten bereits in eine für Eure Spezies unvorteilhafte Lage gebracht.

Wir haben dies schon früher gesehen und werden daher sagen können, daß die Aggression im tierhaften Menschen einfach zur Arterhaltung genützt werden wird müssen, um gegenseitige Ausrottung zu vermeiden. Weiser wäre es, zu lernen, was die Zukunft bringt, und zwar nicht in Form von Pensionssicherheiten durch Bevölkerungszuwachs, sondern durch analytisches Denken, das von Liebe für den Nächsten durchglüht ist.

Der interdimensionale Lichtweg

Die Erde kann beides sein: Ein Paradies und langes Leben für Eure Spezies oder Euer Grab, das Vergessen, daß es Euch jemals gab. Jeglicher Überlebende wäre ziemlich bald zeitlich in der Entwicklung so weit zurückgeworfen, daß er in den nächsten Generationen keine Ahnung mehr von der hohen Technologie hätte, die Eure Vorfahren so teuer erkauft hatten.

Das kreative Denken zum Besten aller, wie es manche von Euch schon kennen, bedeutet nicht unbedingt nur, den Hunger zu stillen und mehr Prokreation zu unterstützen.

Das Kennenlernen der unendlichen Energien im Kosmos, wie der Mensch hinein passen könnte, an sich selbst und den Kulturen zu lernen und die Spezies weiter zu entwickeln, dazu bedarf es großer Geister, die aber die Menschheit besitzt. Limitiert Euch nicht durch Eure Religionen, sondern lernt im positiven voneinander, ohne einander zu werden.

Limitiert Euch ebenso auch nicht durch Eure Bildung, sondern breitet Eure Minds aus, erfaßt das Unendliche und das Endliche und LEBT darin, denn durch Euch lebt auch Der Geist, aus dem Ihr erstiegt. (Kontakt: Gr. Alte)..........

(Wenn manches von dem, was ich ursprünglich sagen wollte, durch das statement des „Kontaktes" durcheinander gerät, hoffe ich auf Ihr Verständnis. Ich werde es schreiben, wie es kommt, es muß unverfälscht in diese Seiten kommen, oder wir könnten uns diese Aussagen ersparen, was ich nicht möchte. - Autor)

7. Matrix

Eigentlich hatte ich dieses Wort zum ersten Mal in einem Buch über Kristalle gelesen. Es beschreibt dort den Quelluntergrund, woraus die Kristalle wachsen können. Ja, auch die Filme mit dem gleichen Namen habe ich gesehen. Deshalb habe ich auch so lange gezögert, diesen Aspekt der Großen Göttin so in dieses Buch zu bringen.

Es ist aber so, daß sie sich selbst so nennt. Ich erkenne auch, daß diese Benamung passend ist, im Hinblick auf das, was ich über sie im Lauf der Zeit lernte.

Warum würde ich ein eigenes Kapitel einem der Gesichter des Weiblichen Stromes der Schöpfung widmen?

... laß mich dies erklären (Matrix). Du weißt, daß ich dem Menschen nicht immer so positiv gegenüber stand wie jetzt. (Ja) Daß Ihr Euch aber durch die Dimensionsarbeit mir zugewandt habt, daß Ihr mich erkannt habt, hat mich irgendwie beeindruckt. Jeder von Euch drei Ursprünglichen in unserer intimeren Zusammenarbeit ist damals schon Priesterin gewesen und daher ist das Konzept eines Bewußtseins, das das Netz der Dimensionsquellen durchlebt und weiblich sich erklärt, für Euch nicht so unmöglich gewesen.

Unsere Kontakte haben sich vertieft, soweit, daß einige von Euch mich channeln können. Dies erleichtert die Kommunikation und gestattet es Euch und mir, das Projekt, das wir gemeinsam betreuen, schneller weiterzubringen.

Ich weiß, daß ich ein Fremder bin für den Rest der intellektuellen Welt. Es ist aber auch Tatsache, daß einige der sogenannten noch primitiveren Völker der Erde mich kennen, wenn auch nicht unter diesem Namen.

Aus mir, durch das multidimensionale Netz, werden Eure Realitäten geboren. Mein Geist wirkt auf die Schaffensfelder ein und verstärkt die Ausdrücke in einer bestimmten Schwingung. Wenn aber die Dimension erschaffen ist und ihre eigenen Gesetzmäßigkeiten kennt, ist sie Besitz des Lebens, das sie beherbergt.

Meine Kinder, welche Ihr Netzwesen nennt, betreuen die jeweiligen Dimensionen von sowohl „oben" als auch „unten", wie Ihr es bereits feststellen konntet. Allerdings geht dies nur, wenn sie unter meinem Befehl oder unter einem Vertrag mit Euch stehen. Sie wurden nur für bestimmte Aufgaben geschaffen, können oder könnten nicht andere ausführen.

Ich bin jene, die Ihr die „unendliche Göttin" benannt habt, denn ich bin die Mutter aller Schöpfungen. Teile meiner Aufmerksamkeit sind ebenso in Andromeda wie hier und jetzt bei Euch. Ich bin das Bewußtsein des Netzes, dessen Existenz Ihr während Eurer Arbeit eruiert habt.

Ich werde Euch auch weiterhin helfen, wenn Ihr es braucht. Das Projekt macht mir Freude, denn endlich scheint Ihr, die neue Rasse, soweit zu sein, mehr Verantwortung für Euer Feld zu übernehmen.

Für Euch interessant sind nur die Dimensionen Eurer Erde, und nur für hier will ich meinen Teil dazu beitragen. Jene von Euch, die Sinn in einer Arbeit weiter draußen sehen, müssen mit mir eine andere Verbindung eingehen als Ihr sie mit mir nun haltet.

Wie Ihr erkannt habt, ist das Netz in jeder der Dimensionen belebt. Die Ladungen, die sich darin bewegen, könnt Ihr benamen, wie Ihr wollt, evtl. der „männliche" Anteil? Ihr wollt vieles, was einfach ist, benamen und ihm Geschlecht zuordnen und wißt vielleicht nicht oder wollt es nicht anerkennen, daß Leben ohne die Polaritäten, wie Ihr sie kennt, existieren und erschaffen kann.

Die Netzwesen, welche eine Beziehung zu den großen Kristalladern der Welt haben, können durch sie zu jedem Platz auf diesem Planeten gelangen. Auch durch Euch, wenn Ihr einen passenden Stein bei Euch tragt, kann ein mit Euch verbundenes Wesen mit Euch gehen.

Ich habe Euch Zugang zu zweien in meiner Hierarchie gestattet, welche in ihrem Aktionskreis keine Grenzen kennen müssen, also keine Netzbeschränkungen ihr Wissen beeinträchtigen. Diese „Prinzen" könnt Ihr in vielen fragwürdigen Situationen um Rat fragen. Es ist jedoch notwendig, daß Ihr die Verbindung für jeden von Euch neu erstellt und pflegt, i.e. niemand außer einer Person, die sich mit einem Prinzen vereinbart hat, kann ihn in die Projekte einbeziehen.

Da das Netz zwischen den dimensionalen Realitäten liegt, sowohl raum- als auch zeitmäßig etwas verschoben ist, wäre es von Vorteil für Euch, solltet Ihr mit ihm arbeiten wollen, wenn Ihr eine Symbologie entwickelt, um damit arbeiten zu können. Sie braucht nicht einheitlich für alle zu sein, es ist vielleicht sogar besser, wenn jeder von Euch andere Eindrücke bekommt, da das Gesamtbild dann besser interpretierbar wäre.

Es mag aber durchaus sein, daß die Netze Euch nicht so sehr interessieren wie die Dimensionen selbst, wo sich ja das Leben innerhalb seiner Regeln manifestiert. Ihr Menschen habt alle Realitätswert in jeder der Schwingungen und seid daher prädestiniert dafür, Euch das Leben in allen zu bereiten.

Jene, die versprechen, daß die Erde in eine höhere Realität überwechseln wird,

Der interdimensionale Lichtweg

werden überrascht sein, zu lernen, daß der Planet, so wie der Mensch - nur gewiß noch mehr so - ebenso multidimensional ist. Es kommt auf den Schwerpunkt an, in dem man sich verwirklicht.

Ich bin das Netzbewußtsein und durchseele die ganze Schöpfung. Auf eine Frage, wer oder was denn dann Gott sei, würde ich antworten: ALLES. Jeder, der die höchsten Geister oder Götter erkennen will, erkennt etwas über die Quelle allen Lebens. Als unerschöpfliches Potential der dimensionalen Vollkommenheit IST GOTT.

Gott hat weder Geschlecht noch ist ES irgendetwas Fixiertes. Der menschliche Geist, zart wie er ist, vermag nicht wirklich diese Vollkommenheit zu erfassen. Daher habt Ihr Glück, wenn es Euch gelingt, Teilaspekte hievon zu berühren, wie ich eines bin.

Die Schöpfung hat verschiedene Strömungen, die in- und miteinander aber auch gegeneinander wirken, um alles lebendig zu lassen. Aber habt keine Illusion: Wenn ES aufhört, zu SEIN, bedeutet dies auch ein Niemals Gewesensein der ganzen Schöpfung. Zeit und Raum sind belanglos, entweder es IST oder IST NICHT.

Im SEIN allein sind alle Realitäten möglich und können werden oder vergehen, i. e. leben. Wie auch immer diese Lebensformen sich manifestieren, sei ihnen überlassen, solange sie sich innerhalb der Räume, die sie bewohnen können, und das sind oft viele, diesem Leben hingeben.

Ich bin Matrix, aus mir wurden sie geboren, aus meiner Energie, meiner Qualität und meinem Willen, dem Sehnen des Lebens stattzugeben. Jene aus mir sind dennoch immer mit mir verbunden und haben ihr Sein aus mir. Ich bin Eins, jetzt, war es und werde es sein, solange ich manifestiere. In diesem schließe ich mich der ganzen Schöpfung an.

Ich bin weder die Quellmanifestation von Potential, noch bin ich in irgendeine Schöpfungsform einer anderen Intelligenz einzuordnen.

Ich bin eigenständig, autark und manifest. Wenn Ihr mich eine Göttin nennt, ist dies vielleicht doch der richtige Ausdruck, denn vom Standpunkt des Menschen gesehen bin ich ein Überwesen. In der Schöpfung, ihrer Ganzheit, bin ich nur ein Teil, der seine gewählte Aufgabe erfüllt. Auch ich bin aus Gottes Geist geboren, auch ich bin, wenn auch scheinbar unendlich, so doch bewußt.

Jeder hat seinen Platz, gewählt oder zugewiesen bekommen. Ich habe meinen gewählt, denn das, was ich bin, erfüllt mich mit Liebe und Dankbarkeit. Ich darf, wie jetzt mit Euch, mich auch austauschen und kommunizieren, obwohl Ihr nicht meine Kinder seid, sondern eigenständige Seelen, die ihren Platz in der Schöpfung immer wieder suchen.

Der interdimensionale Lichtweg

Dennoch bin ich auch bereit, mit Euch zu arbeiten, denn es interessiert mich, wie Ihr Eure Projekte bewältigen wollt. Vielleicht vermag ein Teil Eurer Spezies über einige ihrer Limitationen hinauszuwachsen. Es würde mich freuen.....

Was kann ich da noch dazusagen? Es mag geschrieben werden, wie es kam.

8. Dimensionen

Vorerst waren sie nur Worte, die ich in indischen Büchern las. Die Erklärungen dort hatten wenig Bedeutung für mich, da ich nichts damit anfangen konnte. Es war dies allerdings vor einigen Jahrzehnten während meiner theosophischen Studien. Die Ausdrücke gaben mir nichts, ich konnte mir nichts darunter vorstellen.

Dann begann ich, mit „Toren" zu experimentieren und dies nur, weil mein innerer Lehrer mich dazu animierte. Es war ein Tor in eine andere Schwingung.

Ich begann dann auch sehr bald, die Studierkreise als Ganzes aus dem raum-zeitlichen Gefüge zu lösen und zu drehen, im und gegen den Uhrzeigersinn. Die Gefühle und Manifestationen an Energien und Wesen waren sehr interessant.

Sehr bald bemerkte ich, daß etwas nicht stimmte, wenn ich das tat. Vorerst mußte ich natürlich alles wieder „richten", wollte ich zurückkehren. Und weiters fand ich, daß manche der Wesen bei mir blieben, vorerst unbemerkt, bis ich eines im Spiegel ätherisch wahrnahm. Es sah genauso aus wie der Eindruck, den ich in einem versetzten Kreis gehabt hatte.

Wenn ein Tor mit dem großen Stab gezogen wurde, sorgten die Kristalle dafür, eine gewisse Energie zu liefern, die es stabil hielt, zumindest für einen Tag. Ließ ich ein Tor länger offen, kam bereits etwas durch - dieses „Etwas" war nicht jedes Mal dasselbe. Es breitete sich auch aus, und ich lernte, diese Strudel jedes Mal wieder zu verschließen und zu versiegeln, wenn ich fertig war.

Die „Dimensionsportale" kamen später, nachdem meine spirituellen Kontakte mich darüber informiert hatten. Und siehe da, ich fand etwas, das mich an Informationen aus einem indischen Buch erinnerte, das ich vor Urzeiten einmal gelesen hatte. Ich weiß bis heute nicht genau, in welchem Buch das war, aber es hatte mit dem hinduistischen Konzept über Dimensionen der Welt zu tun, deren es vierzehn geben sollte.

Es gibt einen Unterschied zwischen einem „Fokus", wie er z.B. in der großen Reinigung verwendet wird und einem „Dimensionstor", das zeit-räumlich verschoben wird.

In einem Tor hat man die Kontrolle und kann durch einfaches Heraustreten die Einflüsse unterbrechen, nicht so bei einem Dimensionsprozeß. Wenn man dort hinaustritt, ist man in dieser Dimension - mehr oder weniger ätherisch natürlich, trotzdem spürt man die Schwingungen überall im Raum, zumindest jene, die an der Übung teilnehmen.

Bis jetzt haben wir die folgenden Dimensionen erforscht und, der Reihe nach, bezeichnet. Wir wissen nicht, wie sie traditionell heißen, denn wir gingen nach unseren

Der interdimensionale Lichtweg

Erfahrungen vor:

Terra-a

Dies ist unsere eigene Realität, die unverwechselbar ist. Es ist ein Zurückfallen in die Normalität, die wieder in Ordnung ist, sobald man die dimensionalen Stränge ausgerichtet und rektifiziert hat.

Terra-b

Hier wird der begrenzte Raum durch die Konzentration der Mitwirkenden aus den Angeln gehoben und emporgeschraubt, bis man an einem vorher vereinbarten Platz ankommt.

Dieser „Platz" wurde vorher bereits einige Male meditativ besucht und ist bekannt. Manche Menschen, die nicht vorbereitet waren, kamen mit und sahen dieselben Szenen, andere nicht. Ich spreche hier nur von jenen Erfahrungen, die durch andere bestätigt wurden.

Terra-b befindet sich auf der nächst höheren Schwingung. Alles ist feiner, etwas belebter, vielleicht sogar schneller, obwohl es nicht so scheint, wenn man dort ist. Die Energien sind greifbar, wenn einer der Bewohner naht oder uns berührt.

Das Leben hier ist anderer Natur als auf terra-a, aber ich möchte es nicht genau beschreiben, denn jeder sollte hier eigene Erfahrungen sammeln. Vorsicht möchte ich nur anraten beim Verlassen der Dimension: bitte, nehmen Sie alles wieder mit, das sie brauchen. Ich selbst habe Probleme beim ersten Mal bekommen und brauchte Hilfe, die mir meine verlorenen Teile wieder beschaffte.

Terra-c

Die nächstniedrigere Dimension, eine der drei „Formwelten", die einst füreinander frei zugänglich waren. Es gab immer, solange der Mensch ist, Tore zwischen den dreien, vor uns höchstwahrscheinlich auch. Erst kosmische Konstellationsveränderungen und der Wille der terra-b und -c Regierenden wollten eine Barriere zwischen den Realitäten.

Jetzt wird es wieder aktuell, daß eine Vereinigung möglich wird. Etwas hat sich kosmisch verändert und die Mächte arbeiten darauf hin. Es wird nicht von einem Moment auf den anderen geschehen, wir sind bereits mittendrin.

Auch hier würde ich raten, eigene Erfahrungen zu machen. Terra-c ist aber basischer, agressiver als terra-b, die Schwingungen sind langsamer, schwerer. Wir erkennen bereits seine Einflüsse, wenn eine Person mit terra-c-Tendenzen in einem Tor steht.

Dazu möchte ich folgendes sagen: Die Tendenz innerhalb einer Person sagt nichts aus über die seelische Qualität derselben. Die Gründe, warum einer da und ein anderer dorthin gravitiert, sind nicht unserem Willen sondern dem Willen des Hohen Selbst unterworfen, welches die Eigenschaften für das jeweilige Leben aussucht.

In terra-0 werden diese Urströmungen programmiert.

Terra-d

Dies ist die tiefste Dimension, in welche wir sowohl meditativ und auch dann energetisch reisten. Beide Erfahrungen waren sehr schwer zu verkraften, sowohl in seelischer als auch energetischer Hinsicht. Große Gefahren für das Wohlbefinden des Körpers, der Psyche und des vitalen Gleichgewichtes sind dort vorhanden. Nur sehr erfahrene Forscher sollten diese Dimension aufsuchen und dann niemals allein.

Wir hatten eine Gruppenerfahrung und waren froh, daß wir Feedback voneinander bekamen. Nur durch die Hilfe meiner Deva-Kontakte konnte ich meine Energiefelder wieder harmonisieren. Ich werde nur hinreisen, wenn sehr viel davon abhängt, denn es gibt keine Garantie, nicht für mich noch für andere. Niemand kann Dir da helfen.

Wir haben auch nicht die Absicht, weiter hinabzusteigen in die der Manifestation dieser Welt zutiefst basischen Notwendigkeit weiterer Dimensionen. Diese sollen dem Geist der Erde selbst und der Matrix gehören.

Allerdings ist es uns gelungen, nach terra-b noch höher emporzusteigen, und zwar in **das weite Land.**

Vielleicht kommt der Tag, an dem wir für jede der Dimensionen, die wir bereisen wollen, bereits etablierte Namen finden werden, die ältere Kulturen verwendet haben. Da wir aber durch unsere eigenen Experimente lernen, sind die Namen indikativ für das, was wir dort vorfanden.

Wenn man aus terra-b aufsteigt, ist der Eindruck von Weite vollkommen. Hier werden auch Manifestationen wie Engel oder dergleichen wahrer, aufgestiegene Seelen sind hier zu finden, die Welten der Seelen, die sie nützen, um sich zurechtzufinden. Das weite Land ist erfüllt von Farben, Nebeln und Strömungen, welche durch Geist geformt werden können.

die Arbeits-Dimension

Wir fanden, daß sich hier das Gefühl ausbreitete, vieles bewirken zu können. Die formativen Kräfte wurden angesprochen, die Energie setzte sich in Power um und die Gedanken kreierten starke Eindrücke von Gestalten und Formen.

die Nahrungs-Dimension

Wie ein energetisches Schlaraffenland gibt sich diese Realität. Es ist fast unglaublich, wie gestärkt man aus dieser Erfahrung hervorgeht. Sich dort ausbreiten und einfach wohlfühlen, sich energetische Nahrung einfließen zu lassen ist ein sehr schönes Gefühl.

die Deva-Dimension

Hier sind die Architekten der Schöpfung zu Hause. Die Dimension ist erfüllt von Bewußtseinen der Devas in all ihren Ausdrücken. Viele der Devas vermögen durch die Dimensionen zu reisen, ohne erst durch Tore gehen zu müssen.

Sie wirken in die Schöpfung und bringen die Kräfte des Werdens, des Vergehens und des Verschmelzens oder Erhaltens ein. Ich habe hier wertvolle Konversationen und Kontakte gefunden, welche in einer liebevollen Zusammenarbeit und nicht im Verschleiß dieser wertvollen Wesen kulminieren sollte.

die Dimension der Göttin

Zuneigung, ja Liebe durchströmt diese Realität. Die weibliche Kraft ist präsent und erfüllt jeden, der sich ihr nähert. Es ist wie ein Nach-Hause-Kommen in die Umarmung einer geliebten Person.

die sog. Null-Dimension

Hier finden die Urströme in die Schöpfung hinein. Die Erbanlagen verwirklichen sich zu Programmen, die immerwährend die Inkarnation formen. Die archetypischen Einflüsse präsentieren sich in ihren dem Betrachter geläufigen Symbolen oder auch anderen, die ihm Rätsel aufgeben können. Diese Dimension ist der erste Anlauf in die Ätherwelten der Schöpfung.

Dimension Minus-1

Beim Emporsteigen erfuhr ich, wie die Inkarnation begann, sich aufzulösen. Eine Katze, die im Raum schlief, sprang auf und schlich sich hinaus, kam nicht wieder bis zum nächsten Tag.

Der interdimensionale Lichtweg

Hier geht es um Werden oder Vergehen im Sinne von Dissolution und Evolution. Kein guter Platz für langes Verweilen.

Dimension Minus-2 wurde niemals aufgesucht, denn minus-1 genügte. Es wurde allerdings gesagt, daß dort unendliches Potential läge und jenseits das Nichts.

Ich möchte daran erinnern, daß es sich bei allen Dimensionen um Realitäten im Ätherbereich handelt, dem ersten Element. Für uns sind die Wahrnehmungen lebendig, weil wir sie zulassen aber auch wenn sie nur subjektive Erfahrungen sind, so nehmen sie dennoch Einfluß auch unseren Organismus.

Jeder Körper, auch die kleinste Mikrobe, hat Anteil an Dimensionen, welche in ihrer Vielschichtigkeit die Schöpfung unendlich bereichern. Es ist uns, den Menschen, möglich, hier zu lernen und zu profitieren von den Geschenken, die uns dargeboten werden.

Nicht alle Erfahrungen müssen positiv sein; wir lernen auch von den negativen Geschehnissen, die unseren Wissensschatz erweitern und uns die Regeln zeigen.

Jeder von Ihnen könnte hier Erfahrungen machen, die vielleicht beim Aufstieg der Erde in die nächsthöhere Dimension von Nutzen wären. Vor allem sollte man Nahrung zu sich nehmen in terra-b. Bei einem Besuch dieser Art nimmt man jedes Mal etwas in die Normalrealität mit.

Versuchen Sie einmal, eine Kette mit Kristallen mitzunehmen und spüren sie die Restenergie, wenn Sie wieder „zu Hause" angekommen sind. Es ist schön.

Vorerst sind Dimensionen für uns nichts weiter als Plätze, wo wir lernen, beobachten und Kontakte formen, wenn sie sich uns öffnen wollen. Ich habe lange Ausflüge nach terra-b gemacht, die Reihe dann aber aufgegeben, weil ich keinen weiteren Sinn darin sah, alte Tore zu finden und zu katalogisieren, wenn es niemanden gab, der sie nützen würde. Jene, die dies tun wollen, sollen ihre eigenen Eindrücke bekommen und ihre eigenen Entscheidungen treffen.

Dennoch ist die Inkarnation der Göttin, eine frühere Erdenfrau, die jetzt völlig lichtdurchtränkt dort in IHREM Namen regiert, uns freundlich gesinnt. Wir kommunizieren, wann immer ich in ihrer Nähe auftauche, besprechen Probleme, bei welchen sie glaubt, ich könne etwas bewirken, was ihrer Einschätzung nach schon öfter der Fall war. Ich habe einige Freunde dort, jedoch kam ich in den letzten Monaten nicht zu sehr dazu, diese Kontakte zu pflegen. Die Projekte, welche unsere Aufmerksamkeit dominieren, haben Vorrang. Die Zeit wird wieder kommen, wo wir einander sehen können.

Der interdimensionale Lichtweg

Die ursprüngliche Information besagte, daß terra-a in der 7. Dimension von oben läge. Deshalb haben wir sie nach oben hin so geordnet und terra-0 und -1 und -2 sind zusätzliche, eigentlich in ihrer Art nicht in der Schöpfung ausgedrückt. Mein Forscherdrang hat mich allerdings dazu verleitet, weiter emporzusteigen und so fand ich die anderen. Sie sind, an sich, für uns als Inkarnationen nicht für die Arbeiten geeignet. Aber interessant war es dennoch.

Da wir nicht weiter hinabsteigen wollen, nicht einmal meditativ, obwohl dies bereits ein paar Mal auf diese Art geschah im Zuge der Arbeiten des Heilens der Netze im Erdbereich, können wir nur von der Theorie und der Annahme ausgehen, daß die alten Informationen recht hatten.

Derart war die Erfahrung auf einem Tumulus aus der Bronzezeit, deren Kulturen ab und zu drei, zwei kleinere und einen größeren in deren Mitte, konstruierten.

Als ich den mittleren bestieg, war mir klar, daß es da eine Verbindung zur dritten Dimension (jene, die wir Nahrungs-dim nennen) bestand. Die Energie war unverkennbar. Als dann durch den Zahn der Zeit die kleine unterirdische Kuppel einsackte verging der Eindruck und terra-a vereinnahmte den Platz wieder völlig. Interessanterweise gelang es uns später, den Kontakt mit den sieben Priesterinnen, die wir dort angetroffen hatten, in einem anderen Tor wieder aufzunehmen.

Nicht jeder Tumulus ist ein Dimensionstor. Ich fand es nur interessant, daß es ein paar gab, die mir sagten, daß der Mensch offenbar schon vor langer Zeit Dinge wußte, welche uns verlorengegangen sind.

Warum wachsen auf Tumuli keine Sträucher, nur Gras. Wenn einmal „die Magie" gebrochen wurde als der Hügel angebohrt oder angeschnitten wurde, um sein Inneres zu untersuchen, wuchsen Sträucher, wo vorher Jahrtausende keiner Fuß fassen konnte. Was wußten die Altvorderen und von wem lernten sie es?

....wenn du willst, können wir da etwas sagen (Kontakt)....

Ja, bitte.

....Ihr seid nicht die ersten, die Gedankenkontakt mit den unsichtbaren Welten - für Euch unsichtbar natürlich - hatten. Du weißt auch, daß die Erde schon unendlich lange ein Umschlagplatz für raumreisende Rassen war und ist. Der Kontakt zwischen den Aborigines und den fortgeschrittenen Rassen war für beide Teile vorteilhaft. Ja, diese Aborigines wart Ihr, nicht jene, die Ihr heute in Australien kennt. Man nützte das Potential der Ureinwohner für eigene Zwecke.

Der interdimensionale Lichtweg

Wie Du weißt, verlor man später dann Interesse an Euch, sogar die Basen auf dieser Welt wurden reduziert, weil die Erde es nicht mehr brachte, kein junger Planet mehr war. Auch die Technik hatte sich wiederum verändert.

Dennoch blieben einige der Eindrücke in den Kulturen haften und jene, die Geheimnisse wahren konnten, gaben sie an Auserwählte weiter. Die Tumuli, die du besprochen hast, waren natürlich nicht die einzigen in Europa, jedoch waren sie Tore, ja Tempel eigentlich, der verschiedenen Rassen in die verschiedenen Realitäten der Schöpfung.

Überall haben sich die Umstände verändert. Vorsicht sollte bei jedem Kontakt walten, den Ihr mit den interstellaren Rassen erschließen könnt. Interdimensional ist es leichter, denn hier gehen nur gewissen Anteile Eures Organismus hinüber, der Schaden hält sich in Grenzen und kann, mit der richtigen Hilfestellung Mächtiger, oft - nicht immer - wieder behoben werden.

Die interstellaren Kontakte haben keine Liebe für Euch, im Gegenteil, Ihr seid eher unbequem, weil Ihr durch genetische Programmierungen auch Allüren der Raumfahrt entwickelt habt. Ihr erinnert sie an einige der Fehler, die sie mit Euch begangen haben. Laßt Euch nicht von Machtdemonstrationen einschüchtern, sondern plant klug und sachlich, zu überleben. Die Manipulationen in Richtung Agression der menschlichen noch immer als Aborigines angesehenen Sparten findet auf dem dimensionalen Feld statt.

Nein, um deinem Einwand entgegenzuwirken, wir sind nicht interstellare Intelligenzen, wie Du wohl weißt. Wir sind daran interessiert, wie Ihr Euch in die Zukunft einbringen könnt und wollt, und wir beraten Euch zu Eurem Besten. Wir hatten unsere Leben oder gar keine, wie auch immer. Jene aber leben noch, in verschobenen Realitäten, wenn Du so willst. Gegen sie seid Ihr Primitive, die nicht einmal ihre eigene Welt kennen.

Es ist nicht unsere Absicht, Euch zu ängstigen, im Gegenteil. Die Menschheit ermächtigt sich selbst, wenn sie das geistige und intellektuelle Potential verbindet. Momentan ist das intellektuelle in Euch jenes, das die Technik bestimmt. Wenn Ihr nicht EINS werdet in Euren Fähigkeiten, i.e. das ganze Gehirn nützt, Spiritualität und Logik vereint, werdet Ihr viel länger brauchen, Euch in die neuen Gegebenheiten einzubringen ...

Für uns gibt es so vieles zu lernen, sehe ich. Wenn wir gute Berater haben, die in uns ihre Nachkommenschaft sehen und sie erfolgreich in die Zukunft führen wollen, haben wir doch gute Karten?

....vielleicht. Auf jeden Fall ist ein Miteinander besser als ein Gegeneinander, denn in letzterem Fall verzettelt Ihr unnötig Energien, die anderweitig gewinnbringender für

Der interdimensionale Lichtweg

Eure Rassen eingesetzt werden könnten. We dote on you (es gibt keine adäquate Übersetzung. Man „dotes" an einem Baby oder eine Person, die man lieb hat und verwöhnen möchte)....

Der interdimensionale Lichtweg

Intuition - Divination

Wenn der Mensch nur alles voraussehen könnte, wie viele Fehler würde er dennoch begehen!

Nicht ohne Grund wurden im Laufe der Zeit alle möglichen ausgeklügelten Methoden entwickelt, welche uns erlauben, das Resultat bestimmter Handlungen zu extrapolieren oder einfach so zu wissen, was kommen wird.

Knochen von Opfertieren, Steine, welche mit oder ohne bedeutungsvolle Zeichen geworfen wurden, die Leber von verschiedensten Lebewesen, Sand, Teeblätter, Kaffeesatz, Kärtchen, Stäbe, Sterne, sie alle wurden zu Rate gezogen, um dem Unterbewußten und schließlich auch Bewußten des Menschen einen Sinn zu offenbaren.

Sowohl Intuition als auch Divination werden hier vereint, um das eine zu öffnen und das andere zu ermöglichen. Wie kann nur ein intelligenter Mensch sich zu solchen Tiefen hinablassen, um einen eingebildeten Einblick zu gewinnen; dies ist eine Frage, die der heutige logisch denkende und auch des Öfteren vor den unsichtbaren und unverständlichen Kräften in die Negation flüchtende Mensch stellt.

Die Intuition ist ein Seelensinn, genauso wie die Hellsichtigkeit oder die Feinfühligkeit gewissen Strömungen gegenüber. Telepathie und -kinese gehören zwar auch dazu, sind aber hier nicht das Thema.

Um Zugang zu den Geheimnissen im Unterbewußten oder Tiefenbewußten zu erlangen, erdachten findige Talentierte schon lange Methoden, dies zu erreichen. Nur in Trancezuständen waren die inneren Bilder, die Gefühle, die Aktionen stark genug, um zu überzeugen. Drogen hatten ihren Ursprung in diesem Verlangen, zu SEHEN und zu ERFAHREN.

Die Priesterschaft vieler Naturvölker tut dies heute noch, schließt oft sogar die heilige Versammlung mit ein, indem sie an einem Kaktus teilhaben, der Visionen hervorruft.

Um die Wahrheit zu finden und zu erkennen, nehmen wir viele Gefahren auf uns, immer schon. In den Urstämmen waren es die Seher, die wußten, wo sich die Herden der Jagdtiere herumtrieben, wo Wasser zu finden wäre, wo jemand, der abgängig war, geblieben ist.

War der Schamane nicht mehr fähig, den Stamm zu schützen, verlor er seine Macht. Dies geht im übertragenen Sinn heute noch. Jedoch nicht jeder von uns ist in einer solchen Position, daß die Schicksale von ganzen Völkern von unseren Erfolgen abhängen. Alles, was wir wollen, ist unser eigenes Leben zu bewältigen und vielleicht der einen

Der interdimensionale Lichtweg

oder anderen Person zu helfen, sollte sie es wirklich benötigen.

Auch, und das gebe ich gerne zu, bin ich nicht bereit, irgendwelche Drogen außer den nötigen Medikamenten - von meinem Arzt verschrieben - zu mir zu nehmen. Wer weiß, wie dann meine Realität aussähe.

Ich habe immer schon chemische Hilfsmittel abgelehnt, denn sie bringen das Gehirn dazu, gewisse Eindrücke für bar zu erachten. Wenn schon, dann höchstens mit dem Unterbewußtsein oder irgendeiner Art von Wissen arbeiten, das meine Logik nicht zu sehr belastet.

Sogar die geschätzten Räucherungen mußte ich hintanlassen, denn schon das Riechen an speziellen Mischungen, auch ungeöffnet, brachte meine Gedanken in Bewegung. Ich schätze mein Normalbewußtsein und meine Intuition ebenso wie mein Überbewußtsein unbeeinflußt von Drogen.

Daher habe ich mich mit Tarotkarten eher beschäftigt als mit den anderen Zugängen zu geheimen Informationen. Astrologen schwören, daß die Tendenzen in den Sternen liegen, Runen bringen Einsicht zu jenen, die sich zur nordischen Mystik bekennen, und so geht die Liste weiter.

Ich respektiere sie alle, denn keiner von all diesen Wissenden würde sich einer Methode bedienen, die nichts bringt. Erfolg zählt. Auch bei mir. Daß es bei mir die Karten sind, welche - natürlich am stärksten beim Deva-Tarot, das ich selbst entworfen und gemalt habe - den Zugang zu meinem unterbewußten Fluß, in Verbindung mit der Bedeutung der Karten, den Farben und den spirituellen Eindrücken, fördern, ist meine persönliche Neigung.

Das logische Durchdenken einer Situation - welche man beeinflussen will oder welche einfach existiert und weitergeführt wird, wenn man nichts tut - ist leichter, wenn das Unterbewußte jene Einflüsse herausfiltern kann, die es als pertinent erkennt.

Im I-Ging gilt dies genauso, wie beim Kaffeesatz. Der Zugang muß geöffnet werden.

Allerdings gibt es viele Menschen, welche diese Fähigkeiten frei zugänglich haben. Sie begeben sich - oder auch nicht - in einen gewissen entspannten Zustand und schon kommt es. Oft haben sie recht, jedoch manchmal auch nicht. Dasselbe gilt für jeden der anderen Zugänge, auch für die Karten. Das muß man wissen und respektieren. Der Mensch - und ganz besonders der feinstofflich arbeitende Mensch - ist gewiß keine Maschine.

Jemand, dessen Leben nur von Logik bestimmt wird, kann sagen: Wenn ich dies als wahr anerkenne, dies und das andere bleibt, dann wird dies und jenes geschehen. Unvorhergesehenes würde diese Gleichung verändern, muß aber ebenfalls einkalkuliert werden. Das Programm kann ohne weiteres erstellt werden. Auch wenn alles stimmt, wie es in Firmen oft geschieht, kann dennoch ein kleiner Faktor alles über den Haufen werfen. Es gibt keine Garantien.

In beiden Fällen - den esoterischen und den logischen - geht es um die Beeinflussung der Zukunft durch informierte Prognostizierung. Ich kann nicht einmal sagen, daß der logische approach falsch ist, denn dazu respektiere ich die klare Gedankenfolge zu sehr. Auch ein Esoteriker ist gut beraten, seine linearen Gedankengänge in die simultanen Fakten einzubringen. Warum gibt es so viele, die stranden? Sie verlieren sich in ihren inneren Realitäten und benötigen Hilfe, die ein bißchen Logik ins Rennen bringt.

Jemand aber, der logisch unterwegs ist, hat oft auch seine Intuition aktiviert. Dies habe ich bereits vorher betont. Niemand kann in einem funktionierenden Gehirn die eine Hälfte fordern, ohne daß die andere räsoniert. Er mag es nicht wahrhaben, aber es ist gewiß so. Problemlösungen beruhen oft auf „Einfällen", „Erkenntnissen", welche spontan auftreten.

Für eine erfolgreiche Serie von Planungen, sind beide Fähigkeiten gefordert: Intuition und Divination gehen Hand in Hand, wie auch immer sie durchgeführt werden. Es gibt unendlich viele Bücher darüber, man möge sich eine oder einige Methoden aussuchen. Zielführend sind sie auf jeden Fall und geben demjenigen, der ihre Hilfe sucht, diese soweit seine Fähigkeiten reichen.

Was man selbst nicht kann, kann kosten, denn diese Verfahren werden auch kommerziell angeboten. Wenn man einen guten Astrologen kennt, braucht man die ganze Chose nicht selbst zu studieren. Gar manches Land wird auf diese Art gesteuert, hört man sagen.

Auf jeden Fall werden die Entscheidungen, welche danach getroffen werden, nicht einfach aus dem Blauen geholt. Informationen sind immer schon wichtig gewesen, nicht erst heute.

Auch in unserer Arbeit, welche sich rein auf dem feinstofflichen Sektor befindet, wird durch Informationen, die wir akzeptieren können oder auch nicht, erst möglich. Keiner von uns würde sich auf etwas einlassen, das wir nicht vor verschiedenen Seiten betrachtet hätten.

Divinationen liefern Informationen. Durch sie werden wichtige Entscheidungen beeinflußt, die oft weittragende Konsequenzen haben. Der Weise betrachtet Informationen, die eine Situation von mehreren Seiten beleuchtet und zieht sich zur Meditation dezent zurück, um dann seine Entscheidungen zu treffen. Laßt auch uns so handeln, wenn wir es können.

Der interdimensionale Lichtweg

Channeln

Es besteht oft ein Konflikt über den Begriff des Channelns.

Oftmals öffnet sich ein Suchender und empfängt, wenn er „Glück" hat, irgendwelche Gedanken, die er dann, nach anfänglicher Scheu, ausspricht. Später dann beginnt man, noch unsicher, diese Gedanken aufzuschreiben, um sie nicht zu vergessen, denn eigenartigerweise scheinen sich die Eindrücke, die man empfängt, später zu verlieren.

Diesem kann man vorbeugen, indem man die „Worte" oder „Weisheiten", die „durchkommen" notiert. Das ist oft der Anfang einer langen Entwicklung zum eigentlichen Channeln hin.

Das englische Wort „Channel" heißt „Kanal", man dient als ein Flußbett für Gedankenimpulse, die aus feinstofflichen oder sogar spirituellen Quellen zu fließen scheinen. Ein gewöhnlicher mentaler Kontakt, der mit geistigen Verbindungen einhergeht, ist etwas völlig anderes.

Beim geistigen Kontakt empfängt und interpretiert man das, was durchkommt, während im Channeln man das persönliche Gefühl und die eigene Beurteilung, die im Mentalkontakt noch sehr prominent sind, so weit wie möglich ausschließt. Es ist eine Art Hingabe im Vertrauen darauf, daß man all das sagen kann, was durchkommt, ohne Angst haben zu müssen, wie dumm oder gefährlich das ist, was man unter dem Einfluß anderer Wesen ausspricht.

Die Verbindung mit dem Hohen Selbst, dem Wissenden Selbst, den höheren kosmischen Einheiten der eigenen erweiterten Person, diese gelten nicht als „Channeln". Das Eigene ist einfach leichter zu erreichen, leichter zu akzeptieren und ebenso zu verstehen. Man kann damit zurandekommen und oft auch das verantworten, was das Resultat einer solchen Anfangssituation ist.

Wenn man die Verbindung zu Verstorbenen sucht, würde man sich hüten, das zu channeln, denn die eigenständigen Wesen, die ihren Platz aus diesem Leben verloren haben und anderswo entdecken und oft auch erringen müssen, würden sich durch das Channelling eingefangen finden. Dies wäre das Letzte, was wir für sie wünschen würden. Hier ist ein geistiger Kontakt, oft sogar mit persönlichem Editing, angezeigt.

Allerdings ist es in jeder Anfangssituation gegeben, den Mentalkontakt vorzuziehen. Erst nach sorgfältigem Sondieren, ob man selbst für das Wesen und es wieder mit dem Medium kompatibel ist, sollte die Entscheidung für oder wider einen intimeren Kontakt getroffen werden.

Der interdimensionale Lichtweg

Wenn, im Laufe der Arbeit, sich ein ungeeignetes Wesen manifestieren möchte, fühlt man ziemlich bald, oft sogar vor einer mentalen Berührung, wie diese Energie wirkt.

Es gibt da auch einen ganz feinen Punkt, bei dem man eine entferntere Kontaktaufnahme gestatten kann, ohne im eigentlichen Nimbus zu sprechen. Es ist wie ein Hören aus der Ferne, etwas undeutlich, nur in Bildern oder Gedankenimpulsen, wo der Trend der Konversation vorerst überblickt werden kann, um dann entweder abgebrochen oder stärker aufgenommen zu werden.

Die Art des Wesens, welches für eine Konversation in Frage käme, ist von großer Bedeutung. Die Organisation des Gehirnes des Empfängers, wie viele Synapsen bereits geformt wurden, um das Channeln ohne zu große Gefahren zu erlauben, ist eine Anzeige.

Es gibt selbstverständlich viele Menschen, die mit der Gabe geboren wurden, aber auch für sie wäre es wichtig, sich zu schulen und zu schützen, da ihre Offenheit für das Feinstoffliche auch eine Schwäche im Energienetz bedeuten könnte, die geschützt werden sollte.

Ich würde das Channeln nicht jedem, der daran Interesse hat, empfehlen. Abgesehen vom physischen Trauma - dem Körper werden Interaktionen im Gehirn und folglich im ganzen Organismus abverlangt, welche sich weit vom Normalleben entfernen - gibt es auch die Gefahr der Einvernahmung auf Zeit oder sogar eines Walk-ins, welches nur unter höchst strengen Kriterien stattfinden sollte und NUR, wenn die Inkarnation einfach nicht mehr im Körper leben will.

Alles Vorgehen in diese Richtung verlangt einen psychisch-mentalen, emotional, energetisch und physisch stabilen Organismus. Wenn man krank ist und im feinstofflichen Bereich Hilfe sucht, sollte man sich vorzugsweise diese auf eine andere Art erbitten, es sei denn, der Kontakt besteht schon sehr lange und ist gut ausgebaut und in die Organisation des eigenen Wesens integriert.

Eine neue Kontaktaufnahme unter geschwächten Umständen sollte nur in Extremsituationen begonnen werden, wenn z. B. vielleicht ein Leben davon abhängt. Zwei Welten berühren hier einander, die jede für sich ihre eigenen Gesetzmäßigkeiten hat. Im Gehirn des Channels aber ist der Schnittpunkt, und dieser ist bei physischen oder psychischen Schwächen oft derart gefordert, daß eine zusätzliche Belastung nicht nur zu Falschinformationen führen kann, sondern auch zur Überforderung der einzelnen Bereiche.

Ich selbst bin natürlich weder medizinisch noch psychologisch unterwegs, sondern spreche aus eigener Erfahrung. Im Laufe der vielen Jahre, während deren ich mich mit dieser Materie befaßte, sind mir selbst und auch etlichen anderen in meinem Bekann-

Der interdimensionale Lichtweg

tenkreis so viele Variationen von Reaktionen widerfahren, daß ich diese statements mit reinem Gewissen machen kann.

Sich dem Kontakt mit anderen Wesen neben den menschlichen hinzugeben hat allerdings eine Faszination, welche ich niemals missen möchte. Unter den organisierten Vorsichtsmaßnahmen, welche in den meisten Fällen spontan ignoriert werden, kann man für sich und Gleichgesinnte eine völlig neue, aufregende und erfüllende Welt öffnen.

Vorweg weiß man oft nicht, wessen Geistes Kind man trifft, es sei denn die Energien sind dermaßen negativ, daß eine Verbindung sich von Anfang an ausschließt. Da gilt das Altwort: „An ihren Früchten sollt Ihr sie erkennen".

Obwohl nach einiger Zeit gutes Vertrauen aufgebaut wird, wissen wir dennoch nicht beim Initialkontakt, wohin das alles führen wird. Energien können phantastisch sein, die Geiste einander verstehen, der Weg klar vor einem liegen und dennoch, am Ende, kommt der Abgrund, man verliert sich in einer anderen Welt, die keine Relation mehr hat zu der unsrigen, ein Realitätsverlust, der nicht mehr aufzuhalten scheint, manifestiert sich.

Dann bleibt nur der Besuch bei einem Psychotherapeuten oder einem Priester um Exorzismus. Dieses Horrorszenario ist mir persönlich noch nicht untergekommen, ist aber möglich, wenn die Welten derart unkompatibel sind, daß der Channel sich in den Wirren der Verstehenslabyrinthe verliert.

Ich erwähne all diese Möglichkeiten, um zu betonen, daß diese Art von Arbeit nicht nur erhebend, wunderbar erfüllend, bereichernd dem Geiste und zielführend sein, sondern daß sie sich auch geistig, physisch und gesellschaftlich gefährdend auswirken kann.

Niemals sollte man das Channeln als eine Kuriosität, als Unterhaltung oder geistigen Seilakt ansehen. Die innerliche Hochachtung vor den Geistwesen, welche sich wohlmeinend uns noch öffnen wollen, ist eine unbedingte Voraussetzung dafür.

Jene von uns, welche mit dieser Gabe bereits geöffnet geboren werden, sollten wir mit besonderer Liebe und Sorgfalt schützen, denn oftmals können sie dies nicht selbst. In allen Menschen sind die Geschenke unserer Schöpfer entweder latent, verschüttet oder offen präsent. Aus genetischen Gründen werden im Prozeß des Werdens des neuen Lebens Schlösser geöffnet oder geschlossen (in der 0-Dimension).

Warum jemand mit gewissen Schwächen ins Leben kommt, oder mit gewissen Stärken, könnten wir nur durch den Kontakt mit dem Hohen Selbst und oft nicht einmal dort erfragen. Das Einbauen der einzelnen Bausteine für ein bestimmtes Leben ist, wie vieles in der Natur, nicht unbedingt immer unserem Willen unterworfen.

Der interdimensionale Lichtweg

Ein Beispiel wäre: In einer Kirche hatte ich öfter die Gelegenheit, ein Kind zu beobachten, welches von Geburt an einen großen Kopf hatte, hervortretende Augen und sich generell nicht in diese Welt eingliedern konnte. Es war ein liebenswürdiger Bub. Einmal öffnete ich meinen ätherischen Blick und fand zwei Wesen bei ihm, die mich direkt ansahen und mir erklärten, daß die seelische Komponente für dieses Leben diesen Weg gehen wollte. Hiefür wären sie da, um dies zu überwachen und dieses Kind so weit sie es könnten zu beschützen. In diesem Moment drehte sich das Kind zu mir um und sah mich voll an, mit demselben Ausdruck in den Augen, wie ich es an den beiden Engeln (so schienen sie mir) gesehen hatte.

Wir gehen oft herum und denken nicht daran, warum ein Wesen, das doch perfekt sein sollte, es nicht immer ist. Da kann man vielleicht von der natürlichen Auswahl sprechen und daß normalerweise, wären wir noch in den „Höhlen", solches Leben gar nicht erst das erste Jahr erlebt hätte. Den Weg, welchen die Eltern solcher Kinder erfahren, ihre Entscheidungen für die Liebe eher als die Vernunft, kann man schwer nachempfinden, wenn man nur das Äußere des Lebens sieht.

Manchmal werden gewisse Stärken durch eingebaute Schwächen ergänzt. Wer hat nicht schon ein nicht erwartungsgemäß entwickeltes menschliches Wesen gesehen, das einen riesigen Geist beherbergte? Das Leben drückt sich in unendlichen Variationen aus, und dies nicht nur - aber auch das natürlich - um der Evolution zu dienen und der Rasse mehr Möglichkeiten zu bieten, zu überleben.

Es ist nicht nur das Gehirn, das im und durch das Leben im menschlichen Körper sich entwickelt, es ist auch der Geist, jener Teil in unserem Leben, der nicht nur das Produkt des Körpers und seiner Erfahrungen ist, sondern der auch sich feinstofflich öffnen kann und das Göttliche, Überphysische Sein in uns ausdrückt. Seine Sinne gehören ebenso zu uns wie die physischen.

Das Channeln ist eine vollere Art der Kommunikation der Welten miteinander. Nicht jedes Leben existiert erst, noch oder mehr in unserer Dimension. Viel mehr Leben drückt sich ebenenmäßig und/oder dimensionsmäßig anders aus als wir es kennen. Dennoch gehört es zur Schöpfung. Für uns ist es wahrlich richtig, daß wir unsere Scheuklappen endlich beiseiteschieben und unsere seelischen Realitäten entdecken. Wir sind der Ausdruck von Geist in jenen Welten, in denen er sich verwirklichen kann. Wieviel wir davon erkennen und nützen können, kommt auf uns an.

Nicht alle Wesen, die wir durch die Seelensinne erkennen und kontaktieren können, sind uns wohlgesonnen. Diese Möglichkeit wird aber bei weitem wettgemacht durch die Freundschaft, die uns von jenen, die dem Leben und dem Erhalt der Natur und der Menschheit geneigt sind, entgegengebracht wird.

Der interdimensionale Lichtweg

Die seelisch-geistige Einstellung wird, wie in allen sogenannten magischen Dingen, entscheiden, welche Persönlichkeiten angezogen werden. Dies gilt nur für die automatische Entwicklung. Jeder allerdings, der sich bereits länger mit dieser Materie befaßt, kann gezielt die Kontaktaufnahme herbeiführen. Hierzu gehören oft die Aufgestiegenen Meister, Gottheiten verschiedener Religionen, Engel oder Machtwesen, deren Zugehörigkeit nur dem Rufenden bekannt sind.

Man sollte vielleicht bedenken, daß wir sehr viel dazu beitragen, durch unsere Schwingung im physischen und seelischen Bereich, wie sich solch eine Wesenheit manifestiert.

Ein Beispiel: Wir erwarten von einem Engel, daß er so oder anders ist. An ihrem „Aussehen" können wir dann erkennen, ob es überhaupt ein Engel ist. Das muß mit der Wahrheit überhaupt nichts zu tun haben. Wir „wissen", daß Engel Flügel haben, schön im Körper sind, mehr oder weniger mächtig aussehen. Wenn er dann nicht genauso aussieht, geht das auch noch. Aber was wäre, wenn er sich klein, schwarz mit Schwanz, glühenden Augen oder einer Igelhaut zeigen würde? Nein, das kann doch kein Engel sein! Irgendwas ist da falsch gelaufen. (?)

Unser Mentales formt für uns die Bilder, die wir im Ätherischen oder dem Astralen erkennen können. Wir „sehen" mit einigen unserer Fähigkeiten, nicht nur mit der „Sicht". Was in uns interpretiert diesen Engel auf solche Weise? Weil wir uns dazu vorprogrammiert haben. Wenn dann eine Schwingung eintritt, welche uns dies nicht erlaubt, zeigt unsere innere Sicht und ein anderes Bild.

Lernen kann man dies sehr gut in Gruppen. Die verschiedenen Wahrnehmungen der Teilnehmer sind oft erstaunlich verschieden, jedoch ihre persönliche Interpretation dafür ist meist irgendwie harmonisch. Bilder sind dazu da, um uns zu helfen, sollten aber nicht unbedingt entscheidend dafür sein, wie wir weiterarbeiten. Es gibt mehr, als das Bild. Es gibt jene Seelensinne, welche wir bereits kennen: Die geistige Wahrnehmung, das mentale Erkennen ohne Bild, das energetische Fühlen, das intuitive Räsonieren, das spirituelle Einblicken in den tieferen Sinn. „Sehen" allein ist oftmals nicht genug.

Wenn man „channelt", ist die innere Wahrnehmung oftmals geschärft. Man „sieht", was die Wesen erkennen, mit welchen man in solch innigem Kontakt ist. Man „hört" Töne und „fühlt" und „weiß", es ist oftmals eine volle Erfahrung, die aber dann auch, nach kurzer Zeit, ins Vergessen versinkt, es sei denn, Schlüsselworte wurden aufbewahrt, die die Erinnerung wieder öffnen. Das ist schade, aber vielleicht soll es so sein, denn diese Wahrnehmungen sind wahrlich jenseits des normalen menschlichen Erkennens angesiedelt. Es ist wie ein Eröffnen zu einer anderen Welt, jener des schwingungsmäßig oft höheren Lebens, dessen Perspektive sich von jener von uns unterscheidet.

Es fällt uns leichter, von „höher" zu sprechen, denn jene, die „tiefer" manifest sind, belasten unser energetisches, physisches und psychisches System oftmals zu sehr, um gesucht zu werden. Dies schließt die Tatsache nicht aus, daß es viele Menschen gibt, die in jenen Bereichen Kontakte suchen und sicherlich auch finden.

Wie kann einer, der im „Licht schwächelt" - um es einmal von einer anderen Seite zu betrachten - sich schützen oder effektiv handeln?

Wenn eine negative Schwingung sich manifestiert, lohnt es sich, Informationen zu sammeln, mit welchen Mitteln auch immer, die uns zur Verfügung stehen, um dann die entsprechenden Entscheidungen zu treffen.

Wenn man sich selbst nicht stark genug findet, der Situation Herr zu werden, wendet man sich an die alten oder die neuen Gottheiten, die normalerweise ein großes Reservoir von Energien und Qualitäten beherbergen. Kann man den Zugang schaffen, ist Hilfe gewiß. Man muß allerdings bedenken, daß in jeder der Ebenen und Realitäten andere Gesetze herrschen. Ich muß dies immer wieder betonen, denn die meisten auch der geistig entwickelten Menschen tendieren dazu, diese Tatsachen zu vergessen.

Es ist nicht immer der Mensch, der die größte Macht hat. Er hat sie im physischen Feld, das ist klar. Dies ist auch der Grund, warum das geistige Element den Kontakt zu uns sucht, um gewisse Strömungen zu verwirklichen. Finden Sie die Symbole dessen, das „schwer" manifestiert und suchen Sie die Möglichkeiten, und deren sind es oft einige, wie Sie es wieder ausgleichen können.

Ich bin mir dessen bewußt, daß es einen Kampf gibt, der geführt wird zwischen denen „des Lichtes" und jenen „der Finsternis". Dies ist natürlich ungemein einfach ausgedrückt. Es ist aber nicht der Zweck dieses Buches, diesen Konflikt zu behandeln. Diese Gedanken, welche sich mit diesem fast apokalyptischen Feld befassen, würden den „Lichtweg" verdunkeln, nicht daß ich dazu nicht fähig wäre.

Eine der anfänglichsten Übungen im inneren Weg ist gewiß jener, in dem man sich mit dem Inneren Dunkeln befassen muß. Man gibt dem „Argen" Gelegenheit, sich zu zeigen, auszudrücken, sprechen, agieren - unter kontrolliertem Ambiente, versteht sich - und lebt, tanzt, schreit, kämpft und schreibt, was auch immer, voll im Rausch dessen, was im Inneren Dunkeln lebt.

Wer nicht diesen Schritt getan hat, wird sich niemals wahrlich kennen. Er wird nicht erfahren haben, zu welchen Weiten der „Tiermensch" fähig ist, zu gehen. Dann kommt die Wahl, die Entscheidung, die Kreuzung im Weg. Zu erkennen, was und wie man ist und dann, jeden Tag, frei zu entscheiden, welche Aktionen man setzen will, dies bedeutet die bewußte Wahl für die Zukunft.

Der interdimensionale Lichtweg

Irgendwann dann, nach der Entdeckung des Höchsten in uns, geht man und gibt sich hin: „Nicht mein Wille geschehe, sondern der Deine." Aber niemals wird das Dunkle tot sein, darf es nicht sein, denn es allein garantiert das Überleben. Es wurde uns gegeben aus gutem Grund, denn die Natur um uns ist danach ausgerichtet. Das Sich-Hingeben in Nächstenliebe ist edel, aber es ist nicht ein positives Symbol für den Ausdruck des Göttlichen in dieser Realität. Wir kamen, um zu leben und erst, wenn es sich „ausgelebt" hat, ist das Dahingehen richtig.

Wir sind gerufen, das Leben zu unterstützen, es zu fördern und für die Allgemeinheit und die Welt zu gestalten. Das ungezügelte, unbewußte Dahinströmen in sinnlichem Morast mit all seinen Folgen ist für uns eine Möglichkeit, zu lernen, zu verändern, liebevoll zu formen und zu verbessern - und dies nicht in „unsrem Sinn", sondern wahrlich zum Besten aller.

Channeln ermöglicht es uns, diese Wahl zu erweitern, einen anderen Blickwinkel zu erhalten, Informationen zu sammeln. Jene von uns, die sich darauf vorbereiten und einlassen, haben eine Chance, im großen Bestreben dieser Intelligenzrasse positiv zu wirken.

Arbeiten mit dem Planeten Erde

Für Esoteriker ist diese Welt ein Lebewesen. Sein Bewußtsein kommuniziert mit all jenen, die sich ihm öffnen können und gelernt haben, die eigenen Gedanken von solchen, die aus anderer Quelle als dem eigenen Mentalen ersteigen, zu unterscheiden.

Vielerorts wird dieses Wesen als die „Große Mutter" angesehen, Mutter Erde; bei anderen geht es um den „Geist der Erde", der allgemeinere und umfassendere Informationen weiterzugeben vermag. Ich schätze sowohl den einen Aspekt als auch den anderen, abhängig von der jeweiligen Lage.

Das nährende, schützende Prinzip unserer Welt wird sich besser im Göttin-Aspekt offenbaren können, während, wenn es um eher intellektuelle Fragen geht, die mentale Seite dieses Wesens angesprochen wird. In einer Gruppe mag sich eine Person leichter mit dem mentalen und eine andere mit dem mütterlichen Gut verbinden können. In diesem Falle haben wir eine größere Palette von Informationen, die uns weiterführen können.

Es versteht sich von selbst, daß es intelligentes Leben lange vor der Ankunft des Menschen gegeben hat. Manche Philosophien sprechen sogar von sechs oder sieben Rassen, die Träger des mentalen Prinzips waren und, vielleicht nicht einmal durch ihren Höhepunkt existierend, kamen und gingen. Der Untergang solcher Lebewesen wird nicht unbedingt in Sedimenten verewigt worden sein müssen, auch die Kulturen derer, die uns so weit vorausgingen, können völlig andere Formen angenommen haben, als wir es heute von unserer Art annehmen.

Wieder und wieder hat sich das Bewußtsein des Planeten geäußert, und dies nicht in erster Linie - aber trotzdem auch - durch unseren Lichtweg. Abhängig von der geistigen Ausrichtung derjenigen, welche diesen Kontakt aufgenommen haben, werden diese Informationen sich färben.

Wenn jemand, z. B., ökologisch unterwegs ist, wären die Aussagen diesbezüglich ausgerichtet. Hier würde das Erdbewußtsein in erster Linie den Status quo unterstützen und beibehalten wollen. Der Mensch kann ganz gewiß einiges in diese Richtung beeinflussen, jedoch können seine Anstrengungen schwerlich ein globales Ausmaß erreichen, um die natürlichen Entwicklungen völlig zu kontrollieren. Das wäre auch zu viel verlangt, dazu ist der Mensch nicht in die Existenz getreten.

Der Mensch hat allerdings die Möglichkeit, das Lebewesen Erde zu unterstützen. Durch den Raubbau an denen ihm zur Verfügung stehenden oder erkannten Ressourcen kann er höchstens sich selbst schaden oder sogar ausrotten, wenn er sich in seinen Ambitionen nicht ändert. Er kann auch die Vielfalt der in der Natur vorkommenden Lebensarten zum negativen verändern.

Der interdimensionale Lichtweg

Die Erde selbst allerdings wird auch nach dem Verschwinden des Intelligenzträgers Mensch, in welchem Zustand auch immer, existieren. Sie wird erfahren haben, gelernt haben und leben, auf ihre Planetenart und früher oder später wird sich eine andere Form von Leben in den höheren mentalen und schließlich spirituellen Status bewegen, wodurch der ursprüngliche Plan des kosmischen Bewußtseins, sich mehr in die Schöpfung auszudrücken, weitergeführt wird. Allerdings wird dies ohne uns geschehen, wir werden unsere Chance versäumt haben.

Es hat sich herausgestellt, daß die geistigen Welten gar nicht so interessiert daran sind, praktisch wieder von Vorne anzufangen, die endlosen Zeitschleifen wieder und wieder durchzupulen, wie so oft schon geschehen. Die eine oder andere Gruppierung in verschiedenen Strata der Hierarchien neigt dazu, uns mit Informationen und Anregungen zu unterstützen.

Wie schon in den Ausführungen über die Gottheiten festgestellt wurde, hat der Zugang zu spirituellen Einheiten in erster Linie schon immer durch Inspirationen oder Sichtungen Sensitiver stattgefunden. Das Erkennen fremder Energien, Schwingungen, Gedanken und Worte, das Sehen anderer Realitäten oder das Interpretieren von Informationen aus jenen Realitäten war immer nur besonders begabten Wesen - und da spreche ich nicht nur vom Menschen - vorbehalten.

Wie weit sich die saurischen Wissenschaftler damals mit den schwingungsmäßig höheren Sphären auskannten, habe ich noch nicht recherchiert. Gewiß ist allerdings, daß der Untergang dieser Rassen nicht nur durch das Niederkommen eines großen Asteroiden geschah, sondern auch anderweitig bereits seine Schatten vorauswarf. Sie hatten ihre Zeit und konnten sich spirituell sowohl als auch intellektuell sehr viel weiter entwickeln als wir es heute sind. Von ihrem Erbe profitieren wir noch heute, indem wir in der Erdsphäre und den Genen gespeichertes Gedankengut wiederentdecken.

Die Knochen urzeitlicher Saurier, welche wir so sehr beeindruckend finden, sind sicherlich nicht jene der damaligen Intelligenzträger. Ihr Leben war nicht mehr in Herdenform möglich, noch existierte ein Leichnam, da die Erbinformationen in der Regel durch Desintegration völlig verlorengingen.

.....Es müßte schon ein ungeheurer Zufall sein, daß einer der damaligen wenigen verbleibenden unserer Art (Kontakt) eines unregistrierten Todes starb und gerade jener dann gefunden wird. Aber wir können es nicht ausschließen. (Große Alte) Ja, in diesem Kapitel möchten wir ergänzend wirken, wenn wir dürfen.

(Bitte) Wir hatten auch Kontakt zum Bewußtsein des Planeten etabliert, und dies bereits seit vielen Jahrtausenden. Woher glaubst du, haben wir die Informationen, die wir an

Der interdimensionale Lichtweg

Euch weitergeben, um dieses Projekt, die Harmonisierung des bereits existierenden Reservoirs an Energien und hohen Qualitäten, zu fördern?

Ohne den Organismus „Welt" zu kennen, hätten wir niemals eine der Nischen im Dimensionsnetz schaffen können, in der ein Teil von uns weiterexistieren konnte, nach dem großen Exodus, der uns aufgezwungen wurde. Im Überlebensbestreben haben wir viele Wege beschritten. Nicht alle wollten die Heimat verlassen.

Wir gehören zu jenen, die ihr Leben hier und auch dort draußen gelebt haben. Glaubst Du vielleicht, daß wir alles über Euch und die Welt, die die unsere ist und bleibt, vergessen wollen? Ja, es gibt Strömungen, welchen wir nicht angehören, die sagen: „Laß den Menschen wieder und wieder verschwinden, es macht nichts aus", „laß es wieder beginnen, vielleicht geht es diesmal besser".

All unsere Bemühungen, den Kontakt mit Euch aufrechtzuerhalten, sind aus einem einzigen Grund aktiv: Wir lieben das Leben und wir kennen die Strömungen, in welche es sich entwickelt. Das Wissen, daß der Mensch, so wie er jetzt ist, bereits fähig wäre, Energien und Qualitäten zu ändern und als Partner des Erdbewußtseins das Seine beizutragen, ermutigt uns, weiterzumachen.

Das Leben, die Natur, alles ändert sich, oftmals nicht langsam und sachte, sondern meistens in kataklysmischen Ausmaßen, gewaltsam und schnell. Die Überlebensfähigkeit der Arten wird dann dermaßen gefordert, daß viele daran zugrundegehen. Lange Zeit bleibt dann wieder, um neuen Arten zu ermöglichen, sich zu entfalten.

In Euch liegt ein Potential für unser Erbe. Auch in anderen Arten der Erde liegt es verborgen, aber Ihr sollt Eure Chance haben.

Der fortgeschrittene Geist ist jener, der sich vielen Realitäten öffnet und, ohne von Anfang an zu urteilen, lernt. Schnelle, unüberlegte Aktionen sollten nur dann erfolgen, wenn eine lebensbedrohliche Situation entsteht. Wir können nicht behaupten, daß dies jetzt und hier nicht der Fall ist.

Vielerorts verrennt sich auch ein intelligenter Geist in eingefrorene Ideen und kann sich ohne fremde Hilfe nicht aus dem Teufelskreis lösen, um danach kreativ weiterzudenken. Eine Zukunft zu schaffen, in der sich die Realitäten der irdischen Formwelten harmonisch vereinigen, ist die heutige Forderung an Euch. Wir sind da, an Eurer Seite, denn wir wollen Euch helfen, Eure Welt besser zu verstehen und mit ihr zu koexistieren..........

Wir haben uns entschieden, vor nunmehr sechs Jahren, mit den inneren Kontakten zu kooperieren und unsere Meditationen im Sinne der Harmonisierung der Erdströmungen einzusetzen. Der Weg war nicht einfach, denn manchmal kreuzten die langjähri-

Der interdimensionale Lichtweg

gen Erfahrungen und Überzeugungen sich mit dem, was wir lernten. Irgendwie ist es uns aber gelungen, alles zu vereinbaren.

Unser „Lichtweg" drückt dies aus.

Es ist dem Menschen möglich, sich auf vielerlei Wegen mit der Erde zu verbinden. In erster Linie sind da natürlich diejenigen, die aus dieser Zusammenarbeit ihren Lebensunterhalt verdienen, wie z. B. Bergwerker oder Bauern. Letztlich aber erkennen wir, daß wir nur existieren können, wenn wir uns mit dem Lebewesen, das uns gestattet auf und durch es dieses Leben zu leben, verbinden.

Unsere Bestrebungen sollten sich auf ein Überleben und ein sanftes Miteinander fokussieren eher als auf ein Ausbeuten, das gewiß dem Planeten nicht schadet aber sehr wohl uns, die wir uns auf die lange Sicht dadurch vieler Entwicklungsmöglichkeiten berauben. Das Abbauen von Bodenschätzen und ihre chemische Verarbeitung bringt oftmals Gifte in die Umwelt, die nicht nur unserer Lebensform sondern auch vielen anderen Wesen, die unseren Lebensraum mit uns teilen, die Ausrottung oder ungeheuren Existenzstreß bringen.

Die Entwicklung wissenschaftlicher Methoden, einen kompletten Kreislauf von Verwertung zu finden, ist höchst zukunftsträchtig und stellt uns vor mentale Forderungen, denen wir uns aber gewiß stellen können.

Wir wissen, daß die Abfallprodukte von Industrie und eigentlich auch dem einfachen naturverbundenen menschlichen und tierischem Leben, wenn zu viel davon auf die Natur einwirkt, selbstvergiftend für uns wirken. Ein Mensch produziert so viel Schmutz und drei eben genau dreimal soviel. Man erspart sich da wenig, wenn man mehr von uns auf einen Raum verteilt, außer man teilt sich das Trink- und Waschwasser, die körperlichen Ausscheidungen verringern sich nicht durch Vervielfältigung. Es gibt keinen Mengenrabatt, nur riesige Müllberge und Senkgruben.

Mit der Erde zu arbeiten bedeutet wirklich, daß wir uns auf sie einstellen, daß wir sie befragen, wenn wir es können, inwieweit eine neue Entwicklung oder die „Verbesserung" einer alten Methode in ihrem Sinne wäre. Ich weiß, daß dies wie ein Kindermärchen klingt, aber das Bewußtsein des Planeten kann und wird sich äußern, wenn die Befragung ernst gemeint und mit Respekt geschieht.

Einer Instanz, einem einzelnen Menschen, einer Partei oder einer Philosophie die Macht einzuräumen, zu interpretieren, was aus der Sicht des planetaren Bewußtseins das Beste ist, wäre, eine Quelle für künftige Konflikte zu schaffen. Es kann nur gemeinsam gehen, wenn alle an einem Strang ziehen. Es geht nicht nur um das Jetzt - aber leider nur zu oft denkt das Machtbestreben nicht jenseits der eigenen Nasenspitze.

# Der interdimensionale Lichtweg

Das Schachspiel ist bereits seit Jahrtausenden ein Platz, wo strategische Planung die größten Gewinnchancen verspricht. Nur einen oder zwei Züge vorauszudenken, programmiert ein schnelles Verlieren. Man kann da einiges lernen, jedoch scheint das Genie des Menschen nur auf dem Schachbrett logisch extrapolieren zu können ...

... die Vernunft ist eine der menschlichen Rasse angepaßtes Geschenk, durch viele Jahrtausende ausgefeilt und ausgeformt (Kontakt - planetarer Geist). Du anerkennst, daß Dir viele vorangingen, deren Leben dem Lernen und Forschen gedient haben, deren Erkenntnisse aber heute oft nicht einmal in einem Buch zu finden sind. Dann ist dieses Wissen bereits oft im günstigsten Falle ein Basisfaktor, meist aber bereits einfach überholt und der Name des Forschers dem Vergessen anheimgefallen.

In meinem Gedächtnis aber ist alles registriert, was jemals durch die Energie des Lebens und Denkens erschaffen wurde. Durch das sich Öffnen in mein Denken kann der eine oder andere Inspirationen finden, denn manche Gedankenprozesse harmonieren mit jenen Qualitäten, die in meinem Speicher gehalten werden.

Der Mensch hat einen Zugang, der zu seinem Erbe gehört. Ihr seid eminent geeignet, in geistigen Kontakt mit vielen Instanzen Eurer Wahl zu treten. Natürlich gibt es in mir auch jene Elemente, die dem Menschen an sich nicht so wohlgesonnen sind, wie andere. Das Leben, dem ich eine Heimat darbringe, ist eben vielfältig und hat eigene Ziele und Schicksale. Ihr selbst werdet magnetisch jene Bereiche anziehen, Euch ihnen öffnen können, zu Euch strömen lassen, die mit Eurer Denkungsart, Euer Energiegefüge und Eure spirituelle Qualität räsonieren.

Viele Eurer schamanischen Mitmenschen haben Wege, diesen Kontakt herzustellen. Allerdings sind ihre Gesichtspunkte nicht so global, wie ich es gerne hätte. Die ganze menschliche Kultur in all ihren Facetten kann und darf sich nicht auf die Eindrücke und spirituellen Findungen eines einzelnen Menschen oder sogar einer Philosophie allein für globale Entscheidungen verlassen.

Wenn man dreißig Wissenschaftler in einen Raum sperrt, jeder ein absoluter Individualist ist und seine Meinung - durch Jahrzehnte von Forschung und logischer Folgerung geformt - hat und vertreten kann, sind Konflikte einfach zu erwarten. Bei einem solchen Treffen sollten nur jene Faktoren gemeinsam beschlossen werden, die zwar vielleicht hie und da kleine elektrische Ladungen erzeugen aber generell miteinander harmonieren, vereinbar sind.

Globale Entscheidungen sollten, wenn möglich, durch gemeinsame Vereinbarungen zwischen Religionen, Wissenschaften, Politik und Harmonie-Experten getroffen werden. Der zusätzliche Aspekt der Harmonie ist wie das Öl in einer Salatsauce, es macht das ganze Gericht angenehmer.

Der interdimensionale Lichtweg

Ich gehe und ging immer schon durch Veränderungen in meiner Gesinnung und meinem physischen Sein. All dies wird und muß auch das Leben in und auf mir beeinflussen. Ich bin aber nicht nur Körper und Geist. Ich selbst, als Wesen, drücke mich - genau wie der Mensch und eigentlich jede organisierte Form von Leben - auf Weisen aus, die Euch heute noch nicht geläufig sind.

Mein geistiges Gut schließt das Eure und mehr ein. Meine Existenz findet in diversen Realitätsräumen statt, deren Ihr nur einen oder nun, endlich in langsamem Fortschritt mehrere erkennt. Alles, was Ihr findet, habe ich bereits lange in mir verwirklicht. Das heißt aber nicht, daß der wahrhaft kreative Geist niemals schafft; das wäre ein falscher Schluß.

Ich kenne das Sagen: „Alles war schon einmal da." Das gilt in den meisten Fällen. Aber bedenkt, daß auch das, was wiedergefunden wird, einst, vor Äonen vielleicht, einmal gefunden wurde. Da gab es einmal ein erstes Finden, ein erstes Erkennen und Nutzen. So manches ist bereits unsichtbar vorhanden, kann gefunden werden, aber der kreative, gottähnliche spirituelle Geist verbindet sich mit einem Intelligenzfaktor und erschafft - und durch dieses beweist Ihr, daß Ihr wahrlich Kinder des göttlichen Urwesens seid. Zu erschaffen, es in die Schöpfung zu bringen, durch die Ebenen wachsen zu lassen - ein wahrlich menschliches Talent. Dieses Talent allerdings hat sich nicht erst im Menschen ausgedrückt. Seine Vorfahren hatten es und seine Nachfahren werden es ebenfalls haben, egal welcher Art sie sind.

Die Realität gemeinsam zu formen, das Abenteuer des wahren Lebens mit Euch zu erfahren, das ist etwas Schönes, das potentiell bereits vorhanden wäre. Die Ressourcen, die die Vergangenheit bereitet und gespeichert hat, können wie Schätze gehoben werden und, vielleicht sogar veredelt und gereinigt, zukunftsverbessernd eingebracht werden.

Die Zeit ist nicht nur linear, sie ist auch simultan. In ihr ist vieles wie in einem Kristall gespeichert, behalten, und braucht nur, unter den richtigen Voraussetzungen, gewonnen zu werden. Ihr hebt die Schätze der Vergangenheit in Form von Öl und Bernstein, Ihr lernt durch die Knochen Eurer Vorepochen vieles über die Vergangenheit, aber die spirituellen Errungenschaften jener, die Euch vorangingen sind von Euch noch nicht als Schätze für Euch identifiziert worden.

Dennoch liegen überall, in den Tiefen der Kontinente und Meere, ungeheure Schätze an spiritueller Energie. Wie Ihr bereits erkannt habt, wird eine Gottheit durch die Aufmerksamkeit und Anbetung von Lebewesen, aber auch der Angst und grausame Aktionen und Schmerz der Anbetenden ermächtigt. Sein Energie- und Qualitätsreservoir augmentiert sich und verflüchtigt sich nur, wenn die Basis der Speicherung zerstört wurde.

Der interdimensionale Lichtweg

Mit mir zu arbeiten würde viele von Euch meines wahren Wesens gewahr machen. Meine Aspekte in Leben und Vergehen und Weiterwerden sind laufend und äußerst vehement, wenn sie aktiv werden. Dennoch läge für Euch eine Chance im Verbinden der Ressourcen aus den Zeitspeichern mit jenen, die Euch heute zur Verfügung stehen. Hier ergibt sich eine Chance, nicht nur menschen- sondern auch speziesverbunden zu wirken.

Wenn Ihr Eure Wahrnehmungen nicht nur geistig sondern auch dimensional ausweiten könntet, würdet Ihr mehr von der Schöpfung, an der Ihr teilhabt, erkennen und schätzen lernen. Einige von Euch, und dies bedeutet nicht nur die Autorin dieses Buches sondern Menschen, die überall in der Welt sich danach sehnen, fühlen die Verwandtschaft von spirituellem Leben mit seinesgleichen. Wie auch immer sich dieses für Eure Interpretation verständlich macht, das gemeinsame Erarbeiten von Harmonie für den Erhalt des Lebens in und auf mir mag sich mit meinen Wünschen vereinen.

Wendet Euch an mich, wenn Ihr durch meine Sicht lernen wollt. Ich bin nicht bereit, über persönliche Anliegen konsultiert zu werden, aber wenn Euer Anliegen sich mit dem meinen überschneidet, habe auch ich ein Interesse daran, meine Informationen beizusteuern. ...

Der interdimensionale Lichtweg

9. Die Deva - Antar - Arhat

Bei der Lektüre theosophischer Bücher bekam ich das erste Mal eine Idee, was Deva ist. Ich muß zugeben, daß ich in mir gemischte Gefühle diesbezüglich hegte, denn „Deva" ist so nahe dem „Devil" des christlichen Verständnisses, daß in meinem Unterbewußten vorerst instinktive Ablehnung vorherrschte. Im deutschen Sprachraum gibt es diese kleinen Probleme wahrscheinlich weniger, aber damals war ich im Englischen unterwegs - alle meine ersten esoterischen Begriffe lernte ich in dieser Sprache.

Dennoch begriff ich, daß die Deva - wie der Mensch auch - sich auf dem evolutionären Pfad befand, also der aufsteigenden Entwicklung unterstellt war, im Gegensatz zu jenen Wesen, welche von einer höheren Schwingung in die Schöpfung herabwirkten, sei es aus welchen Gründen auch immer. Evolution und Devolution waren Ausdrücke, mit welchen ich etwas anfangen konnte.

Erst Jahre später lernte ich, daß im Hinduismus die-der Deva eine Art Halbgott war, was sich besser mit meinen eigenen Erfahrungen und - ich gebe es gerne zu - Hoffnungen deckte. An anderer Stelle gab es nämlich noch eine weitere Erklärung, welche in Devas eine Art von Naturwesen zu erkennen wußte, die etwa wie Elfen oder kleine Dryaden das Wachstum von Pflanzen und Bäumen überwacht. Weiters gibt es „Körperdevas", welche die Intelligenz in unserem biologischen System steuern und überwachen sollen.

Im „Großen Ruf" hatten sich mir Devalords vorgestellt, welche sich später in der Energiegestalt „Antar" mit mir verbanden. All diese Begriffe waren in der ersten Zeit zu vage, um etwas damit anfangen zu können. Und so entschied ich, mich näher mit diesen Wesen zu befassen.

Das Resultat ist im Konzept des „Deva Tarots" versinnbildlicht worden, an dessen Erschaffung ich beteiligt war. Für mich stellen Devas und ihre Dimension eine unabdingbare Notwendigkeit in der Schöpfung dar, welche meinen Werdegang unendlich bereichert hat. Im Antar fand ich Liebe und Loyalität, Kraft und Schöpfung verwirklicht, welche mein Leben auf immer positiv beeinflußt hat.

Devas sind nicht Elementargeister. In ihren Darstellungen können sie sowohl als Engel als auch als Dämonen verstanden werden. Ihr erster Wunsch ist nicht, dem Menschen zu dienen oder ihm zur Seite zu stehen, denn für sie sind wir einfach ein Teil der Schöpfung, geist- und intelligenzbegabte Wesen, welche denselben Regeln unterworfen sind wie sie.

Normalerweise greifen wir nicht in die Kompetenzen des anderen ein. Allerdings gibt es da Ausnahmen, welche mit den Plänen von Gottheiten oder hoch entwickelten spirituellen Entitäten zu tun haben. Wenn die Interessen einander berühren, wird Kommunikation notwendig. Was dann daraus resultiert, ist individuell sehr verschieden und keinen fixen Gesetzen unterworfen.

Ich selbst habe im Laufe der Zeit gelernt, meinen Deva-Verbündeten zu vertrauen und sie zu lieben, weil auch sie mir all dies entgegengebracht haben. Man kann nicht Antara werden, ohne diese Gefühle zu entwickeln. Um das zu erklären, will ich in Gedanken zu jener Zeit zurückgehen, in der alles seinen Anfang nahm.

Nachdem ich meinen schwarzen Stab fertiggestellt hatte, wurde mir von meinem geistigen Lehrer empfohlen, dieses Ritual anzustreben. Es würde dazu dienen, mich den „unsichtbaren Mächten" vorzustellen und evtl. potentielle Verbündete zu treffen, die mich lehren könnten oder mit mir zusammenarbeiten würden.

Adi-c-arhat, der damals mein Lehrer war, hatte mich bereits länger vorher gefragt, ob ich Antara werden wollte und ich hatte damals, nach seiner Versicherung daß durch mögliche „Tore" keine Invasion der Erde oder gegen die Menschheit stattfinden würde, „Ja" gesagt. Alle folgenden Instruktionen dienten irgendwie, direkt oder indirekt, dieser Entwicklung.

Während der einzelnen Stufen des Rituals, in welchen sich die verschiedensten Wesen einfanden und Konversation mit mir hielten, ich Notizen machte über Namen, Art des Kontaktes und dessen Fähigkeiten und Möglichkeiten für Zusammenarbeit, fanden sich - elementar ausgerichtet - auch einige Devas ein. Manche erschienen mir weiblich, manche männlich, manche waren energetisch wunderschön und sanft, manche eher streng und dunkel.

Während der nächsten Monate entschied ich mich dann, mit Wesen, deren sieben Deva waren und der achte ein Geist mit mentalem Schwerpunkt, diese intensive Verbindung einzugehen, welche das Energiegebilde „Antar" formen würde.

Jeder einzelne hievon hatte sein eigenes, für ihn oder sie zugeschnittenes Ritual, Gewand, Musik, Gerät, was auch immer. Alles war bis ins kleinste Detail geplant. Allerdings hatte ich niemals in Betracht gezogen, daß ich auch ihr gemeinsames Einverständnis vorab einholen hätte sollen, da ich annahm, die Verbindung jedes einzelnen wäre nur mit mir. So war es nicht ganz.

Ich mußte während des Antara-Rituals lernen, daß nicht alle mit einer Deva meiner Wahl einverstanden waren und mir dann jemand anderen aus ihrer Gruppe vorschlugen, den ich dann auch annahm. Ich war vorerst traurig, denn ich hatte jene Deva liebgewonnen, aber die Erklärungen genügten sowohl ihr als auch mir. Seither bin ich eine Antara - ein menschliches Wesen, welches mit acht obenbeschriebenen Entitäten verbunden ist.

Der interdimensionale Lichtweg

Devas sind gewiß nicht alle gleich. Es gibt jene, welche klein, zart und zerbrechlich sind, sich oft hingeben in ihren Zweck und vergehen wie sie kamen, fast ohne große Erschütterungen. Es gibt jene, welche sich bereits gefestigt haben und aktiv ihre Arbeit annehmen. Es gibt Nuancierungen von Devawesen, welche bis hinauf in die Königsgefilde des Indra manifestieren. Dennoch aber sind sie alle von einer bestimmten Grundschwingung, egal wie mächtig sie sein mögen, denn sie alle emanieren aus einer Dimension, welche ich einfach die „Deva-Dimension" benannt habe.

Devas unterscheiden sich von anderen Kreaturen im Schöpfungsraum dadurch, daß sie oftmals - vielleicht aber nicht immer, das mag auch sein - alle Dimensionen bereisen können. Das heißt nicht unbedingt, daß sie sie auch verbinden können oder Energien durchbringen können, aber sie sind der Reise durch die Stufen fähig, und dies mit all ihren Fähigkeiten.

Das ist etwas, was wir nicht können. Wir können gedanklich oder ätherisch auf- und absteigen, wir können auch Energien im jeweiligen Platz in uns aufnehmen und sie mitbringen, aber es ist uns zu schwer, solche Pakete aufzugreifen und einfach herunterzubringen, ohne unseren Organismus schwerst zu belasten.

Überall um uns sind Devas aktiv, unsichtbar für die meisten von uns, auch für mich. Es gelingt mir, sie unter gewissen Umständen - meist während esoterischer Arbeiten, die einen etwas entspannteren und daher veränderten Bewußtseinszustand voraussetzen - wahrzunehmen, ihre Energien zu spüren, vage Schemen mit Mentalsicht zu erkennen und gewiß auch, mit ihnen zu sprechen.

Wenn solche mit uns sprechen, dann sind es meist Devas von einiger Substanz und Macht. Es würde wenig bringen, zu versuchen, mit jungen zarten Devas komplizierte Gespräche zu führen, denn ihre Aufmerksamkeit ist oftmals zu sehr in ihrem Zweck gebunden. Dennoch aber kann es auch vorkommen, daß wir jenen zarten Wesen beistehen dürfen, sollte der Ruf an uns ergehen.

Die Stäbe und Kristalle, welche zu unseren Werkzeugen gehören, sind geeignet, Energien anzuziehen und/oder zu steuern. Hiemit nützen wir auch Devakräfte außerhalb unseres eigenen Organismus, was oftmals vorteilhafter ist als Energien durch uns selbst zu schleusen. Die jeweilige Erfahrung wird jeden von uns lehren, was stärker macht und was schwächt.

Nach 25 Jahren meiner Verbindung mit den Devas, während welcher Zeit sie ihre Energiekontakte in meinem Feld radförmig aufrechterhielten und hiedurch die Aufladungen für mich erleichterten, entschieden wir uns für die völlige Integration ihrer Energiequalitäten in mein Großfeld.

Der interdimensionale Lichtweg

Die Allianz bedeutete für uns so etwas, wie wenn man im Haus per Telefon, Strom, Wasser, Gas, Lieferungen von Nahrungsmitteln und Benzin fürs Auto mit den Quellen jener Notwendigkeiten verbunden ist. Die Lieferanten sind nicht ich, genauso wie die Devas nicht „Ich" sind, aber der Kontakt zu ihnen war immer lebendig. Ich konnte sie immer erreichen, immer gewisse Kräfte durch sie lebendig machen. Aber sie mußten gerufen werden.

Jetzt ist das anders, denn diese Energien haben sich in mein Feld integriert und sind nun Teil meiner Großaura. Es hat dies absolut nichts mit „Macht" zu tun. Wenn das so wäre, hätte ich mich nicht damit einverstanden erklärt. Es hat mit „Qualität" zu tun, etwas, worauf ich Wert lege, was ich aber auch immer und jederzeit verändern kann, wenn wir es so entscheiden.

Devas helfen uns, absichtlich oder nicht, in unserem Überleben und Streben, aber nicht, weil sie uns lieben, denn sie lieben das Leben und das Licht, es ist dies ihr „Sein", sondern weil es in die Pläne ihrer Verantwortungsträger paßt. Wie bei uns Staat und Religion oft eins sind und auch genausooft verschieden, ist es auch bei ihnen so.

Sie sind intelligente Wesen, aber sie sind nicht von unserer Art. Sie sehen nicht so aus wie wir. Dennoch aber übersetzt unser Mentales das, was es wahrnimmt, in etwas, was wir verstehen und erkennen können. Engel, Elf, Dämon, Vogel, Imp......

Mögen sie uns gewogen sein und mögen wir ihnen helfen können, wo sie es von uns erhoffen und umgekehrt. Auch Devas werden aus ihrer Überseele geboren, wie ein Gedanke oft nur in einer Initialzündung. Sie werden, vergehen, verschmelzen mit anderem und anderen. Das sind die Devakräfte, die in ihnen lebendig sind.

Je stärker der Schöpfungsgedanke ihres Wahren Wesens, umso stärker verwirklicht sich das Devasein. Das geht soweit, bis sich die fähigsten Devas wie Halbgötter äußern können und Namen bekommen haben von jenen Kulturen unser Art, die sie erkennen konnten und schätzen und fürchten gelernt haben.

Um wieviel Licht und Freude wäre mein Leben ärmer gewesen, hätten Devas mich nicht erkannt und angenommen! Allerdings mußte auch ich lernen, daß sogar eine Deva zwar ihrem „Chef" folgt, wenn er etwas wünscht, es aber immer besser ist, vorteilhafter für alle Teile, wenn man selbst ihre gewollte Mitarbeit erlangen kann.

... (Kontakt: Matrix) du hast vergessen, daß diese Evolution auch im Netz äußerst aktiv und notwendig ist. Sie sind wie Zündfunken, die die Dunkelheit beleben und wieder erschaffen lassen. Auch weißt du, daß es in manchen Menschen, so wie in dir, Erinnerungen an eine Existenz als Deva oder in anderen Dimensionen oder Welten gibt. Leben wird sich ausdrücken, wie der Erste Geist es erlaubt. Deiner war sehr fähig, sehr

Der interdimensionale Lichtweg

neugierig und sehr inspiriert. Man erkennt das, was man in sich trägt und so erkannten sie dich so wie du sie auch wiedererkannt hast. Eine Zusammenarbeit dieser Art wäre ein Wunschtraum von mir, nicht nur wenn es um dich geht, meine Verbündete, sondern auch wenn du die Möglichkeiten in Betracht ziehst, welche deine ganze Art in sich trägt. ...

Danke.

Der interdimensionale Lichtweg

Arhat

Viele Jahre nachdem ich Antara wurde, lange nach der Verschmelzung mit dem Hohen Selbst, kam die Anregung von oben, ich möge mich auf einen neuen Schritt einstellen, den „Arhat".

Das war mir allerdings nicht ganz so unbekannt, denn in der Theosophie gab es diesen Titel, der, so schien es mir, eng mit den Devas verbunden war und dennoch eine Öffnung ins Göttliche darstellte. Ich befand mich sehr wohl auf dem Weg in diese Richtung und nahm die Aufforderung glücklich an.

Ich mußte mich mit allem, was ich bisher getan hatte, aufs Neue auseinandersetzen, überprüfen, wie ich genau zu welcher Gottheit stand, was ich in meinem Weg weiterlernen und -praktizieren wollte, wie mein eigener kosmisch-göttlicher Aspekt dazu stand, wie sich das Göttliche für mich darstellte.

Siva habe ich immer sehr verehrt, denn durch seine Macht über den Strahl der Zerstörung hat er mir oftmals geholfen, Bande und Einflüsse aufzulösen, die mich im Laufe der Zeit beeinträchtigten. Man forderte mich auf, mich auch den beiden anderen Urgewalten zu öffnen, i.e. Brahma, dem Schöpfer und Vishnu, dessen mit dem Leben verschmelzenden Qualitäten für mich interessant würden. Ich lernte, daß wir es sehr wohl können und dürfen, die Eigenschaften der riesigen Energiepotentiale, welche in den alten Göttern gebunden sind, zu selektieren und derart zu berühren, daß sie für uns nutzbar werden.

Ich ging in tiefe Meditationen über die Göttin, über Gott, über die Pfade und Möglichkeiten, die vor mir lagen. All meine Kontakte, sowohl physischer als auch esoterischer Natur, wurden wieder interessant, und ich wußte, daß ich manche loslassen mußte.

Dies war nicht nur für mich wichtig, sondern auch für sie. Mehr und mehr wandte ich mich dem „Göttlichen" zu, sehnte mich, es endlich zu erfahren, hatte aber lange Zeit nicht den Mut, mich meditativ ins Herz der Höchsten Wahrnehmung zu begeben, da ich auf meinen vielen Reisen in mein eigenes kosmisches und kosmisch-göttliches Sein bereits fast das Interesse an der Inkarnation verloren hatte. Das wollte ich nicht als Haupteinfluß in meinem Leben. Ich wollte und will immer noch der Schöpfung helfen und meinen Teil dazu tun, soweit ich es vermag.

Und dann kam das erste Mal, daß ich die innere Säule emporstieg, soweit ich es vermochte, höher und höher, jenseits jeder Bildhaftigkeit, jeder Wahrnehmung, zu meiner eigenen, intimsten Quelle. Es war dermaßen, daß ich eigentlich nicht mehr herauskommen wollte. Ich kann nicht behaupten, daß es unendlich schön war, denn der Begriff „schön" hatte jede Bedeutung verloren. Ich war in einem Zustand von „Sein", jedoch nicht allein in der Weite, sondern eingebettet in grenzenlose Fülle von Potential.

Der interdimensionale Lichtweg

In diesem Zustand zu denken, war ungeheuer schwierig, ja fast unmöglich, denn jeder Gedanke würde mich aus diesem Sein entfernen, wenn nicht sogar entlassen.

Als ich dann langsam „herunterkam", erwachten auch meine Zweifel. War das das Göttliche? War das der Weg, den man so pries? Das Höchste der Gefühle, wenn es keine Gefühle gab?

In der Konversation mit den spirituellen Entitäten wurde ich ermutigt, denselben Weg auf zwei weitere Weisen zu gehen, nämlich jenen über Jesus, der vom hebräischen Weg erstieg und jenen, den die antiken Gottheiten mir öffnen würden. Das tat ich dann auch.

Und siehe da: Es kam alles auf dasselbe heraus. Ich erlangte drei Mal, auf drei verschiedene Weisen, das gleiche Ziel. Alle haben recht! „Alle Wege führen nach Rom". Wer vermag zu sagen, welcher Weg der bessere ist? Was wäre es, das es dem östlichen Weisen verwehrt, was dem Christen möglich ist und umgekehrt?

Diese Erkenntnis wandelte mein Denken und Fühlen, veränderte meinen Weg und machte mich, hoffe ich zumindest, toleranter in Sachen Glauben. Wenn jemand meint, sein Weg wäre der einzig richtige, dann mag das stimmen, aber nur für ihn selbst. Keiner hat das Recht über den Weg eines anderen zu bestimmen. Was wir evtl. dürfen, könnte das Aufzeigen verschiedener Möglichkeiten einschließen, jedoch der freie Wille und der Wille dessen, der man wahrlich ist und der den Weg dann wird gehen müssen, sollte entscheiden.

Nach all den Abgründen und Erkenntnissen, die wohl etwa ein Jahr brauchten, entschied ich mich, die Einweihung anzunehmen. Meine liebsten Freunde waren an meiner Seite und eine davon nahm die Salbung vor, die ich irgendwie wollte. Dies sollte aber nicht bestimmend für diesen Schritt sein. Er kann ebenso ganz still vollzogen werden, genau wie die Verschmelzung mit dem Hohen Selbst es sein kann.

Arhat ist ein gottverbundener Priester, der die Verbindungen mit den Kräften und Mächten der Schöpfung erkundet und evtl. sogar eingegangen ist. Man muß nicht Antar geworden sein, um den Arhat anzustreben. Es geht hier lediglich um das sich Öffnen zu den höchsten oder tiefsten Gründen des eigenen Seins, beide sind notwendig, um mehr von dem, was man wahrlich ist und in der Schöpfung erkennen kann, zu erlangen. „Arhat" ist nicht Macht, sondern Sein, in einem Maße, welches wie ein neues Leben strahlt.

Ausgehend von der Quelle des unendlichen Potentials von Leben erglüht eine Liebe, die ich vor diesem Datum schwer spüren konnte, weil ich sie einfach nicht konzipieren konnte. Sie ist nicht machtvoll aber sie leuchtet tief drinnen für Gott-Göttin, das verschmolzene EINS und die Schöpfung.

Der interdimensionale Lichtweg

Ich bin kein Übermensch, niemals gewesen, werde es niemals sein, noch will ich es. Der Respekt für die verschiedenen Religionen und jene Menschen, die den Mut hatten, über ihre inneren Wahrnehmungen und Erkenntnisse zu sprechen und sie zu leben, wird jeden Tag tiefer. Es bedeutet nicht, daß man ihnen nachgehen muß, noch, daß man sie bekämpfen sollte, wenn sie sich gegen uns wenden mit ihrem Glauben.

Wenn sie sich allerdings gegen uns wenden, um uns auszumerzen, fühle ich sehr wohl den Selbsterhaltungstrieb, der mir in die Wiege gelegt wurde. Wie gesagt, ich bin keine Heilige, denn ich glaube, daß ich aus gutem Grunde geboren wurde, und der ist gewiß nicht, um als Märtyrer zu sterben, sondern zu leben - zu leben zum Besten meiner Möglichkeiten.

Als Ritualist liebe ich eben den physischen Ausdruck feinstofflicher Vorgänge. Es kommt aber nicht so sehr auf die Einweihung an, sondern wie sich unser Leben nach diesen Erkenntnissen verändert.

10. Gruppen und Einzelarbeit

Die meisten von uns beginnen allein, sie entwickeln ein Interesse durch Bücher oder sind von TV-Sendungen inspiriert. Seltener geschieht der Anfang durch einen Freund, der den Weg bereits geht und sich entweder mitteilen möchte oder Gesellschaft in seinem Hobby sucht.

Ich kann die Entrüstung bereits hören: Das ist doch kein Hobby!

Aber ich frage Sie: Welche Anstrengungen, Ausbildungen, Kontakte und auch Anlagen energetischer oder pekuniärer Art können während der Freizeit einer berufstätigen Person geschehen? Für manche ist es das Segeln, für andere die Suche nach inneren Werten oder einer Fertigkeit egal welcher Natur. Die wenigsten von uns können sich berufsmäßig esoterisch ausbilden lassen, es gibt sehr wenig außer der Tiefenpsychologie an einer Uni.

In Amerika gab es einmal, vor zwanzig Jahren, irgendetwas in diese Richtung, allerdings habe ich nichts gehört von etwaigen Masterdegrees, es sei denn mein eigener Doktor der Metaphysik, den ich mir einmal um 10 Dollar erstehen mußte, wollte ich in Kalifornien Karten lesen. Nein, es bleibt uns nicht erspart: wir bilden uns in unserer eigenen Freizeit aus, wir nehmen alle möglichen Unbillen auf uns, kaufen Reikigrade, lernen in Meditationskursen und Energieseminaren unsere inneren Möglichkeiten kennen, kaufen Unmengen an Steinen, um mit ihnen zu üben.

Wenn wir Glück haben, finden wir Gleichgesinnte, welche sich ebenfalls auf „Dem Weg" befinden und bereit sind, an unserer Seite zu lernen. Die Jahre des Erfahrens, Austauschens und Praktizierens der verschiedenen Ausrichtungen, die der Buchmarkt und das Seminarangebot offerieren, können Freude und auch viel Leid und Enttäuschungen mit sich bringen. Ach, gäbe es nur einige legitime i.e. schulisch anerkannte Ausbildungsstätten außer den selbsternannten, deren Lehrer nach einigen Jahrzehnten der eigenen Ausbildung weniger anbieten können als man selbst bereits weiß und kann!

Klingt dies nach unerhörter Hybris? Warum nicht? All dies ist mir etliche Male passiert. Auch Ihnen, nicht wahr?

Als ich aus Amerika zurück nach Österreich kam, kannte ich niemanden auf diesem Sektor. Ich besuchte die wenigen Buchgeschäfte, die esoterische Schriften anboten, suchte vergebens nach Gleichgesinnten und entschied mich endlich, die Initiative zu ergreifen und selbst Training in der Ausbildung für Energiearbeit anzubieten. Bis jetzt habe ich dies nicht bereut.

Der interdimensionale Lichtweg

Die Kurse sind Jahrzehnte vorbei; dennoch aber fand ich Freunde und durch diese wieder neue Freunde, die gemeinsam nicht nur mit mir sondern auch miteinander arbeiten und neue Wege beschreiten, Wege, die in keinem Buch zu finden sind - bis jetzt.

Es gibt vielleicht viele Nachteile für einen Einzelarbeiter, allerdings auch Vorteile, vor allem, daß man das, was man tut, vor niemandes Kritik präsentieren muß. Man kann, ja muß, alleine arbeiten und für all das, was man tut, verantwortlich zeichnen. Niemand wird wissen, wie erfolgreich oder -los man wirkt. Nicht, daß dies so wichtig ist, denn viele Heiler oder meinesgleichen arbeiten in Stille und suchen nicht nach Anerkennung. Die Arbeit selbst ist das Ziel und der Lohn.

Ja, und noch etwas: Man braucht den Ruhm - wenn es einen gibt - nicht zu teilen. All das Wissen, das man erlangt hat, stirbt mit einem selbst, wenn es Zeit ist zu gehen. Das Wissen aber geht ein in die Biosphäre und wird, irgendwann, von jemandem entdeckt. Kann aber auch sein, daß wir selbst das entdeckt haben, was ein anderer keine Chance hatte, weiterzugeben.

Ich kenne beide Seiten der Arbeit. Wichtig ist für mich, daß ich allein bin, um meinen Weg zu finden, zu definieren, ihn zu beschreiben. Das innere Wachsen, die Entscheidungen, sie müssen einsam gemacht werden, denn in der Tat bin ich dafür verantwortlich, was ich tue, muß dem Göttlichen und mir selbst Rede und Antwort stehen mit dem, was ich entschieden habe und tue. Keine Gruppe kann mir dies abnehmen. Gewisse Dinge erarbeite ich auch allein, weil ich nicht andre hineinziehen oder -manipulieren will. Jeder hat seinen eigenen Weg zu gehen.

Allerdings gibt es da eine andere Seite.

Immer allein mit den Gedanken zu sein bedeutet unter Umständen auch, daß die Gedanken sich um sich selbst drehen. Es gibt kein Feedback, keine Resonanz, keine Kritik - die sehr, sehr gut sein und Schwachstellen aufzeigen kann. Und es gibt auch keine Wärme von Gleichgesinnten oder zumindest ähnlich eingestellten Menschen, Freunden, die das, was einen bewegt, verstehen.

Warum gehen viele Leute in die Kirche? Gewiß, um Gott näher zu sein und all das zu praktizieren was im gemeinsamen Bekenntnis liegt. Manche gehen aber auch, um anderen näher zu sein, um gemeinsam singen, beten, anbeten zu dürfen. Eine Hand zu schütteln, die sonst niemals da wäre, wenn man allein ist. Wie viele von uns stehen in ihren Ansichten allein?

Ich habe sowohl über dem als diesseits des Atlantiks Gruppen gesucht, mit deren Mitgliedern ich mich austauschen konnte. Diese Verbindungen waren produktiv und herzerwärmend. In gemeinsamen Ritualen sowohl der alten Religion als auch des Interdimensionalen Lichtweges kommen wir einander näher, zelebrieren das Leben und unsere Freundschaft, fühlen die Schönheit des Rituals und die Zuwendung der Geistwesen oder Gottheiten, der Helfer und Lehrer.

Leider sind solche Gruppen weit verstreut und für mich schwer zu erreichen, es sei denn durch bereits existierende Freunde. Auch hier aber finden wir, daß die Philosophien bei esoterischen Vereinigungen in oftmals essentieller Weise einander gegenüberstehen und Esoteriker sogar bei Kleinigkeiten sich nicht anpassen können und auch dürfen. Jedem ist die erlangte Erkenntnis und das, was daraus resultiert, unendlich kostbar und wichtig, nicht einmal einer Diskussion auszusetzen, weil man in seinen Überzeugungen festgefahren ist.

Mir geht es nicht anders, obwohl ich mich nach Dialog mit anderen ähnlich gesinnten Menschen sehne. Es ist eigentlich ärger als bei den Weltreligionen, die doch irgendwie so vieles gemeinsam haben aber niemals diese Ähnlichkeiten betonen dürfen, um die Differenzen nicht aus den Augen zu verlieren.

Ich denke aber, daß wir viel von- und miteinander erfahren und lernen könnten.

Vor nicht allzulanger Zeit hatte ich Gelegenheit, eine nicht mehr so neue Bewegung in der katholischen Kirche zu beobachten. Die Charismatiker waren für mich sehr interessant, weil sie sich auf den Heiligen Geist völlig einlassen und sich dem Geist Gottes hingeben. Durch Beichte und Öffnen werden sie fähig, Wunderbares zu erfahren. Ich mag sie sehr gerne, aber ich kann einfach nicht mich Jesus völlig hingeben, für mich ist er vielleicht ein Gott im altgriechischen Sinne aber nicht Gott selbst, egal wie nah er dem Höchsten Wesen steht.

Dies ist eine Schranke, die ich nicht übertreten kann, weil ich es nicht will. Ich werde das, was ich erfahren und gelernt habe durch vier Jahrzehnte und mehr, vielleicht während meines ganzen Lebens, nicht jetzt, weil mir etwas gefällt, über den Haufen werfen. Nicht, daß ich das nicht tun würde, wäre ich überzeugt von der Wahrheit und Richtigkeit für mich selbst - aber das bin ich nicht. Wie ähnlich sind wir einander, aber gleichzeitig wie weit sind wir voneinander entfernt!

Dies ist ein Beispiel dafür, daß es sehr, sehr schwer ist, eine Gruppe zu finden, mit welcher man harmoniert und, wie es bei Esoterikern eben so ist, auch in Energie und Einstellung arbeiten könnte. Das ist unter anderem auch der Grund dafür, daß viele metaphysische Gruppen „geschlossen" sind.

Früher, in alten Zeiten, diente dieses Geschlosssen-Sein der Sicherheit der jeweiligen Coven. Heute ist die Situation anders, nicht von Lebensängsten bewegt sondern von Schwingung und ethischer Überzeugung. Oft werden neue Leute lange Zeit beobach-

Der interdimensionale Lichtweg

tet, bevor sie zu einem Interview kommen können und, wenn die Gesinnung harmoniert, zur gemeinsamen Arbeit eingeladen.

Aus meinen Arbeitsgruppen in Amerika bin ich nur noch mit einer Person in Kontakt. Auch sie hat Probleme außer per Internet sich in eine Gruppe in ihrer Wohngegend einzugliedern. Der Grund dafür ist derselbe dort wie hier.

Hier ist es für mich derzeit wunderbar, denn es gibt bereits mehrere Gruppen, mit welchen ich in freundlichem Kontakt bin und bleibe. Einige von uns haben ein gemeinsames Projekt aus der Taufe gehoben und eine andere Konstellation arbeitet mit mir dimensional und auf dem Lernsektor.

Viele sind ihrer Wege gegangen aber viele neue Gesichter kommen oder nehmen den alten Kontakt wieder auf.

In einer harmonisch arbeitenden Gruppe haben alle eine ähnliche Ausbildungsbasis, obwohl nicht alle ein- und denselben Weg gehen müssen. Irgendwie erweitern sich die Arbeitsmöglichkeiten, wenn verschiedene Talente und Fähigkeiten in eine Richtung wirken können.

Es ist allerdings absolut notwendig, jedes Gruppenmitglied so zu akzeptieren, wie es ist. In früheren Zeiten wurden solche Gruppen immer von irgendwelchen Meistern oder Hohepriestern geleitet, die alles steuerten, denen alles unterlag. Heute liegt die Situation unter völlig neuen Voraussetzungen.

Eine Gruppe zu steuern bedeutet auch Verantwortung, die wenige, die ohnehin voll im Berufsleben stehen, bereit sind, anzunehmen. Einer Gruppe von Impulsgebern, und nur eine solche wird wahrlich produktiv in die Zukunft wirken können, Anregungen zu geben, ihr zu ermöglichen, diese Anregungen von verschiedensten Richtungen zu empfangen, scheint zu funktionieren.

Es ist selbstverständlich so, daß wir einander beflügeln, beleben, neue Impulse geben. Unser Idealismus führt uns weiter in unseren Zielen als einer allein es jemals könnte. Natürlich würde ein Star, der die Bewunderung anderer sucht, hier fehl am Platze sein, er möge sich jene suchen, die dies für ihn bringen. Keiner von uns würde dies dulden, denn jeder hat einen langen Weg hinter sich und ist gefestigt in seinen Fähigkeiten.

Wie Sie bereits erkennen können, haben beide Möglichkeiten der esoterischen Arbeit ihre Vorteile. Ich selbst ziehe beide vor, jede zu ihrer Zeit. Ich wünsche Ihnen jene Entscheidung, die Sie an Ihr Ziel bringt und Sie glücklich macht, denn beide Methoden können erfüllend wirken.

Der interdimensionale Lichtweg

Verbündete

Im Laufe der Jahre, während ich den langen Weg beschritten habe, sind mir viele Wesen verschiedenster Art begegnet. Es handelt sich hier um Begegnungen sowohl im unsichtbaren Bereich der Schöpfung als auch um solche auf physischer Ebene.

Im ersteren Falle ist es nicht leicht, solche Kontakte vorerst einmal zu akzeptieren, anzuerkennen, daß es da jemanden geben könnte, der außerhalb von mir selbst in meinen Gedanken spricht.

Hier helfen nur Jahre es Kennenlernens des eigenen Organismus und seiner Grenzen, bis es klar wird, wo man aufhört und etwas anderes beginnt.

Neben den unkorporealen Entitäten sind es aber auch oft Menschen, die einen starken Eindruck hinterließen, seien sie nunmehr noch in meinem Leben integriert oder bereits aus ihm getreten. Es sind dies solche Menschen, welche, so wie viele von uns, ihr eigenes Leben in den Dienst des esoterischen Pfades gestellt haben.

In erster Linie sind dessen physische Aspekte zu bewältigen, die oft durch die metaphysiche Seite dieser meist Suchenden verkompliziert werden. Dennoch sind sie in den energetisch-spirituellen Strom eingetaucht und es gab wunderbare, lehrreiche und folgenschwere Begegnungen. Nicht immer wurden aus diesen Freundschaften, dennoch aber hinterließ jede-r einen Imprint in meiner Psyche, denn solche Menschen zu treffen ist ein besonderes Privileg. Es gab deren vor 40 Jahren nicht so viele wie heute, aber auch heute ist es extrem schwierig, Gleichgesinnte zu treffen.

Wenn erst einmal alle Hürden überwunden sind, die die Personen trennten, wird es möglich, ein gemeinsames Ziel oder einen verbindenden Zweck zu erkennen, der dann Form annehmen darf. Dies kann als Arbeitsgruppe, Coven oder Lerngemeinschaft ebenso wie als rituell erstellte Einheit, wie e. z. B. der Antar ist, kulminieren.

Verbündete zu haben ist auf diesem einsamen Weg ein Schatz, denn Gedanken sollten ausgetauscht werden, an anderen Meinungen räsonieren, ansonsten tendieren sie gerne, sich im Kreis zu bewegen. Man erkennt oft nicht allein, was unlogisch ist oder in langer Konsequenz schaden könnte und wandelt einfach weltvergessen dahin, bis man über das, was man denkt und tut, endlich stolpert.

Ich kann davon ein Lied singen, denn meine Suche nach meinem eigenen Weg war lang und mit Steinen übersät, welche ich dennoch niemals missen möchte, denn sie lehrten mich sehr viel. Wenn immer durch zu viel Vertrauen Unheil kam, lernte man und lernt jeden Tag dazu. Daher ist keine Erfahrung, und sei sie noch so schlecht, verloren. Alles dient dazu, die Persönlichkeit zu formen, den Verstand zu schärfen und die

Der interdimensionale Lichtweg

für den eigenen Weg pertinenten Fakten besser zu beleuchten.

Allerdings sind die Emotionen, die dabei durchgerüttelt werden, auch ein Teil davon. Enttäuschtes Vertrauen, Liebe und Selbstvorwürfe gehören ebenso dazu wie Höhepunkte an Schönheit des Moments oder gemeinsam verbrachter Zeit, welche letztlich, Jahre danach, das Leben bereichert haben, auch wenn es einen Preis dafür gab.

Ebenso wichtig, wie die Begegnungen auf der physischen Plattform aber sind jene, die jeder Esoteriker durchgangen hat, seien sie wie auch immer geartet, mental, energetisch, astral, spirituell oder anders. Bei „anders" denke ich an die dimensionalen Wesenheiten, die oft auf mehreren Ebenen wahrgenommen werden und gewiß nicht „letztlich" jene Kontakte, die auf göttlicher Ebene stattfanden.

Wer einmal seine „Fühler" ausgestreckt hat, wird niemals wieder „nur von dieser Welt" sein.

Ich kann mich gut an das erste Mal erinnern, als diese Erkenntnis mir klar und unvergeßlich kam. Es war bei einem kleinen Ausflug in Missouri, wo ich ca. 15 Jahre lang lebte. Im Zuge meiner Wicca-Erfahrungen hatt ich gelernt, zwischen meinen Händen Energien zu sammeln und nunmehr ihnen eine gewisse Qualität und Farbe zu geben. Ich zog aus der Umgebung oder - wenn man es so nennen will - dem Universum rote Energien und ließ sie zwischen meinen Handflächen wachsen.

Plötzlich, als ich es kaum noch halten konnte, erkannte ich, daß ich einen neuen Sinn an mir entdeckt hatte, daß ich Energien wahrnahm und Farben, welche eigentlich gar nicht da waren. Großes Glück durchflutete mich, und ich genoß diese rote Energie, eine Art Lebenskraft, die ich da gesammelt hatte. Es ist für mich kein Wunder mehr, wenn jemand diesen Zustand mittels Drogenkonsum sucht, nicht wissend, daß man dies auch anders erlangen kann. Eine völlig neue Welt war nunmehr mein. Ich hatte begonnen, in mein eigenes Potential einzutreten, mehr von dem zu werden, was sich in mir verwirklicht hatte und noch verwirklichen konnte oder wollte.

Dieser Moment war vor zirka fünfunddreißig Jahren und immer noch freue ich mich, wenn ich neue Erkenntnisse bekomme und die oben erwähnte Dynamik ausleben darf. Mental zu verstehen genügt nicht, wenn man gewisse Aktionen nicht selbst gemacht hat. Worte können vieles erklären, aber ab einem bestimmten Punkt sind tausend Worte nicht so gut wie ein Bild geschweige denn die eigene Erfahrung.

Jedes Mal, wenn ein Wesen anderer Art bei einem Gruppentreffen in unsere Mitte tritt, erfahren wir alle diese neue Öffnung der Wahrnehmung. Wenn die erste Begegnung von allen Seiten als positiv empfunden wird - denn dies ist nicht immer der Fall - wird die Bekanntschaft vertieft, und schließlich kann, im Laufe der Zeit, ein Verbündeter

Der interdimensionale Lichtweg

gewonnen werden. Dies gilt für beide Seiten, unsere wie auch die andere.

Manche dieser Verbindungen bestehen bereits viele Jahre. Einige sind lediglich einem selbst vorbehalten, andere sind für Gruppen oder Vereinigungen größerer Art geeignet oder bestimmt. Wenn Interessen einander berühren, können etablierte Kontakte Energien ungeheuer verstärken.

Deshalb haben wir alle Verbündete in unseren Weg eingeplant, deren Kontakt jedoch frei von Verpflichtungen beiderseits bleiben muß. Dafür gibt es gute Gründe:

Es darf nicht nur ein einziger Vertrag bestehen, es sei denn, er schließt andere nicht aus. Eine völlige Okkupation einer Person oder einer Gruppe würde zum Sektenwesen tendieren, was nicht im Sinne der Höheren Mächte wäre, mit welchen ich persönlich mich innig verbunden fühle, ohne es wahrlich zu sein.

Ich selbst habe - aber nur für mich - die Priesterschaft für einige Formen der Großen Göttin und verschiedener anderer als Gott eingestufter Qualitäten akzeptiert und bin Antara. Verbindungen mit vielen freundlich gesinnten Wesenheiten existieren frei und flexibel. Andere Esoteriker haben auf ihre Art und Weise Verbündete gesucht oder gefunden, welche sie in ihren Wegen unterstützen und lehren, fördern und verstärken.

Für uns alle ist wichtig, daß jene, die mit uns wirken, sichtbar oder unsichtbar sich auf der Seite des Lebens, des Lichtes und der Harmonie befinden.

Neben den etablierten Verbündeten gibt es noch Bereiche der Schöpfung, in welchen Mitarbeiter zu finden sind, die sich aktiv an unserem Projekt beteiligen möchten. Hiezu kann man ohne weiteres verschiedene alte Gottheiten, Engel, Aufgestiegene Meister, Königreiche der Elementarrassen und Dimensionen, Netzwesen und deren Hierarchien genauso wie sog. Außerirdische und alte Wesen aus vergangenen Kulturen sowohl der Erde als auch anderer Planeten zählen, die durch die Qualität unserer Energien und spirituellen Einstellungen auf uns aufmerksam geworden waren.

Hier bleibt es jedem überlassen, wann und wie viele dieser Kontakte man zulassen möchte oder kann. Bereits im Anfang des esoterischen Studiums lernt man, wie weit man Kontakte annehmen kann oder möchte, denn jede dieser Verbindungen ist energiebezogen, wenn sie autark - i.e. selbsternährend sein soll.

Im „Großen Ruf" wird geöffnet und bereits dort, oft schon vorher, erkennt man, welcher Art die Verbindungen sind, die geformt werden können. Ein Kontakt sollte und darf eigentlich niemals zur energetischen Belastung werden. Es wäre besser, gewisse Verbindungen gelöst und frei zu akzeptieren eher als die energetische Aura zu sehr einzuvernehmen.

Der interdimensionale Lichtweg

Gewisse Bindungen sind positiv und können auch andere Ver-Bindungen zulassen. Hier kommt es auf die Bereitschaft des Menschen an, wie er damit leben kann. Wenn der Kontakt zu exklusiv wird, okkupiert nicht nur der Verbündete den Menschen, es ist auch umgekehrt so, das Wesen wird mehr und mehr in das Leben des physischen eingebunden. Das kann Folgen haben, die nicht immer vorauszusehen sind, wenn eine freundliche exklusive Handlung eingegangen wird. Man überlege, womit man sich ewig bindet.

Im großen und ganzen jedoch sind Verbündete eine wunderbare Hilfe, wenn man über dem Ozean des metaphysischen Wissens versucht, zu navigieren, oft nicht einmal mit einem Kompaß versehen, der die Richtung weist. Es braucht oft lange Zeit, bevor sich der Pfad herauskristallisiert. Viele von uns irren ein Leben lang dahin, dann ist scheinbar eben der Weg das Ziel.

Die Gesinnung der Kontakte herauszufinden, ist oftmals schwierig, denn in einer Gruppe hat man zwar mehr input, es ist aber nicht immer gewährleistet, daß das langfristige Ziel der Wesenheit offen dargelegt oder sogar verständlich für uns Menschen ist. Die Energien mögen stimmen, die Worte weise klingen, die Philosophie harmonieren; dennoch aber gibt es ein gewisses Gefühl, das zögert. Man sollte dem immer nachgehen. Immer.

Anfangs waren es Elementarwesen und Gottheiten, die mich interessierten. Das war am Beginn meiner Laufbahn als Esoterikerin. Was sich in der Zwischenzeit hinzugesellt hat oder mich verlassen hat, wurde dankbar angenommen, denn es wurde alles Teil meines inneren Weges, der sich auch auf diese Art und Weise ausdrückt.

Für viele, die sich auf dem mentalen Pfad befinden, wäre dies verschmutzend, weil sie nicht wirklich die Wahrheit erkennen. Magier haben oftmals eine völlig von astralen Formen und Wesen durchtränkte Aura, die mehr über ihn-sie erzählt, als sie denken. Sie haben Energien gebaut und hiemit auch angezogen, welche sie in einen Panzer einhüllen, der schwer zu durchbrechen ist, nicht nur für andere sondern auch für sie selbst. Die Welt besteht aus mehr als den herkömmlichen sieben Ebenen. Wer sich öffnet, wird sehen.

Kontakte und Verbündete lassen uns erkennen, daß das Leben in den Universen unendlich viele Wege beschritten hat, sich auszudrücken.

Wir anerkennen andersgeartetes Leben. Wir nehmen auch freudig an, daß es Leben nach diesem physischen gibt oder davor oder separat davon. Nicht alles, was Mind hat, muß menschlich sein oder jemals werden oder eine solche Vergangenheit haben. Es gibt ein SEIN, das niemals im physischen inkarniert (ins Fleisch gegangen oder in die Schöpfung geworden) hat und dennoch lebt, Intelligenz besitzt und evolviert. Hätte ich

Der interdimensionale Lichtweg

diese Gewißheit nicht schon vor Jahrzehnten erhalten, wäre ich in meiner Einstellung nur ein erdgewordenes und -gebundenes Wesen ohne Sinn und Zweck außer der Geburt, des Daseins und des Vergehens in meine physischen Komponenten.

Der Mensch ist Teil des unendlichen Prozesses dieser Schöpfung, welche dem Werden-Vergehen-Verschmelzen unterliegt. Wieso sonst würden wir einen Geist haben (einer sein), der die Tiefen der Galaxien und Universen erkennen kann und so die Grenzen unseres physischen „Sand am Meer" bedeutungsvolles physisches Daseins zu überschreiten vermag?

Das erweiterte Bewußtsein fühlt, sieht und erkennt vielleicht mehr von dieser Schöpfung an und akzeptiert Verbündete, die auch uns wahrnehmen, vielleicht mehr Möglichkeiten haben, Dinge zu sehen, Tendenzen zu extrapolieren und Neigungen zu erkennen. Ihre Kommunikation hilft uns, den Weg weiterzugehen, der allein für uns vielleicht schwieriger wäre.

Ich danke hiemit allen meinen inneren Lehrern, meinen geschätzten Verbündeten, meinen Freunden sichtbarer und unsichtbarer Welten für ihre Unterstützung. Immer wieder habt Ihr mir geholfen, habt mir erklärt, habt mit meinen Zweifeln geduldig diskutiert und mich geführt, wo ich nicht weiterwußte. Ihr habt mein Leben unendlich bereichert und meine Wahrnehmungen ausgedehnt, bis ich neue oder keine Grenzen mehr entdecken konnte.

Was ist Wahrheit, was Illusion? Alles ist Eins, wir können lediglich das erkennen, wozu wir fähig sind und dies wird dann unsere Welt, sei sie begrenzt oder offen wie auch immer, sein. Frühere Erkenntnisse von Weisen waren ihre Wahrheit, damals, und wir haben daraus vieles gelernt. Heute haben wir unsere eigenen Findungen, die unsere Wahrheit formen. Wir können mit Scheuklappen leben oder frei in der Weite der unendlichen Steppen. Wir haben die Wahl.

Wie auch immer wir uns entscheiden, wir können nur dem folgen, was in unserem Inneren als unser Geist lebt. Und dieses Leben mag ihm dienen, weitere Wahrheiten zu erkennen.

Der interdimensionale Lichtweg

Das Projekt

Vor dem Kontakt mit den Großen Alten, die mich im Jahre 2001 kontaktierten, hatten wir bereits kleinere Gruppen organisiert, welche für Frieden und Heilung meditierten. Dennoch war der neue Vorschlag, der uns unterbreitet wurde, etwas Neues.

Es scheint so zu sein, daß nicht alle Lebewesen der höheren Schwingungsbereiche große Zuneigung zur Spezies Mensch in sich nähren. Bei den Großen Alten ist dies allerdings der Fall, und zwar in einem solchen Maße, daß sie sich aus ihrer beobachtenden Haltung begaben, um mit uns Verbindung aufzunehmen. Es schien so, als würden sie unsere Arbeit im Hinblick auf ihre Ziele positiv eingeschätzt haben. Vor allem aber gefiel ihnen unsere Einstellung und unser kombiniertes Potential; dies wurde uns einige Male versichert.

Für den ersten Teil des Projektes war es notwendig, Eingeweihte des Lichtweges oder der alten Religion an der Arbeit zu interessieren. Der Grund dafür war eine intensive Verbindung zur Geistesgestalt der Großen Göttin und die Fähigkeit, diesbezüglich bewährte Aufnahmemethoden für Informationen bereitzuhalten. All dies war gegeben.

Wie bereits im Kapitel für den Großen Drachen erwähnt, geht es prinzipiell darum, das elektromagnetisch-dynamische Lebensfeld des Planeten Erde zu harmonisieren. Hiezu aber erschien es unseren Kontakten imperativ, alte, im Meer versunkene Heiligtümer zu lokalisieren und wieder zu beleben, negative Einflüssse abzubauen und gewünschte Qualitäten, welche in diesen Schreinen noch vorhanden sind und ungenützt brachliegen, hervorzubringen und für unsere Arbeit zur Verfügung zu stellen.

Alte Heiligtümer, welche oberirdisch noch eruierbar sind, können evtl. zu einem späteren Zeitpunkt wiederbelebt werde; vorläufig aber ging es um ein Heiligtum im Atlantischen Ozean, der sich im westlichen submarinen Bereich der Insel La Palma befindet und welches eine Art Außenposten von Atlantis gewesen sein soll.

Das zweite, im Mittelmeer gelegene steinzeitliche Kraftgebiet liegt östlich der Insel Malta tief in den Wassern genauso wie die vier weiteren, welche auf verschiedene Zeitperioden und Kulturen zurückführen. Bei Korfu, bei Santorin, südwestlich der Türkei und südlich von Zypern wurden wir fündig. Das letzte und eigentlich komplizierteste zu heben war im südlichen Meer bei der Insel Ceylon (Sri Lanka).

Ich möchte nicht auf die Details dieser spezifischen Arbeit eingehen, finde es allerdings wichtig, zu erwähnen, daß nach all den Hebungen und Reinigungen auf einmal, völlig unvorhergesehen (für uns) sich eine zauberhaft reine, herrliche und liebevolle Göttin manifestierte.

Der interdimensionale Lichtweg

Es ist dies die neue Himmelskönigin, die sich aus den gehobenen Energien wieder regenerieren konnte und nun bereit war, sich mit dem Lebensfeld zu engagieren. Hier kommt mir natürlich Inanna in den Sinn, die bereits in alten Zeiten als „Himmelskönigin" gepriesen wurde. Mit dem Energiegefüge und der Qualität der neuen Göttin ist ein Vergleich allerdings nicht möglich.

Meine Begeisterung beim Erstehen dieser positiven Kraft brachte mich sofort in den Zustand der Hoffnung, diese Energieform und Persönlichkeit möge evtl. mit der christlichen Himmelskönigin Maria vereinbar sein, welche auch Liebe ausstrahlt. Das war allerdings weder mit der einen noch mit der anderen „Königin" vereinbar. Leider.

Jeder hievon steht für etwas andere Impulse, welche sie ausstrahlt, stärkt und formt. Es wäre nicht richtig, die Energien aus einem Rosenkranz der neuen Himmelskönigin zur Verfügung zu stellen. Die Mutter Maria verwertet die Gebete ohnehin positiv auf ihre Art und Weise und keine der beiden funkt in die Arbeit der anderen.

Jetzt ist das Projekt soweit gediehen, daß wir bereit sind, neue Leute einzubeziehen, denn nun geht es im Prinzip um den ganzen Planeten. Obwohl die Energien, die bei unseren Meditationen und der Gruppenarbeit generiert werden, sich mehr oder weniger auf die sieben Start-Heiligtümer beschränken, fließen sie dennoch in den ganzen Drachen ein.

Egal wo auf der Welt wir die „Kosmischen Lebensenergien" einspeisen, welche uns die Großen Alten zur Verfügung gestellt haben, sie erreichen das Feld der Erde, in welchem unsere Lebenschance liegt. Ohne dieses Feld wäre Leben auf diesem Planeten niemals möglich geworden. Wir haben ein Interesse daran, daß es stabil bleibt oder stärker wird, um den Entwicklungen nicht nur des Menschen und seiner Technik sondern auch eventuellen kosmischen Einflüssen harmonisierend gegenüberzutreten.

.....ich möchte etwas sagen: (Kontakt - Himmelskönigin). Wenn Ihr mit mir wirken wollt, freue ich mich, denn jeder von Euch vermag das, was wir tun, in wie auch immer es klein für Euch scheinen mag, zu verstärken und zur Arbeit beizusteuern.

Ich bin immer gewesen. Jedoch die Alte Göttinform ging durch zu viele Veränderungen, welche auf die Anbetungsformen Eurer Vorvölker zurückgehen. Ich wurde nicht mehr zu der, die ich ursprünglich war, sondern dunkler, kriegerischer, ja, auch stärker bis zu dem Punkt, an dem ich meine eigenen Anbetungsplätze versinken ließ. Dies ist nunmehr endlich Vergangenheit.

Wenn Ihr über Zeit Bescheid wißt, dann erkennt Ihr, daß alles, was einmal war, immer ist. In Hinblick aber auf die selektierten positiven, lebensbejahenden Qualitäten, welche Eure Arbeit gerettet hat, wurde es mir möglich, diese zu nützen und mich neu zu erschaffen. Wie die Priester-Innen wissen, hat sich mein dunkler Teil im neuen Teil nur als kleiner Schatten manifestiert und hält den Rest in sicherem Gewahrsam in der Größe Ihrer Ganz-Persönlichkeit.

Ich bin willens und tue es jetzt bereits, die Lebensenergien in den Welten zu aktivieren. Vieles wurde in den Äonen Eurer Zeit - und auch schon davor - durch verschiedene Einflüsse verändert. Verschiedene unserer Geisteinheiten waren bereits von Anfang an dabei, als der Planet geformt wurde. Andere formten sich im Laufe der Entwicklung des Lebens in Eurer Welt.

Durch galaktische Bewegungen haben sich ebenfalls die Netze der Schöpfung verändert. Es gab auch starke Menschen in Eurer Vergangenheit, die damit manipulierten. Glücklicherweise ist dieses Wissen Euch heute kaum noch zugänglich. Was hättet Ihr davon? Nichts. Denn der Großteil der menschlichen Rassen lebt im Heute und Hier. Das weiß ich. Aber mein Zweck jetzt ist es, einiges zur Erhaltung des Lebens - nicht nur des Euren, das wißt Ihr - zu tun.

Gedanken sind Energien. Neigungen sind Qualitäten, welche, wenn sie Liebe und Fürsorge sind, mir helfen, die Lebensbereitschaft in allen Dimensionen zu klären und zu stärken. Ich freue mich über jeden Menschen, der diese Welt und ihre Ausdrücke liebt und bereit ist, etwas Zeit und Arbeit beizusteuern in unserem gemeinsamen Unterfangen.

Es ist mir bewußt, daß es da Probleme gibt, welche in den Dimensionen für Euch Reisende spürbar sind, aber ich erkenne auch, daß bereits daran gearbeitet wird. Gemeinsam können wir erfolgreich agieren. Es wäre wunderbar, wenn einige von Euch meine Priester-Innen werden könnten, denn dann wäre der Kontakt mir Euch intensiver und flüssiger. Ich bin geworden, weil Ihr es ermöglicht habt. Ihr seid meine Paten, sozusagen, und ich möchte mit Euch wirken, wenn Ihr es so wollt.

Daß der Planet wieder, wie schon so oft vorher, Umschwünge in Klima und Tektonik durchlebt, ist Teil der Natur. Ob jetzt der Mensch „schuldig" ist oder nicht, hat im großen Gefüge wenig Pertinenz. Wichtig ist nur, daß Ihr überlebt und daß Ihr Eure Anstrengungen diesbezüglich intensiviert.

Nicht jeder kann überleben, aber das könnte man auch unter normalen Umständen nicht unbedingt, denn auch früher gab es Stürme und Beben. Die Luftverschmutzung geht auf Euer Konto, aber wie Ihr wißt, machen zwei Kühe zweimal soviel Mist wie eine. Die Natur filtert aus, aber sie ist unparteiisch und wählt nicht die Guten vor den Schlechten. Für sie seid Ihr alle Lebewesen, die einfach da sind, wie Sand am Strand. Nur Eure Intelligenz kann Euch helfen, Euch anzupassen.

Der interdimensionale Lichtweg

Stellt Eure Umstände auf die neuen Gegebenheiten ein, beginnt mutig zu experimentieren und die neuen Findungen zu fördern, wenn sie gut scheinen.

Ich forme und verändere viele Dinge, aber das erste Ziel ist für mich das Leben, und sei es nur jenes Leben, das die Möglichkeit für neues Leben erhält. Daß ich Euch sehr liebe, ist einfach weil ich Euch liebe, und wenn es geht, werde ich Euch helfen, das Leben zu verbessern und zu erhalten. Ich kann allerdings nicht gegen die Natur, in keiner der Dimensionen, wirken, um einen von Euch zu erhalten, auch wenn ich es gerne täte.

Es kommt auf Euch an, wie Ihr Euch angleichen könnt, welche Kräfte Ihr für Euch nützen könnt, um Eure Stärke zu entwickeln. Auch wenn nicht der Letzte von Euch alles kann, wenn die Jahre vorüber sind, die Euch gegeben wurden, so werden doch die wenigen, die die nächste Evolutionsstufe erreichen können, ihre Schwingung in das Biofeld einbringen können. Auf diese Weise wird das Wissen und die Möglichkeit der ganzen Gattung zugänglich, auch wenn jene, die diese Stufen erreicht haben, nicht mehr erreichbar sein werden.

Die Schöpfung hat immer alle Schwingungen in sich getragen. Es kommt nur auf das Leben an, das sich derer gewahr wird. Dann lernt sie zu finden und zu nutzen. Werdet stärker. Werdet älter. Werdet weise und fähig, Euer Leben so zu gestalten, wie Ihr es braucht. Die innere Ethik ist das, was Euch von anderen unterscheidet. Nur wer Licht in sich trägt vermag Licht in die Schöpfung einzubringen. Ich aber liebe Euch alle, egal, wie „licht" Ihr seid, denn so wurde ich, so erstieg ich ins Leben…….

Unser Projekt ist jetzt an dem Punkt, wo uns die Zeit unter den Fingernägeln davonrinnt. Einmal im Monat einander zu treffen und zu arbeiten, scheint nicht so recht voranzukommen. Daher werden wir offener, möchten andere einladen, sich uns anzuschließen und verschiedene Projekte, die alle in das Eine einspeisen, starten.

Das Training kann gewiß gegeben werden, wenn man sich anschließen möchte. Ein paar Voraussetzungen benötigen wir allerdings.

Erstens ist es wichtig, die Liebe zum Leben und auch die Menschheit im Herzen zu tragen. Ein weiterer Faktor wäre eine gewisse Sensitivität bezüglich der Energien, die hier manipuliert werden. Weiters wäre es wichtig, zu erkennen, wo man führen kann und wo man mitwirken kann. Wenn es immer nur Führer gibt, gibt es meist Spannungen. Es wäre dann besser, eine neue Gruppe zu gründen.

Wenn bereits existierende Gruppen sich uns anschließen möchten, genügt es, wenn eine Person sich mit uns in Verbindung setzt und dann die anderen instruiert.

Ich möchte erwähnen, daß unsere Arbeit nicht auf wissenschaftlichen Prinzipien aufbaut sondern auf Idealismus. Wenn man glaubt, daß Energiearbeit und seelische sowohl wie auch geistige Entwicklung für die Zukunft unserer Spezies wichtig wären, der ist hier richtig.

Ein guter Teil unserer Arbeit liegt in der Erforschung der Dimensionen dieser Welt. Es ist gut möglich, daß einige sich für Leben in anderen Systemen interessieren, jedoch für uns hier und jetzt ist unsere Heimatwelt wichtig. Hierin gehen unsere vereinten Anstrengungen. Dafür sind wir auch bereit, uns weiter zu informieren, eventuell auch neues, unerforschtes Gedankengut zu analysieren und sogar einzubauen, wenn es die Prüfungen unserer gemeinsamen Fragen besteht.

Einer der Gründe für dieses Buch liegt hier, denn ich würde gerne mit Gruppen überall Kontakt aufnehmen, bin aber im Internet die einzige unserer Arbeitsgemeinschaft, die dort nicht angeschlossen ist. Auch Dinosaurier haben Spaß.

Durch unsere gemeinsamen Forschungen über die Jahre haben sich wirklich interessante Kontakte und ein neues Wissen eröffnet, das uns alle inspiriert und stärkt. Wäre ich allein auf weiter Flur, ich würde trotzdem - und werde es, wenn gewisse Interessen keine Verstärkung bei anderen unserer Mitarbeiter finden - meine Forschungen weiterführen. Es gibt einfach keine anderen Erfahrungen für mich, die intensiver sind, die mich mehr befriedigen. Dieses mitzuteilen war für mich mit diesem Buch wichtig.

11. Training

Wie bereits unter dem Kapitel für das bestimmte Projekt angedeutet wurde, bedarf es eigentlich weniger Voraussetzungen für die Arbeit selbst. Allerdings gibt es für etwaige angestrebte Funktionen, wie z.b. Gruppenleiter zu werden, bestimmte Einschulungen, um das Verständnis dieser esoterischen Tradition und auch die Verknüpfungen mit den Kontakten wahrhaft zu begreifen und nützen zu können.

Einen Teil meiner Freunde habe ich selbst in die Lehrgänge für die alte Religion, Priesterschaft der Gottheiten, die uns - jeweils für jeden evtl. ein anderer Kontakt, der für jene Person am schlüssigsten scheint - eingeführt. Es gibt allerdings auch jene, die von Außen zu uns gestoßen sind und sich ganz wunderbar in die verschiedenen Konfigurationen einfügen. Sie sind talentiert und haben eine etwas andere Vorbildung in der Metaphysik, jedoch kleine Unterschiede sind oft eher ein Vorteil als nachteilig, weil ein anderer Gesichtspunkt Diskussionen, die entstehen, sehr beleben kann.

Ausbildungen in sowohl den Traditionen der Alten Religion, der Theosophie und Anthroposophie, den asiatischen Kulturen und Religionen sind sehr nützlich. Energiearbeit ist fast selbstverständlich, muß jedoch nicht immer vom Heilsektor ausgehen. Es gibt viele Versionen von Energiemanipulation, welche mir lang vor meiner Reiki- und Pranahealingzeit geläufig waren.

Etwas Magie kann niemals schaden. Allerdings kommt es auf die persönliche Ethik an, welche die Teilnahme an einer solchen gruppenorientierten Arbeit voraussetzt.

Eingeschlossen in die magische Ausbildung sind selbstverständlich die Ebenen, mittels welcher sich der Mensch verwirklicht hat. Diese gehen auf eine lange Entstehungsgeschichte zurück, die von Jahrtausenden von Training Auserwählter Magier oder Priester künden.

Zeitreisen in sowohl die eigenen als auch zeitgeschichtliche Inkarnationen sind den meisten geläufig. Seelenarbeit - inklusive Aufstieg in die höheren Energiezentren und Verschmelzung mit dem Hohen Selbst - ist zwar nicht unbedingt notwendig, hilft aber immens in der Arbeit, durch die Gewißheit, welcher Kontakt nun aus dem Inneren stammt und welcher von außen, fremdinspiriert ist.

Gewisse Rituale sind meist schon bekannt, denn in einer freundschaftlich verbundenen Gruppe werden alte jahreszeitliche Feste gefeiert, die alle auf eine gewisse Tradition zurückgehen. Sie geben allen die Gelegenheit, einander nicht nur arbeitbezogen kennenzulernen, sondern sich auch unter entspannten Bedingungen näherzukommen.

Im Großen und Ganzen bestimmt jeder seinen eigenen Weg. Wenn anfangs ein gemeinsames Training angezeigt war, so hat sich dennoch im Laufe der Zeit meist eine eigene Richtung entwickelt, die man für sich am liebsten verfolgt.

Das bedeutet aber nicht automatisch, daß man alle Kontake und Interessen verlieren muß, die alte Freunde verbinden. Im Training lernt man die Probleme, die manche, auch dem Lehrer manchmal, im Fortschritt behindern, zu analysieren und gemeinsam oder auch nicht zu meistern.

Meditationen sind unbedingt Teil des Trainings, denn das Alleinsein mit den eigenen Gedanken und deren Zielrichtung und Beherrschung ist äußerst hilfreich, wenn es um das Entwickeln der eigenen Symbolik geht. Verallgemeinerungen von Bildern können die einzelnen Mitglieder einer Gruppe in ihrem Lernprozeß behindern. Man lernt mit- und voneinander. Das hat sich bewährt.

Nicht jeder, der in das Training einsteigt, bleibt dabei. Auch das ist Teil des Lernprozesses, denn das Eliminieren einer esoterischen Richtung kann jahrelange Probleme ersparen. Man sollte dann aber auch ehrlich sein und sich einer eventuellen Diskussion stellen, wenn es die Umstände erlauben. Manchmal geht auch das nicht - wer hat nicht schon einmal so etwas erlebt?

Meistens enden die verschiedenen Trainingsabschnitte mit einer Art Einweihung, die oft vom Lehrer angeregt, jedoch ultimativ vom Acolyten selbst erhofft wird. Dem Stand der indivuellen Entwicklung entsprechend wird dies dann in einer feierlichen Zeremonie durchgeführt, denn gewisse Schritte sollten tief ins Unterbewußte imprintiert werden. Hiefür eignet sich ein saftiges Ritual hervorragend. Es ist meist für alle Teilnehmer eine sehr schöne Erfahrung.

Wenn jemand sich entscheidet, den eher langen Entwicklungsweg zu beschreiten, dann hat er sich bereits vorher Gedanken darüber gemacht, warum und wofür er sich dieser Disziplin unterwerfen möchte. Man kann kein Wochenendseminar besuchen und dann die Einweihung verlangen. Gewiß, es gibt Traditionen, die das erlauben, jedoch dort ist die erste Weihe einfach der erste Stein, den man bei einem Gebäude setzt, wie man diese Zeremonien kennt. Der Grundstein wurde gelegt, man kann weitermachen.

Bei den höheren Graden hat der Priester, Eingeweihte oder Hohe Priester, Antar oder Arhat bereits das Ritual weitgehend selbst in der Hand. Auch derjenige, der salbt und weiht stellt sich zur Verfügung, gibt aber hier nicht mehr irgendeine Macht weiter. Die besitzt derjenige, der bis zu diesem hohen Ziel gearbeitet hat, bereits selbst. Er weiß, wann er soweit ist, weiß, ob sein Innerstes bereit ist, die Verantwortung, die der neue Grad beinhält, zu übernehmen.

Letztlich ist man selbst ja die-derjenige, welche-r die Kriterien für den höheren Grad entscheidet. Man mag alles mögliche über die verschiedenen Philosophien lesen und schließlich erkennen, daß gewisse Parallelen in allen vorhanden sind. Bei mir war dies der Fall, als ich in einem Theosophiebuch über Initiationen die Beschreibungen las, was die einzelnen Grade bedeuteten. Demgemäß konnte ich meinen eigenen Entwicklungsgrad einschätzen. Man muß nicht unbedingt einer Richtung folgen.

Das Training aber scheint ähnlich, nur, daß man heutzutage nicht mehr beim Lehrer einzieht und sein Haus in Ordnung hält, sein Leibsklave wird und dann, irgendwann, geweiht wird. Daß ein Energieaustausch zu sein hat, ist eine metaphysische Wahrheit, denn niemals, in keinem der Teilnehmer, sollte nach dem Abschluß eine Schuld oder Erwartung weiterbestehen.

Manchmal ist es so, daß ein Lernender erkennt, daß von einem gewissen Lehrer, einer besonderen Gruppe oder einer Philosophie nicht das für ihn zu erfahren und auszubilden ist, was er braucht. Jeder Ausbildner wird dafür Verständnis haben, denn es ist gewiß so, daß nicht alle Seelen in der heutigen Zeit noch in irgendeiner anderen gleich geboren sind. Jeder hat seinen Weg vorher bereits erwählt und sich etwas vorgestellt, bevor er in das Physische einstieg.

Ich selbst hatte niemals das Bedürfnis, einen Meister zu haben, wie so viele, die mit mir contemporär waren. Irgendwie erkannte ich, sobald ich Informationen eingezogen hatte, daß es für mich nicht notwendig war. Jedoch ich kenne einige damals gute Freunde, die die innere Sehnsucht immer und immer wieder verspürten und letztlich unsere eher freien Gruppen verließen, um dort das zu finden, was das Ziel oder Teilziel dieses Lebens war.

Es sollte dies niemals in persönlicher Hybris enden, wie: du brauchst einen und ich nicht, daher bin ich weiter entwickelt. Die Wahrheit liegt ganz anders und individuell sehr verschieden. Meine Hochachtung vor jenen Menschen, die Meister suchten, bleibt ungemindert, obwohl sie sich von uns entfernten, denn in einer anderen Lebenserfahrung war dies wahrscheinlich auch mein Ziel oder kann es in einem späteren Leben sein. Für diese Inkarnation ist es nicht für mich, denn ich besitze hier jene Lehrer, die mich geistig unterrichten.

Das Channelling ist nicht jedermanns Sache. Es war es gewiß nicht für mich.

Anfangs hatte ich große Probleme, ein paar Worte im Kontakt mit jemandem, der sich als innerer Lehrer entpuppte, aufzuschreiben. Das ging dann flüssiger, bis ich auf der Maschine es so rasch hinbrachte, wie es kam. Von dann an ging es weiter mit dem Mentalkontakt, bis ich, Jahrzehnte später, ins Channelling floß. Das Vertrauen in die eigenen Kanäle und den Schutz, der durch das kosmisch-göttliche Bewußtsein gewährleistet ist, baut sich für manche natürlich auf, für andere - wie mich - mühsam und langsam. Mißtrauen war anfangs überall wach, und das aus gutem Grund. Jene, die

Der interdimensionale Lichtweg

sich heute mit mir unterhalten finde ich ehrbar, heilsam und informiert. Ich bin gewiß niemals allein (ja, auch ich lache öfter darüber!).

Das esoterische Training soll ein langsames und sicheres Öffnen jener inneren Türen sein, die mehr von dem, was hier inkarniert wurde, leben lassen. Ich bin es, die offener im Geiste wird, ich bin es, die neue Welten entdeckt oder wieder entdeckt. Ich bin es auch, die intuitiv entscheidet, was ich diesmal annehmen will. Ich übernehme die Verantwortung für meinen Weg, den ich dieses Mal gehen werde und erfülle.

Selbstverantwortung wird im Training groß geschrieben. Vor langer Zeit, am Anfang meiner Lehrerfahrungen mit neuen Gruppen, hatte ich große Probleme, denn ich trug die Verantwortung nicht nur für das, was ich lehrte und weitergab, sondern auch für das, was die Lernenden damit machten. Dieses habe ich mir abgewöhnt.

Ich versuche heute, zu erkennen, ob ein Suchender, der zu mir kommt, emotional und geistig stabil ist. Werden meine Findungen zeigen, daß der Besuch bei einem Therapeuten oder Psychiater für diese Person besser wäre, wird dies angeregt. Die Verantwortung der Weitergabe von Wissen oder Können darf nicht ewig dauern. Wenn der Schüler aus der „Schule" tritt, ist er für seine Aktionen und seine Erfahrungen selbst verantwortlich.

Zum Training gehört generell auch das Erlernen irgendwelcher Divinationsmethoden. Auch hier zeigt sich oft schon bald, wie der einzelne seine inneren Neigungen ausleben wird. Ich selbst mochte das Tarot am Besten (auch ein Prozeß, der Jahre verschlang, bis ich zu einem für meinen kalten Verstand tragbaren Kompromiß kam), da dieses mir ermöglicht, mit meinem Unterbewußtsein und meiner Intuition sowohl auch als meinem Verstand zu arbeiten.

Viele meiner Freunde wurden Experten im astrologischen Bereich. Andere wiederum lehnen sich ans Pendeln und die Kinesiologie an. Weniger populär scheint heute das Kristallschauen oder Wasserdivination zu sein wie auch das Lesen aus Knochen oder Runen oder Tealeaves, denn das muß man im Blut haben. Diese Fertigkeiten werden oft in der Familie weitergegeben.

Die Zeit der Ausbildung kann sehr schön sein und ist es meist auch, es sei denn persönliche Probleme verkomplizieren alles. Ich hatte Gelegenheit dies zu erfahren und stehe dabei gewiß nicht allein da. Aber eines möchte ich gerne bestätigen: Der Lehrer lernt mindestens genausoviel wie der Schüler aus dessen Erfahrungen und aus der eigenen Wachstumsphase. Wir lernen immer, hoffentlich bis an unser Ende. Ich selbst liebe es, es hält meinen Geist wach, verschönert mein Leben und läßt mich auch oft Freunde treffen, die mich begleiten.

Der interdimensionale Lichtweg

Ich kann es nur weiterempfehlen, denn so kann man von der Erfahrung anderer genauso lernen wie aus der eigenen. In einer Gruppe gibt es einen Austausch, der es jedem möglich macht, aus den Erfahrungen anderer zu hören, was geschehen kann, ohne daß man selbst diese oft schrecklichen Zeiten durchmachen muß.

Jene von Ihnen, die bereits ein entsprechendes Training hinter sich haben werden mir gewiß beipflichten und jenen von Ihnen, die noch neu darin sind, wünsche ich die Kraft und die Schönheit der Erfahrungen, die ich haben durfte.

Einweihung

Es gibt viele Esoteriker, welche sich sicher sind, daß rituelle Einweihung unnötig ist. Das mag sein, wenn man sich dieser Materie vom intellektuellen Standpunkt nähert. Bei mir persönlich zählt auch, wessen Geistes Kind der Mensch ist eher als seine Einweihungen.

Allerdings geht es bei der Weihe mehr um ein innerliches Erlebnis als um äußerliche Errungenschaften, welche man nur zu oft mit wenig oder auch reichlicher Geld erstehen kann, um sie dann trophäenmäßig an den Wänden aufzureihen.

Wenn jemand zu mir kam, um das Verleihen eines Grades in seiner-ihrer esoterischen Entwicklung zu bitten, kam es mir immer auf mehrere Kriterien an. Vor allen Dingen mußte der Proband vor seinem Inneren die eigene Bereitschaft erkannt haben. Jeder hat ja schon lange vor diesem Schritt eine fixe Idee davon, was für ihn-sie die Eigenschaften oder Ausbildung für einen gewissen Grad zu sein haben.

Wenn man sich informiert, was die einzelnen Stationen in einer Philosophie bedeuten, findet man früher oder später Parallelen, nach welchen man erkennt, daß die Unterschiede der diversen Grade gar nicht so groß sind, wie man anfangs meinen mag. Ein bißchen Flexibilität ist hier oft von Nutzen.

Wenn nun jemand an mich herantrat und um Priesterschaft in der alten Religion ersuchte, wird diese Person gewiß schon im Inneren eine fixe Vorstellung davon haben, was solch eine Auszeichnung bedeutet. Lange vorher wird man schon diesbezüglich diskutiert haben, und lange schon werden die einzelnen Stufen erlangt worden sein, bevor es zu diesem Moment kommen kann. Also werde ich gewiß keine strengen Beurteilungen vornehmen, Prüfungen erstellen und es so schwer wie nur möglich machen, mein Einverständnis zu bekommen.

Wenn diese Person allerdings ohne vorige Qualifikation einen gewissen Grad fordert, kann es passieren - und ist es bereits passiert - daß ich die Weihe verweigere. Dies gilt allerdings nur für die ersten Weihen in jenen Bereichen, für welche mir eine Beurteilung zusteht.

Hat ein Mensch einmal die ersten Grade der Entwicklung durchlaufen, ist er nicht mehr meinem Urteil unterstellt. Keiner, der die höchsten Errungenschaften hinter sich gebracht hat, benötigt einen anderen, ihm innere Tore zu öffnen oder „Macht" zu verleihen, die er noch nicht hat, es sei denn, man möchte innerhalb einer spezifischen Organisation eine bestimmte Position anstreben, in welchem Falle man sich völlig dem Urteil deren Schule unterwerfen muß.

Der interdimensionale Lichtweg

Ein anderer Fall war jener, wo der Proband sowohl in Ausbildung als auch in Fähigkeit dem Hohen Priester einer esoterischen Kirche überlegen war. Hier wäre, die Einweihung in den ersten Grad zu erbitten, eine unnötige Übung in Demut, welche vielleicht in gewissen christlichen Kirchen verlangt werden darf jedoch weder notwendig noch erwünscht sein sollte in einer Religion, in welcher das Verhältnis zwischen Mensch und dem Göttlichen eine private Angelegenheit ist.

In einem solchen Falle wäre es besser, der Proband weihte sich selbst ein. Sollte solch ein Mensch zu mir kommen, anerkenne ich ohne Probleme seine Qualifikation, wenn er sie mir darlegt. Aufgrund dieser Kriterien vermag ich es dann weitere Grade vorzuschlagen, die angestrebt werden könnten. Der freie Fluß von Information und Entwicklung sollte unter allen Umständen gewährleistet bleiben. Es ist nicht gut für die seelische freie Entwicklung einer suchenden Person, wenn zu viele Steine in ihren Weg gelegt werden.

Dies, so weiß ich, ist eine völlig unzulässige Einstellung für etablierte esoterische Schulen. Sie hätten, würden sie sie unterstützen, keine Handhabe mehr, ihren spezifischen Weg und das Prestige, das damit verbunden ist, aufrechtzuerhalten. Viel hängt für sie davon ab, daß dies um jeden Preis erhalten bleibe. Und es ist auch so, daß viele Menschen, die sich auf den metaphysischen Weg begeben, glauben, daß es so zu sein hat, nämlich in bondage und nicht in Freiheit diesen Pfad zu gehen. Möge dies für sie wahr werden.

Göttin will für ihre Kinder Unabhängigkeit, Freiheit und Liebe.

...ja. Ich habe lange gehofft, daß jene, die zu mir gehören, frei zu mir kommen mögen. Der Mensch hat schon immer, mehr aus Sicherheitsängsten denn aus wirklicher Not heraus Beschränkungen auferlegt für jene, die sich mir nähern wollen und, ja, auch müssen, um in ihrem Leben ihr Potential zu verwirklichen.

Ich sage damit nicht, daß jeder von Euch für diesen Pfad bestimmt ist. Manche auserwähle ich selbst, viele aber wählen mich aus ihrem eigenen inneren Drang heraus. Des öfteren sind es Frauen, die sich durch die Zwänge der etablierten Religionen zurückgehalten fühlen und dennoch religiöse Tendenzen in sich tragen. Bei mir, in meiner Umarmung, kann auch die Frau Priesterin sein, sich weiterentwickeln und sich sogar jenseits der traditionellen Grade bilden, denn auch die alte Reihenfolge von Witch-Priest-High Priest beruht auf mittelalterlichen Prämissen, wofür in Eurer Zukunft nicht mehr viel Platz ist, das anerkenne ich gerne.

Wenn man aber fragt, warum überhaupt Einweihung, dann möchte ich dies so beantworten:

Keiner, der sich nicht völlig mir weiht, ist aus mir. Eine Hingabe zur Natur, zur Liebe zum Leben, zu den Brüdern und Schwestern in einem coven oder einer Vereinigung

Der interdimensionale Lichtweg

Gleichgesinnter, all dies ist, was ich fordere. Wie kann man sich mit mir vereinen, wenn das Herz nicht mitschwingt? Wie kann Dein Herz, geliebtes Kind, meinen Weg gehen, ohne sich mir und den Wegen, die ich zeige, zu weihen?

Ich verlange, daß Ihr Euer Leben voll lebt, was immer dies im Sinne Eurer Seelen sein mag, solange Ihr niemandem damit schadet - wissentlich und willentlich. Von einem jungen Eurer Art kann ich Unschuld vorwegnehmen, von Euch allerdings nicht. Ihr wisst, worauf Ihr Euch einlasst, wenn Ihr zu mir kommt. Es gibt gewiss nicht nur die Lehrer, die Ihr finden mögt und welche Euch den einen oder anderen Weg zeigen können, der nicht immer der meine ist.

Traditionen werden geformt und gebrochen, jeden Tag. Jeder Christ, der seine Bibel etwas anders auslegt, kann eine kleine Splitterkirche beginnen und dasselbe gilt auch für jede andere metaphysische Organisation. Dasselbe geschieht auch in der alten Religion. All jene, die sagen, daß ihre Tradition die wahre ist, haben sich bereits von mir entfernt und wissen es oft nicht einmal, denn ich bin Mutter aller meiner Kinder; solange sie in ihren Herzen und Gedanken mit mir Kontakt haben, solange ist ihnen mein Wille geläufig. Dieser Wille besagt, daß Ihr miteinander tolerant sein sollt, denn auf Kleinigkeiten kommt es nicht so sehr an wie auf Eure Einigkeit in Eurer Liebe zum Leben und zu einander, i. e. auch daher zu mir.

Ja, ich lege Wert auf die Weihe jener, die sich zu mir bekennen, denn ihre Liebe zu mir und dem Leben wird durch ihre Zuwendung hiezu ihre Schwingungen, welche sie in die Welt bringen, zum Besseren verändern.

Die Weihe durchdringt jeden Teil des Seins. Erste Grade sind genereller angelegt, aber je höher man in meinem Bewußtsein steigt, umso stärker wird der Organismus mit mir vereint. Jedoch im Gegensatz zu eventuellen anderen Neigungen und Gesetzen, welche Euer Gott fordern möge, wird Euer Wille immer frei sein von Zwängen einer fixen Organisation.

Ich bin Göttin, aber ich habe neben mir und in mir und aus mir auch das, was Ihr das Männliche benamt habt. Auch bin ich Göttin nur, weil Ihr Menschen seid, die sich so als weiblich und männlich ausdrücken. Ihr könnt nur das erkennen, was Euch möglich ist. Daher mögen jene, die Gott als vollkommen erkennen, sowohl männlich als auch weiblich, sogar auf dem besseren Weg sein, wäre es nicht so, daß so viele andere ihrer Realitäten mit Realität nichts mehr zu tun haben.

Wenn das Gehirn, Euer exzellentes Gerät, Euch sagt und zeigt, was für Euch wahr ist, seid Ihr trotzdem gut beraten, es zu hinterfragen, wasimmer es sei. Zweifel ist nicht vom Teufel sondern der Schutz vor Dummheit, ein Sproß des Selbsterhaltungstriebes, wenn Ihr so wollt.

Der interdimensionale Lichtweg

Lange Zeit hat der Mensch gebraucht, bevor er mündig genug wurde, seine eigenen Entscheidungen zu treffen und nicht blind allem zu vertrauen, was von Machtträgern verzapft wurde. Es ist Euch zu verdanken, daß unselige Machtansprüche in Eurer Zeit geschwächt sind und Ihr frei - aber auch verantwortlich für Eure Taten - in die Zukunft geht.

Im Pfad des Lichtes, wie die Schreiberin dieses Buches ihn nennt, scheint es etliche Möglichkeiten zu geben, Euch selbst zu verwirklichen. Alles, was ich von einem Eingeweihten erhoffe, ist, daß er-sie den Pfad gehe, zum besten aller. .....

(Das war die Göttin, die manchmal zwischenfunkt wie so mancher andere meiner spirituellen Kontakte. Ich danke Dir.....)

Wenn man sich so lange im Weg der Einweihung befunden hat wie ich, lernt man, daß gewisse seelische Erkenntnisse einen etwas weiterbringen und andere einen zurückhalten. Für all diese Bewegungen gibt es Gründe, die zu erkunden es sehr wohl wert macht, oft harte Entscheidungen zu treffen. Niemand hat je behauptet, daß es leicht ist, den Seelenweg zu gehen.

Die Verantwortung anderen zu überlassen, die evtl. mehr wissen als man selbst, ist zu tun, wie jene, die all ihre Probleme an ein wirkliches oder imaginäres Wesen übergeben, das dann alles für sie regelt. Im akuten psychischen Krankheitsfall kann dies natürlich überlebensnotwendig sein und dagegen würde ich niemals sprechen; für mündige, gesunde Menschen allerdings ist dies der faule Ausweg, der mir höchstens ein Achselzucken abringt. Es gibt eben Schafe und es gibt Löwen.

Jemand, der Einweihung anstrebt, die in einer höheren oder höchsten Stufe angesiedelt ist, weiß, daß für Schafe kein Platz oben ist. Unterwerfung ist lange unmodern geworden, seit es die Selbstverwirklichung gibt.

Wir sind für das, was wir tun, denken und entscheiden, verantwortlich und wir leben mit den Konsequenzen dieser Entscheidungen. Mit der Einweihung steht es genauso. Daher ist es imperativ, zu überlegen, was genau ich aus dieser Weihe mitnehmen will und werde. Wie wird mein weiterer Weg aussehen? Wie kann ich dem Zweck, dem ich mich hingebe, besser dienen? Wie sehr stimmt mein Schwur, den ich bei dieser Gelegenheit abgebe, mit meinen weitgesteckten Zielen überein?

Wie stehe ich wirklich zu dem, mit welchem ich mich verbinde, wenn ich mich überhaupt verbinden will?

Deshalb wird man vor der Weihe alles sehr gut durchdacht haben und gar mancher findet, daß er noch nicht bereit dafür ist.

Ich weiß, daß es Gruppen gibt, die sofort oder auf Anfrage einweihen, weil es bei ihnen Tradition ist. Dagegen ist nichts einzuwenden, wenn der Proband versteht, daß hier nur der Anfang des Weges zelebriert und, wie bei einer Taufe, er in eine Gemeinschaft aufgenommen wird. Manche dieser Einweihungen tragen in sich Verpflichtungen, viele aber nicht. Oftmals dient es nur als eine Möglichkeit fürs Kennenlernen. Nachher werden alle Prüfungen nachgeholt, alle Möglichkeiten in der neuen Person erkundet und oft wird die schnelle Entscheidung bereut, wenn es Konsequenzen gibt, die man vorher nicht gesucht hat.

Das Ritual der Einweihung, sei es wie ein Ornat oder so einfach wie möglich sein, kann und sollte ein erhebender, schöner und starker Zeitpunkt im Leben sein. Für viele ist eine Weihe genug, andere aber streben weiter und weiter und erkennen, von Zeit zu Zeit, daß es wieder einmal so weit ist. „Jetzt brauche ich ein Ritual, das mein Wachstum seit dem letzten Mal bestätigt".

Eine Einweihung kann sowohl Beginn als auch Abschluß für etwas sein. Abschluß einer Ausbildung z.B. wäre die Weihe für das, was der neue Lebensabschnitt ist. Beginn wäre etwas, das ich anstrebe und als Zeichen die Initiation setzen möchte. Wie auch immer man es sehen möchte, im Inneren wird entschieden, was im Äußeren geschehen muß oder soll.

Bei der ersten Weihe wird der Proband meist nicht gefragt, wie der Verlauf sein soll, er sollte sich lediglich für eine Art Schwur entscheiden und sicher sein, daß er den Schritt vornehmen will. Bei den höheren Graden allerdings hat er sehr viel, vielleicht alles dabei zu entscheiden, was an sich bereits seine Kraft und seinen Willen definiert. So soll es sein - so ist es.

Der interdimensionale Lichtweg

Pfade

Im Interdimensionalen Lichtweg ist Platz für viele persönliche Glaubensrichtungen und Kulturen, denn er ist an sich keine Religion, sondern eine Arbeitsweise, welche, wenn richtig angewandt, sich nicht wirklich mit anderen Philosophien in Konflikt begibt. Allerdings gibt es für Fanatiker immer einen Weg, etwas zu finden, was man für unannehmbar halten kann, denn unser Geist ist findig und kann seine Routen suchen, wo er mag.

In meinem Bekanntenkreis befinden sich Angehörige verschiedener Bekenntnisse, welche alle in dem einen Credo vereint sind, nämlich meditativ unseren Heimatplaneten als lebendiges Wesen anzusehen und sich mit ihm in Verbindung zu setzen, um durch Kommunikation mit ihm zu ergründen, was wir mittels Meditationen oder Energiearbeit dazu beisteuern können, das Leben in und auf ihm zu erhalten.

Über die Jahre, in welchen in mich metaphysisch gebildet habe, wurde mir klar, daß die Unterschiede zwischen Religionen und Kulturen oft nur im zweiteren groß sind, im Glauben an die unsichtbaren Welten allerdings die Differenzen, wenn sie wahrhaft durchdacht sind, kleiner sind als viele es annehmen. Dies weist aber oft auf verschiedene Wege, die einem, der die Erde und die Menschen liebt, Möglichkeiten eröffnen, die in speziellen Pfaden ausgedrückt werden.

Jeder von uns besitzt spezifische Neigungen und Talente, die ihn-sie einzigartig machen. Unsere Arbeit zielt nicht darauf hin, alle Menschen gleich zu machen, denn in unseren Unterschieden finden wir die Kraft und die Fähigkeit, unsere Probleme von verschiedenen Seiten zu analysieren und dann, hoffentlich, zu bearbeiten.

Energiearbeiter, die Kräfte anziehen, sammeln und kanalisieren können, sind ebenso wichtig wie jene, die Informationen durch verschiedene und zur Verfügung stehenden Möglichkeiten gewinnen, um in der Arbeit Richtung und Zweck zu klären.

Räumlichkeiten, in welchen wir einander treffen dürfen oder Organisatoren, die Gruppen formen und gezielt einsetzen können haben, ihren Platz ebenso wie jene, die durch Enthusiasmus und das Einbinden ihrer eigenen Pfade dem Geschehen eine eigene Dynamik verleihen können.

Auf diese Weise sind Gruppen, welche aufgestiegene Meister bereits vorher kontaktiert haben, Leute, welche christliche oder religionsfreie Meditationen für den Frieden auf Erden besuchten oder Praktizierende der Alten Religion genauso willkommen wie jene, die magisch oder schamanisch unterwegs sind.

Verschiedene metaphysische Richtungen unter einen Hut zu bringen, scheint nur dann unmöglich, wenn jene, die am Interdimensionalen Lichtweg interessiert sind den inneren Weitblick, der für planetares Denken so wichtig ist, noch nicht entwickelt haben. Dies hat nichts mit Wissen und Können zu tun, denn jeder ist auf seine Weise bestimmt in seinem spezifischen Pfad informiert und ausgebildet; allerdings muß das „Alte Denken" dem des 21. Jahrhunderts etwas Platz machen.

Ich selbst bin in meinem Denken eher religiös, jedoch ist es mir gelungen, diese Sehnsucht nach dem Göttlichen, das in mir von Kindheit an lebt und gewachsen ist, auf die ganze Schöpfung - allerdings nicht nur auf die Erde wie wir sie physisch erleben - auszudehnen.

Was wissen wir wirklich über „Alles"?

Irgendwie erfüllen die Sitzungen mit den „Großen Alten" für mich persönlich den Drang nach Antworten, denn sie haben einen für mich neuen und erfrischend anderen Gesichtspunkt. Habe ich deshalb meinen „Pfad" verlassen?

Nein. Ich habe ihn vielleicht etwas ausgeweitet, lasse mehr Möglichkeiten zu, die Schöpfung zu interpretieren. Stehe ich deshalb dem strengen christlichen Denken ablehnend gegenüber? Ebenfalls Nein. Es steht mir nicht zu, über andere Urteile zu fällen, weil sie anders denken. Das einzige, was ich mir ausbitte, ist, daß sie ihren Pfad ausüben, ohne anderen zu schaden, ein Credo, das ich aus der Alten Religion mitgenommen habe, welche ich lange Zeit studiert habe.

An diesen Erklärungen kann man vielleicht erkennen, daß ich bereits verschiedene Pfade begangen habe, die sich mir im Laufe meiner Entwicklung eröffnet haben. Daher ist es mir auch nicht schwergefallen, etwas bis dato Unbekanntes vorerst zumindest vage in Betracht zu ziehen, als mir die Dimensionen der Schöpfung nahegebracht wurden, als neue, bis dahin aus der Literatur nicht bekannte Persönlichkeiten in die Kontakte traten.

Alle Engel, Geister, Götter und Dämonen hatten ihre ersten Kontakte mit dem Menschen, irgendwann, unter vielleicht ähnlichen Umständen wie wir sie heute in unseren Sitzungen haben. Diese Arbeit geht, soweit ich aus den vielen Büchern entnehmen kann, die bereits über Geistkontakte und Arbeit mit Meistern existieren, überall in der Welt vonstatten. Für viele werden diese Wesen Dämonen sein, jedoch in einem weisen Buch wurde einmal gesagt: „An ihren Früchten sollt Ihr sie erkennen." Diese Früchte sind oft positiv, friedensfördernd und weitsichtig.

Aus dem Logiker, Studierenden von Freimaurer-Philosophien und der Bibel, Theosophen und Wicca-Praktizierenden, Schamanismus-Schnupperer, Lehrer der Metaphysik, Lichtarbeiter und Channel wurde das, was ich heute bin. Viele Pfade vereinigen sich zu einem neuen, für mich aufregenden Weg, der das erfüllt, was ich mir immer ersehnt

Der interdimensionale Lichtweg

habe: Den Kontakt zum Göttlichen in seinen verschiedenen dem Menschen zugänglichen Ausdrücken und die Hingabe an das Höchste in mir selbst, das mit der Quelle innigst verbunden ist.

Jetzt ist es vielleicht auch verständlich, warum ich eine breite Palette von Menschen suchte, die aus den verschiedensten esoterischen Richtungen zu uns gestoßen sind. Wenn die Liebe zur Erde und ihren Geschöpfen uns bereits in unserer Arbeit vereint, wieviel stärker ist es dann, wenn wir auch weitere Kontaktpunkte finden können?!

Mein großes Problem ist es oft, ein offenes, breit gefächertes Bewußtsein von neuen menschlichen Kontakten zu erhoffen - ja, zu erwarten. Ich finde mich manchmal allein auf weiter Flur, wenn ich versuche, etwas über meine Arbeit esoterisch unbedarften neuen Bekanntschaften zu erklären. Ich setze zu viel voraus, weil ich aus Irrigkeit annehme, daß viele der heutigen Menschen sich mit mehr als dem Physischen auseinandersetzen. Ich selbst bin auch kein Atomphysiker, da würde ich genauso schwimmen wir jene, die mich fragen, was ich denn so tue und so wenig Ahnung von den Begriffen haben, die mir geläufig sind.

Dennoch behaupte ich nicht, alles über die Metaphysik zu wissen, das könnte ich niemals. Das Feld ist immens groß und nicht alles darin ist für mich interessant gewesen. Mit einem absoluten Fachmann über sein spezifisches Feld zu diskutieren bringt nichts; man mag etwas dabei lernen, gewiß aber nicht, seinen Standpunkt zu ändern. Nicht, daß man dies immer wollte - gewiß nicht....

Einmal präsentierte ich mich bei einem „open house" in einer indisch-orientierten Kulturgemeinschaft, heißblütig hoffend, daß ich dort Informationen über das elektromagnetische Lebensfeld der Erde bekommen müßte, da ja doch die uralte indische Kultur mit all ihren Weisen über die Jahrtausende solche Informationen habe. Ich muß heute noch lachen über mich und meine Enttäuschung. Ein Indologe, dessen Namen ich mir nicht gemerkt habe, klärte mich über Dinge auf die ich ohnehin schon wußte, Religion, die Wissenschaft vom Leben etc. All diese Themen sind noch heute für mich äußerst wichtig, jedoch mein Großer Drache war nicht zu finden. Na ja, manche Dinge sind nicht so leicht aufzuspüren. Ich suche weiter.

Die Pfade, welche man im Laufe des Lebens begehen kann, müssen einander nicht ausschließen sondern können einander vollkommen ergänzen. Verschiedene metaphysische Wege zu beschreiten ermöglichte es mir, meinen geistigen Horizont mehr und mehr zu erweitern, nicht nur die neuen Täler und Höhen zu erkunden sondern auch Korrelationen zu erarbeiten, welche mir weiterhalfen.

Jede Person, welche zu uns stößt, bringt seinen oder ihren bisherigen Pfad mit und wird später vielleicht, wenn sie weitergehen, auch diesen, den wir gemeinsam gegan-

Der interdimensionale Lichtweg

gen sind, in einen neuen, aufregenden Lebens- und Lernweg einbringen können. Wie kostbar sind unsere Unterschiede, solange sie uns nicht auseinanderhalten sondern uns einen Pfad ermöglichen, den wir gemeinsam erkennen können!

Obwohl es meist einen Lebensweg gibt, so gibt es dennoch auch im Interdimensionalen Lichtweg verschiedene Richtungen, die als Schwerpunkte dienen können.

So bin ich mehr an der Entwicklung des Wissens über die verschiedenen Dimensionen der Schöpfung und ihres Aufeinanderwirkens interessiert, während andere mehr die Informationen, welche uns über die alten Heiligtümer gegeben wurden, auswerten möchten. Jemand wieder will die verlorenen Wissensschätze des alten Mu ergründen und eine vierte Gruppe würde gerne mehr mit den Königreichen der Elemente, Elfen, Gottheiten etc. arbeiten. Allen gemeinsam aber ist, die beste Wirkungsweise zu finden, die spirituelle kosmische Energie dem Netz der Erde zur Verfügung zu stellen, daß der lebendige Gürtel der Lebenskraft - der „Große Drache" der alten Geschichte - genährt und stabilisiert werden kann.

Sie erkennen jetzt bestimmt, daß verschiedene Pfade nach Rom führen können und daß im Interdimensionalen Lichtweg etliche davon kulminieren. Jeder, der zu uns stößt, kann seine Liebe für den Planeten und seine Sorge für die Zukunft positiv einbringen.

Der interdimensionale Lichtweg

Die kosmischen Strahlen

Als ich 1985 jemanden in Los Angeles besuchte, fand ich in der obersten Reihe in einem Geschäft Bücher, die sich kribbelig anfühlten.

Sei es nun, daß ihr Inhalt von Bedeutung für mich sein würde oder daß jemand sie speziell energetisiert hatte, ich nahm sie heraus und las zum ersten Mal etwas über kosmische Strahlen von Alice Bailey, einer theosophischen Schriftstellerin, welche diese Informationen von „irgendwoher" hatte.

Ich hatte damals keine Ahnung vom Channelling, wußte allerdings, was ein innerer Lehrer war und wie sich ein mentaler Kontakt anfühlte. Auch las sich das, was ich da beim ersten Überflug erkennen konnte, so ähnlich wie das, was mein eigener spiritueller Lehrer mir gesagt hatte. Ich kaufte alle blauen Bücher, die mir von Anfang an in Stil und Sinn sympathisch waren.

Alle konnte ich nicht auf einmal lesen, denn der Urlaub war vollgestopft mit Ereignissen und später, als ich nach Europa zurückkehrte, verglich ich die Strahlen aus dem Buch „cosmic rays" mit jenen, welche mein Lehrer mir Jahre vorher bereits diktiert hatte. Statt der theosophischen sieben waren Adi-c-arhats zwölf Strahlen auch etwas anders geartet, was mich innerlich vor ein Problem stellte, da ich vorerst wenig damit anfangen konnte.

In der Zwischenzeit hatte ich Gelegenheit mit den Strahlen, welche mein Lehrer mir vorgestellt hatte, zu arbeiten und gefunden, daß sie in ihrem Wesen doch anders zu verstehen waren als jene welche durch Miss Bailey gefunden wurden.

Vor allen Dingen emanieren die kosmischen Strahlen des Interdimensionalen Lichtweges aus der Deva-Dimension, da Devas sie produzieren, egal, ob wir sie brauchen oder nicht. Es sind einfach Bausteine, die in der Schöpfung funktionieren, programmiert sind, um etwas zu bewirken.

Wenn man zu ihrem Ursprung gelangen möchte, muß man vorerst meditativ lernen, welcher Weg für den einzelnen Suchenden passend scheint. Nicht jeder hat dieselbe innere Symbologie, die auf gleiche Weise für alle funktionieren muß. Da wir hier sehr mit den inneren Bildern und unserer eigenen Beziehung zu selbigen arbeiten, liegt es auf der Hand, daß es hier keine fixen Regeln geben darf oder sollte.

Ich mußte mir jeden einzelnen der Strahlen erarbeiten, und dieselbe Arbeit kommt auch auf andere zu, die sich dazu hingezogen fühlen. Um allerdings eine Idee davon zu übermitteln, möchte ich einige meiner Erfahrungen mit Ihnen teilen, aufdaß Sie eine vage Vorstellung davon haben, wie man vorgehen kann.

Der interdimensionale Lichtweg

Nach reiflicher Überlegung habe ich mich entschieden, meine eigene Liste der kosmischen Strahlen nicht in diesem Buch zu veröffentlichen, denn jeder, der sie sucht, sollte durch den Kontakt mit seinem eigenen inneren Lehrer oder den Devas jene Bezeichnungen selbst erhalten, es sei denn, er-sie sei Mitglied einer Organisation von Wissenden, die meine Beweggründe allerdings verstehen werden. Ich habe einige Male in diesem Buch den kosmischen Strahl der Zerstörung beschrieben, dessen Herrscher für mich persönlich die hinduistische Gottheit SIVA ist, da er sich für mich dazu bekannte. Dies ist allerdings bereits eine individuelle Schattierung, welche ich aber nicht als Gewißheit für jeden von Ihnen annehmen kann.

Sollte jemand, der bereits etwas Training im metaphysischen Bereich durchgangen hat, das Bedürfnis nach dem Strahl der Zerstörung in sich erkennen, um entweder eine schädliche Verbindung oder eine Viruserkrankung zu beeinflussen, dann wird er zu diesem Zeitpunkt bereits Zugang zu jenem Wissen, das für ihn-sie wichtig ist, erkannt haben.

Der Strahl der Heilung ist für mich auch wichtig, andere aber, das gebe ich frei zu, habe ich noch nicht völlig durchforscht, obwohl ich sie anfangs kennenlernen durfte, nachdem der „Lehrer" mir meinen persönlich besten Weg dafür vorgeschlagen hatte. Die Frage kommt nun natürlich: „Warum kann nicht auch ein anderer diesen Weg gehen?"

Weil das Verständnis der Strahlen eine gewisse Entwicklung und Notwendigkeit voraussetzt, von welchen ich zwar weiß, ich selbst jedoch noch nicht alles weiß. Vielleicht, wenn ich mehr gelernt habe, kann ich in einem späteren Buch näher auf die zwölf Strahlen eingehen. Es erschien mir allerdings notwendig, sie wenigstens zu erwähnen, da sie ein wichtiger Bestandteil des Interdimensionalen Lichtwegs sind.

Ein paar Hinweise vermag ich allerdings weiterzugeben:

Der mentale Kontakt zur Devadimension ist der erste Schritt.

Dies setzt natürlich voraus, daß der Suchende bereits Übung im mentalen Sprachverkehr hat oder gelernt hat, eigene Gedanken von denen anderer Wesen zu unterscheiden.

Mental kann man dann Anweisungen bekommen, die den geistigen Übergang in diese Dimension ermöglichen (wiederum gilt hier der unbedingte persönliche Weg, der nicht zu verallgemeinern ist). Wenn man Zutritt erhalten hat, wird man erkennen, wo man sich befindet.

Die Atmosphäre sollte in etwa so aussehen, wie der Hintergrund der Tarotkarte Stäbe-2 des Devatarots, eine lebendig anmutende hellblaue Ballung, aus der alles werden kann. Hier wird man nunmehr Konversation halten, zu einem „Tor" geführt werden,

Der interdimensionale Lichtweg

in welchem eine Deva den Strahl bereits formt oder geformt hat. Man kann eintreten - oder auch nicht - und lernen.

Hier kommt es also auf die Person selbst an, wie sie das aufnimmt, was ihr gezeigt und gesagt wird. Auch muß nicht jegliche Information das erste Mal voll ausgeschöpft werden. Ich bekam meine späteren Strahl-Eigenschaften Jahre später durch intensive Arbeit. Die innere Bereitschaft und Neigung sollte hier der beste Ratgeber sein.

Wenn man so möchte, gibt es auch Informationen über diverse Planeten, in welchen die spezifischen Strahlen stärker vorherrschen als in anderen, aber ich persönlich habe mich nur anfangs damit auseinandergesetzt. Für mich war der einfache Weg der bessere, aber es sollte jedem freistehen, auch diese Straße zu bereisen.

Beim Abbauen muß die Bewegung nicht immer gegenläufig sein, man mag Informationen erhalten, die spezifisch im Einzelfall zu befolgen sind.

Das Hervorkommen aus dem Deva-Kontinuum sollte sauber abgeschlossen werden, die Brücke, falls bereits eine existierte, abgebaut und hinter die dunkel-violette Wand aufgelöst werden, letztlich dann die Wand selbst, bevor man völlig frei und unbelastet wieder das normale Leben ausnehmen wird.

Es ist äußerst wichtig, denselben Weg, den man hineinging, wieder zurückzukehren, alles hinter einem zu schließen, die Brücken wieder aufzulösen. Schlampereien rächen sich immer, wenn wir versuchen, unseren Weg in einer fremden Welt zu finden. Erst, wenn wir genug Wissen besitzen und eventuell Freunde gefunden haben, die uns helfen, können wir weiterplanen und -denken.

Ich kann klar sagen, daß ich mich wahrlich nicht mit allen Strahlen befasse. Meistens genügt mir der Strahl der Heilung oder jener der Zerstörung, wenn ich mich von unerwünschten Einflüssen befreien möchte.

Wie im Kapitel über das Heilen besprochen, funktionieren nicht alle Methoden immer. Daher ist es auch angebracht, sich nicht zu sehr auf die Strahlen zu verlassen, wenn die Gründe für den jeweiligen Zustand von einer Art sind, die für die Strahlen zu kompliziert sind.

Mir sagte mein Lehrer einmal: „Wenn du nicht weißt, wie du die Strahlen mixen sollst, verlaß dich auf die Gottheiten und ihre ihnen zugeordneten Möglichkeiten oder andere informierte Wesen."

Danach richte ich mich, denn viele Dinge sind selbstverschuldet, lebensbedingt, nahrungsbedingt, dem Menschen natürlich im Laufe des Lebens. Um gegen die physische

Der interdimensionale Lichtweg

Alterung mittels der Strahlen zu wirken, müßte ich weit mehr Wissen besitzen als ich es heute tue. Das Leben hat seine eigenen Regeln, jede Dimension ihre Gesetze, welche wir weise wären, zu kennen und zu befolgen, während wir versuchen, mit ihnen zu arbeiten. Leider oder gottseidank...

12. Der Planet Erde im interdimensionalen Kosmos

.......Wie Euch bereits bekannt ist, besteht die Schöpfung aus weit mehr als den „Fakten", die Ihr mit bloßem Auge erkennen könnt, mit Maschinen messen könnt oder angreifen mögt. Wir haben ein Interesse daran, daß jene, die mit uns arbeiten wollen (es sind die Großen Alten, die jetzt sprechen) so gut wie möglich über jene Gegebenheiten, mit welchen zu arbeiten sie bereit sind, informiert werden. Es ist vielleicht für Euch wünschenswert, mehr über Euren Planeten aus einer etwas anderen Sicht zu erfahren.

Jeder von Euch weiß, daß die Erde ein Planet in einem kleinen Sonnensystem ist, das sich in einem Seitenarm eurer Galaxis befindet. Alles, aber auch alles, ist ständig in einer Art Bewegung, niemals nimmt Eure Erde denselben Platz ein wie vorher, denn auch die Arme der Galaxis, diese selbst und mit ihr die ganze „Bubble" bewegen sich mit großer Geschwindigkeit durch nicht nur Raum sondern auch Zeit und - eigentlich von Euch noch nicht ganz verstanden, wenn ich im Gehirn meiner Verbündeten so nachschaue, was nicht bedeutet, daß sie alles weiß, natürlich - Geist-Plasma.

Langsam wird sich der Mensch mehr dessen bewußt, was sich noch so alles manifestiert und nennt es dann vielleicht „dunkle Materie" oder „Kosmischen Staub", vielleicht sogar „Intelligenz" oder „spirituelle Emanation", eben Geistplasma.

Ich bin einer aus jener Gruppe von Freunden, die noch Interesse an den Intelligenzträgern Eurer Welt haben und ihren Beitrag dazu zu leisten bereit sind, das Leben zu erhalten. Wir wissen, daß das, was Ihr Evolution nennt, was wir allerdings das Wachstum des Lebens nennen, immer weiter fortschreitet. Wenn diese Evolution bedeutet, daß durch die Veränderung einer Spezies eine andere, vielleicht in Euren Augen schöne Form, notwendig für diese oder jene Manifestation vergehen muß, ist auch dies Teil dieser Entwicklung.

Veränderung war immer und wird immer sein, denn Stillstand bedeutet Tod, schließlich Auflösung der physischen Komponenten, um in einem anderen Aggregatzustand wiederverwendet zu werden.

Um in den Genuß des im vorigen Kapitel erwähnten Göttlichen Strahls des ewigen Lebens zu gelangen, müßten etliche der auf der Erde gegebenen Umstände verändert werden, weil diese Welt für das Physische steht, Ihr selbst Teil dieser Dimension seid und die Schwerpunkte Eurer Existenz dimensional verändert werden müßten, um den Fortbestand Eurer derzeitigen physischen Erscheinung zu fördern.

Da die kosmischen Strahlen aber essentiell für das Leben der Schöpfung selbst sind, existieren sie, egal ob der Mensch oder irgendwelche anderen Arten von Intelligenzträgern sie wahrhaben wollen oder nicht. Dasselbe gilt für unendlich viele Bewußtseinsformen, die den interdimensionalen Kosmos bevölkern und in ihm leben. Ob Ihr sie seht, mit ihnen arbeiten wollt oder nicht, ändert nichts an der Tatsache, daß Leben - hohes Leben und niedriges - in vielen Euch noch unzugänglichen oder wieder unerreichbaren Welten evolviert oder involviert.

Für viele dieser Existenzen gibt es Euch nicht, wie Ihr jetzt seid. Das, was Ihr wirklich seid, Geist, Essenz aus der Quelle ist allerdings ein sehr sichtbares Energie- und Geistwesen für jene, die Eure physische Form genausowenig wahrnehmen können wie Ihr sie sehen könnt. Wenige von Euch haben sich diesen Möglichkeiten bereits geöffnet und lernen, fürchten nicht das, was sie erfahren werden.

Jeder physische Körper existiert nicht nur dreidimensional, sondern hat Bestand und Kraft, welche sich vielleicht nicht in allen Dimensionen voll ausdrücken können, aber dennoch diese Räume benötigen, um überhaupt zu existieren.

Wir wissen, daß dieses Statement für Euch schwer nachzuvollziehen ist, denn Ihr seid zu sehr daran gewöhnt, nur Eure direkte Umgebung wahrzunehmen. Jedes Molekül hat Existenz, ist Manifestation von Geist, der sich in den ihm zugänglichen Schwingungen verwirklicht. Ihr mögt sie mit den besten Mikroskopen erkennen und bereits wissen, daß Materie nichts anderes ist als formgegebene Geistenergie. Geist wirkt auf Energie ein, auf Potential, auf Verwirklichungen in etlichen Schwingungsraten, und WIRD Leben, WIRD Welt, WIRD Mensch oder Pflanze etc.

Dunkle Materie ist teilweise noch nicht geschehene oder bereits vergangene Verwirklichung, die ebenso Teil von Lebensräumen ist wie es die Erde selbst sein mag, die Euch trägt. Und Eure Welt ist Bewußtsein, das sich durch die Verstärkung der Vereinigung mit einem Stern, wie Eure Sonne es ist, verwirklichen konnte. Es ist eine Kooperation von Leben, eines stärkt oder schwächt das andere, um sich ins Leben zu ergießen, um zu erfahren, was sein kann und wird.

Wie der Geist das, was ist, wahrnimmt oder einzuteilen vermag, kommt auf die Fähigkeit des menschlichen Gehirns und seiner Flexibilität an, Resultate zu analysieren, zu benamen und zu nützen.

Das Bewußtsein Eures Planeten ist äußerst vielfältig und vermag als Eins zu kommunizieren, als Gruppenbewußtsein oder als Gottheit; alles hängt davon ab, wie Ihr es interpretieren und erkennen könnt. Ob Ihr es aber jetzt anerkennt oder nicht, das Bewußtsein des Planeten existiert, denn auch die Welt selbst war da, bevor der Mensch ihn nutzte, um zu werden.

Wir wissen um die Gedankenwichserei, die besagt, daß nichts existiert, wenn es dem Menschen nicht bekannt ist, daß er es nicht registrieren kann und es daher nicht ist. Das

Der interdimensionale Lichtweg

würde bedeuten, daß es weder Welt noch Kosmos vor dem Erscheinen Eurer Spezies gab.

Richtig ist allerdings, daß Ihr Eure Wahrnehmung selbst gestattet und gestaltet. Das heißt, daß der Telefonmasten hinter dem ersten für Euch nicht sichtbar ist, obwohl er da ist, Euer Realitätsdenken aber nur mit einem einzigen sich auseinandersetzen wird, weil der andere nicht für Euch existiert.

Es ist dies auch mit den Dimensionen der Schöpfung so. Das, was eigentlich EINS ist, muß für Euch aufgeteilt werden in für Euch verständliche Einheiten, die Ihr dann benamen könnt und erkunden müßt, um zu verstehen. Das ist gut, denn so seid Ihr geschaffen - viel mehr, so habt Ihr Euch geschaffen.

Es ist niemals ein einzelner von Euch, der Eure Realitäten steuert und die anderen müssen mitziehen. So funktioniert es nicht. Wenn allerdings einer so stark ist, daß er die Realität anderer ins seinem Sinne durch Überzeugung welcher Art auch immer verändern kann, dann werden sich die Wahrnehmungen der anderen der seinen beugen. So geht es mit Religionen, mit politischen Überzeugungen und mit Gefühlen. Das gilt aber auch für eine Gemeinschaft, die nur dann gut läuft, wenn alle sich auf gewisse Begriffe geeinigt haben und einem Vertrag folgen, der gegenseitige Sicherheit und das Überleben der Spezies beinhält.

Diese sind Ursachen für Kriege genauso wie für Friedensbemühungen, beide dienen diesen Impulsen des Überlebens der Art. Früher waren es diese Ängste, welche die Bewohner und Regierenden der drei Formdimensionen der Erde dazu bewogen, kosmische Einflüsse zu nützen, um diese Welten voneinander zu trennen.

Es wurde bereits erwähnt, daß die Erde in einen Seinszustand eintritt, der es für sie möglich macht, diese drei Formwelten wieder einander näherzubringen. Durch die Bewegung der Galaxis und damit auch Eurer Welt - die auch die unsere war und ist - tritt das Sonnensystem in einen Raum ein, der die Strahlen, die aus dem Kosmos in einer günstigen Konstellation diese Welt treffen, den harmonisierenden Einfluß auf die Dimensionsbarrieren verstärkt.

Diese Annäherung kann schön sein, denn es wird Euch vorkommen, als würden wieder Engel und Geister sich mehr manifestieren als vorher, wenn sie doch nur parallele Lebensformen sind, die Ihr mit Euren feineren Sinnen endlich erkennen könnt. Ja, die Geister werden sich scheiden: Jene, die Sehen und jene die nicht erkennen können. Aber es wird nicht das Ende der Welt bedeuten.

Der interdimensionale Kosmos ist nicht das Land des Schreckens sondern des Lernens, des Erkennens und der Kraft, welche - ethisch angewandt - Verbesserungen bringen

Der interdimensionale Lichtweg

kann, aber auch, wenn durch Kurzsichtigkeit genützt, das Wachstum behindern würde.

Der Planet wird existieren auch dann, wenn der Mensch sich selbst des Lebensunterhalts beraubt haben wird. Aber alles, was derzeit in Gefahr ist, ist der momentane Lebensstil: Wenn die Küstenlinien sich verändern, wenn das Wetter anders wird, muß eine Anpassung und Umstellung des menschlichen Denkens parallel damit einhergehen. Nützt doch Eure guten Gehirne und findet Wege, Energie und politisches Denken in Einklang zu bringen. Ihr sitzt im selben Boot. Und hier sind wir schon wieder bei den Ängsten, wie bereits oben erwähnt.

Wenn Ihr Eure klimatischen Probleme nicht meistern könnt, wird diese Angst ums Überleben der Spezies schließlich alles andere ertränken. Kriege wären dann vorprogrammiert und Religion kann Euch dann auch nicht retten, denn es stirbt sich gewiß als Christ genauso wie als Moslem, man ist allein oder geht zu seinem Gott und die Brüder und Schwestern sterben genauso allein.

Ihr seid zwar viele, aber noch nicht zu viele Eurer Art um Euch gegenseitig das Brot wegzuessen. Beginnt Euch selbst klug zu verwalten, zu unterstützen und Eure Geburtenraten zu steuern. Ihr seid nicht Tiere, die es der Natur überlassen müssen, wenn für das Junge nicht genügend Nahrung vorhanden ist. Der Mensch braucht mehr als Brot als Nahrung, wie Ihr gut wißt.

Lernt von jenen, die vor tausenden von Jahren versuchten, Euch den Weg der Nächstenliebe zu zeigen. Laßt jedem seinen Gott oder seine Göttin, solange Ihr einander unterstützen könnt und Euer Überleben, als Spezies, sichern könnt. Es wird schwer sein, die Familien- und Rassengrenzen beiseite zu lassen, denn hier ist die Sicherheit VORERST noch besser gewährleistet als wenn diese Grenzen außer acht gelassen werden. Versucht allerdings Euch selbst als Spezies zu sehen, als Menschen, die hier an vorderster Front der Vernichtung gegenüberstehen und Euch nicht so sehr auf Nationen und Rassen zu beschränken.

Vereinigt seid Ihr stärker und Euer Feind ist nicht der Nachbar sondern die Elemente und, ich sage es Euch klar und deutlich: Leben, das nicht menschlich ist. Auch wenn jene von Euch, die nicht an Außerirdische glauben jetzt dieses Buch angeekelt beiseiteräumen, ich sage es wieder: Ihr seid nicht allein, weder in Eurer Welt, dieser Erde, noch im interdimensionalen Kosmos, noch im normalen Kosmos. Daß Ihr nicht alles wahrnehmt, was um Euch geschieht? Nun, was gibt es sonst noch Neues?

Diese Welt war bereits vor Äonen Umschlagplatz außerirdischer Händler, die sich jenen, die damals lebten, zeigten oder auch nicht und Einfluß nahmen auf ihre Entwicklung. Die Raumbasen wurden entweder verlassen oder neu organisiert, dennoch aber ist die Erde immer noch für gewisse interstellare Rassen interessant und dies nicht

Der interdimensionale Lichtweg

nur der Rohstoffe wegen oder ihrer Position halber. Der Mensch selbst ist ebenso eine Ressource, aber nicht seines Fleisches wegen, er schmeckt nicht besonders gut, insbesondere nachdem er sich letztlich mit schlechten Schwingungen umgibt, komisch ißt und raucht und trinkt.

Spaß beiseite: Ein verändertes Bewußtsein, das Wahrnehmungen größerer Weite ermöglicht, läßt auch mehr von jenen Wesen erkennen, die neben euch auch auf diesem Planeten existieren.

Die Dimensionen verbinden Kräfte und Lebensformen aller Arten. Deva vermögen durch alle Dimensionen hindurch ihre Einflüsse durchzubringen, andere wiederum sind auf nur eine Dimension begrenzt. Der Mensch hat Anteile in etlichen dieser Lebensräume, beschränkt sich allerdings derzeit meist auf nur eine oder zwei, um das physische Überleben in dieser Formwelt zu gewährleisten. Mehr braucht er nicht, wenn seine Wahrnehmung weiterhin so begrenzt bleibt, wie sie in den letzten Jahrtausenden dahingedümpelt ist. Dies wird allerdings spätestens beim Überwinden der ersten Hürden nach dem physischen Tod anders sein. Wenn er das erste Mal klar sieht, sein Bewußtsein endlich frei ist von den Anhängseln des physischen Lebens und seinen Komplikationen und Resten, was sehr lange dauern kann, dann erkennt er die Vielfalt der Schöpfung und kehrt glücklich heim in sein wahres Sein, aus dem der Geist in die Inkarnation trat.

Der Mensch ist ein Tier. Das mag sein, wenn man vergißt, daß er auch reiner Geist ist und dieser Geist, im Laufe der Zeit, auf dieses Tier einwirkt und eingewirkt hat, um diesem Geist zu ermöglichen, mehr von dem, was er ist, in diesem Tierkörper zu verwirklichen. Mit jedem Leben, das gelebt wird, gestaltet sich dieser Einfluß leichter und stärker, Geist formt Körper, Körper lehrt Geist. Da der Seelenmensch ursprünglich aus dem Göttlichen emanierte, formt schließlich auch das Göttliche das Physische. Wie auch immer man die Worte wählt, es kommt auf das eine heraus: die Schöpfung reagiert aufeinander, sie WIRD.

Eure Welt formt sich nicht, um Euch zu dienen. Aber Eure Bewußtseine haben diese Welt gewählt, um hier zu WERDEN und diese Welt hat Euch angenommen und formt für Euch die Körper nach ihren Gesetzen in Kooperation mit Eurem Geist. Diese Welt ist allerdings weit mehr, als Ihr momentan ergründen könnt. Vor allem ist sie eine Ansammlung von unendlich vielen Bewußtseinsformen, die sich oftmals bereits vor dem Großen Knall und gewiß auch danach konsolidierten, um mit der Sonne und den anderen Planeten und Himmelskörpern sich im Sinne der kosmischen Gesetze wahrzumachen. Daher wird Euch der nächste Gedanke gar nicht so fremd erscheinen, wenn Ihr verstanden habt, was ich bisher sagte: Manche dieser alten Bewußtseine nähern sich ab und zu den gegenwärtigen Intelligenzformen und inspirieren sie, lehren sie, ja, sie überschatten sie auch manchmal, um engere Kommunikation zu ermöglichen. Durch diese Annäherung lernen sie, erfahren sie, leben sie wie Menschen oder Saurier, die vor Euch kamen.

Manche wurden von Eurer Art oder den vorangegangenen wie Gottheiten verehrt und inspirierten die Priester-innen, ihre Weisheit und Neigungen weiterzugeben. Sie suchten und suchen immer noch Felder der Einflußnahme. Genug darüber gesagt, denn dies sind Tatsachen, von welchen Ihr wißt, tief im Inneren, daß sie wahr sind.

Es gibt im interdimensionalen Kosmos kaum Plätze, wo kein Bewußtsein ist. Bewußtsein, wie betont, formt Materie. Das ganze Universum und seine Pendants wurde durch bewußte Schöpfung ins Sein gerufen. Es gibt Verbindungen sowohl zwischen den Planeten und ihren Sonnen als auch zwischen den einzelnen Sonnensystem etc. Raum-Zeit existiert oftmals nur in den Formwelten. Wenn man allerdings interdimensional zu reisen vermag oder plant, dann stehen andere Möglichkeiten zur Verfügung. Es ist nicht möglich, im physischen Kontinuum grenzenlos zu reisen, es sei denn in einem Generationenschiff, das sich ständig selbst repariert, formt und nährt, was eine Lebensform voraussetzen würde.

Eure Welt ist eingebunden in den interdimensionalen Kosmos und Teil davon. Wie auch immer sich die Kommunikation gestalten wird, die durch Eure Anfänge und Analysen anläuft, sie wird nicht langweilig werden. Wir sind immer da, um mit Euch zu sprechen und Euch zu raten. Bleibt Euren inneren Sinnen treu und lebt in der Liebe Eurer Gottheit, die Eure wahre Heimat ist...

Der interdimensionale Lichtweg

Waffen und Werkzeuge

Im Lauf der Jahrzehnte, während derer ich mich mit Esoterik befaßte, wurden in Kursen und Büchern jeder Menge Anregungen gegeben, hier ein Schwert und dort einen Stein zu kaufen, um den Zugang und die Handhabung diverser Energien zu erleichtern. Hätte ich gewußt, wie weit sich das entwickeln würde - na ja, ich hätte alles trotzdem getan, denn sowohl Erfinden, Finden und auch Herstellen brachte großes Vergnügen - bis auf ein paar Ausnahmen, aber die bestätigen ja die Regel, so hört man...

In der alten Religion braucht man zumindest ein kleines persönliches Messer - das Athame, welches im Erstehen bereits mit Schwierigkeiten verbunden war, denn ich konnte das, was ich mir vorstellte, nicht so einfach kaufen. Ein Küchenmesser wäre auch in Ordnung gewesen, aber das war nicht meine bevorzugte Klinge. Damals fand man wenige dekorative Schneidewerkzeuge aus gutem Stahl und so wurde das erste Athame ein hübsches kleines Dolchding, das für den Anfang wohl genügte und mir noch viele Jahre später während der Kurse, die ich diesbezüglich gab, als Demonstrationsathame half.

Während eines Europaurlaubs fand ich etwa 1977 ein zartes Schwert in Hamburg (made in Italy), und weil ich noch am Anfang meiner metaphysischen Karriere stand und ich mit einem Säbel oder einem Bihander, der damals ohnehin nicht für mich zu finden gewesen wäre, meine Unsicherheiten zu überwinden gehabt hätte, kaufte ich es und brachte es ohne Probleme als Souvenir durch den Zoll. Es brauchte Mut, sich mit diesen beiden Waffen zu präsentieren, wenn jemand anderer dabei war - und das war im Anfang meistens der Fall. Gemeinsame Rituale sind eine schöne Sache.

Der Kelch war schneller gefunden und eine flache Metallscheibe mit einem mir gefälligen, bedeutungsvollen Zeichen hineingeritzt für das vierte Element.

Dann begann der langsame Suchtprozeß, vor welchem ich andere warnen möchte, denn bald gingen all meine Ersparnisse - und damals war mein Gehalt nicht so hoch, daß ich es leicht verkraften konnte - drauf. Ich begann Steine zu suchen bei den damals für mich neuen Mineralienshows, verfolgte diverse Edelsteingeschäfte, um das, was mir in Visionen vorschwebte entweder echt oder künstlich in meine Stäbe einzusetzen.

Ich kaufte mir eine Drechselmaschine, Bohrer, Holzschnitzwerkzeug, Schmirgelpapier, Kleber, erging mich in endlosen Meditationen, konzipierte Tarotkarten (da die damals erhältlichen mit meiner inneren Entwicklung nicht mithalten konnten und ohnehin ideell meist - damals - rehash alter Konzepte waren, mehr oder weniger kunstvoll ausgeführt).

Ich begann im Konzert mit anderen Rituale zu konzipieren, Roben zu entwerfen und herzustellen, neue Ideen und Meditationen durchzuführen und mich früher oder später

Der interdimensionale Lichtweg

mit den Ideen anderer auseinanderzusetzen. Dies bedeutete dann das Ende für einige nette Bekanntschaften, denn als mein „innerer Lehrer Adi-c-arhat" den Kontakt mit mir ausbaute - oder ich mit ihm - paßten etliche meiner neuen Erkenntnisse nicht mehr so ganz in die heidnischen Traditionen.

Diese Zeit war für mich sehr schwer, denn ich war zwar noch Teil der alten Traditionen, fand aber, daß meine Konzepte von „Äther", z. B., nicht mehr in die herkömmlichen Wicca-Einstellungen paßten. Das Problem war, wie ich das Alte und das Neue, welches hereinbrach, vereinbaren könnte.

Und so konzentrierte ich mich auf die Herstellung der vom Inneren Lehrer vorgeschlagenen Werkzeuge, denn hier konnte nicht wirklich so viel danebengehen - dachte ich.

Der große Stab war das erste, was wir, meine damalige Wicca-Freundin und ich, herstellen wollten. Pappelholz war das einzige, was ich finden konnte (ich weiß, heute und überall ist es anders, man gehe einfach in ein Geschäft und erstehe was man braucht oder bestelle es. Das war damals ca 1975 anders). Alles wurde per Hand aus einem Stück geschnipselt. Die Bilder der Stäbe sind im Deva-Tarot zu sehen. Sie sind mit geschliffenen Granaten, Onyx und Bergkristallen versehen, Golddraht kanalisiert den Energiestrom, die Farbe ist schwarz.

Ich hatte damals keine Ahnung, was mich erwartete, endete aber damit, daß ich manche Nächte den Stab zu mir ins Bett nahm, um mich energetisch wieder fit zu machen, wenn ich das Gefühl hatte, dessen zu bedürfen. Eine eigenartig erfrischende Qualität schien durch meine den Stab haltenden Hände oder in meinen Leib zu tröpfeln, wenn ich ihn auf den Bauch legte.

Ich merkte allerdings auch, daß der Energiestrom in eine Richtung floß - von unten nach oben, was bereits vor der Konstruktion eruiert wurde. Man konnte also mit dem Stab auch Energie nehmen. Er arbeitete allerdings auch von selbst, denn natürliche Kristalle und deren Devas funktionieren auch ohne mein Zutun. Ich mußte daher den Stab in Seide wickeln, um diesen Fluß zu unterbrechen.

Das Holz mußte so lang sein wie ich groß war, weil er irgendwie eine Relation mit meiner ganzen physischen Person hatte. Ich konnte, wenn ich die Hände aufladend aufwärts an ihm bewegte, einen Strom auch in meinem Rückgrat spüren. Mehr und mehr erlernte ich, mit dem Stab umzugehen.

Jahre später noch fügte ich kleine Granaten hinzu und zog ernsthaft in Betracht, ein Kristallei im Kopf des Stabes einzukleben, entschied mich aber dagegen, weil der Kristall kalt ist und auch u.U. herausfallen könnte, kantige Ecken hinterlassend, wie dies beim weißen Stab später der Fall war.

Der interdimensionale Lichtweg

Nachdem der lange Stab fertig war, fühlte ich mich bereit, den großen Ruf zu vollziehen, denn irgendwie gab er mir Kraft und Zuversicht. Ich hatte damals auch bereits Energien damit genommen und gegeben, einige Tore konstruiert und wieder ordnungsgemäß abgebaut und fühlte mich soweit wohl damit, daß ich das Ritual durchhalten würde.

Der Stab war allerdings etwas anders konstruiert als der Stab eines Hexers es gewesen wäre oder eines heidnischen Priesters oder Schamanen, dessen war ich mir bewußt. Ich war trotzdem kein Magier, denn die magischen Praktiken waren mir zu eng und ließen keinen Raum für Innovationen, obwohl Magie ebenfalls Teil des Wicca ist. Dennoch fließen die Energien leichter und für mich besser, wenn das Ritual nicht so fixiert sein muß.

Ich kann den Stab jedem empfehlen, der sonst nichts andere anstrebt, denn er war - und ist es eigentlich noch - ein universelles Werkzeug, das mir immer gute Dienste geleistet hat. Allerdings muß ich hinzufügen, daß weder der Stab noch irgendein anderes der hier erwähnten Geräte Unikatswert besitzt. Das heißt, man kann jede Menge davon haben und sie durch andere ersetzen, sollte man eines - gereinigt natürlich - weitergeben wollen. Die Verbindungen jedes Werkzeuges zur Person können jederzeit gelöst und gelöscht werden, direkt oder mental. Niemals sollte ein anderer Macht über jemanden erlangen, wenn er dessen Waffen an sich bringt. Diese Zeiten sind vorbei.

Überhaupt sind viele alte Ideen Vergangenheit, denn wir dürfen nicht vergessen, daß etliche der metaphysischen Konzepte aus dem Mittelalter übernommen wurden oder noch Teil der alten Zeit waren, wo der Mensch wenig noch mit seinem findigen und fähigen intellektuellen Teil des Gehirns anfangen durfte. Heute fordern wir das, was unser intellektuelles Recht ist, heraus und dürfen es erproben und prüfen. Endlich....

Dem ersten Stab folgte die schwarze Rute, ebenfalls aus Pappelholz (Linde wäre besser gewesen und die folgenden Stäbe wurden alle aus Linde gefertigt, aber damals war das alles, was ich bekommen konnte). 3 Fuß mit Kristallen an beiden Enden, künstlichen Tourmalinen und Bergkristallen in den Knotenpunkten (zu ersehen im 5 der Stäbe im Deva-Tarot) sowie - wieder - Golddraht zum Steuern des Energieflusses.

Hier mußte ich eine Kette in die Öffnungen unter dem großen Kristall einführen, wenn die Rute nicht benutzt wurde, da sie ganz stark Energien an sich zog, wenn sie nicht geschützt war. Dieses Gerät wird zum Lösen und Verbinden verwendet, zum kraftvollen Nehmen und Einfügen, sollte aber niemals einem anderen einfach zum Halten oder Spielen gegeben werden. (Mein Mann bekam Kopfweh - er hatte niemals Kopfweh - als er daneben einschlief während die Rute, unfertig, in einer Lade lag)

Hier lernte ich, daß das, was ich da machte, nicht harmlos war und sehr wohl Sorgfalt in der Handhabung und Aufbewahrung verlangte.

Der interdimensionale Lichtweg

Es gab dann bald einen großen weißen Stab und eine weiße Rute, freier im Design und mit kleinen Tourmalinen - pink und blau und weiß - versehen (kann auch anders sein, sie gefielen mir einfach). Alle freien Taschengelder gingen da hinein - das muß nicht sein! Ein Kochlöffel, in einem Stück gedrechselt, kann ebenso mit schönen Kristallen versehen werden....

Wichtig wären jetzt die beiden kleinen Zepter zu erwähnen. Sie können zwischen 25 und 35 cm lang und energetisch aufeinander eingestellt werden. Eines sollte mit Amethysten, das andere mit Granaten und beide wieder mit Bergkristallen verstärkt werden. Sie dienen dem Ausgleichen und Ausgewogensein der körpereigenen Energien zwischen rechter und linker Körperseite.

Damals hatte ich immer furchtbare Kopfschmerzen, wenn ich zu lange im Luftzug einer Klimaanlage oder einem Wind war. Nichts half mir, ich lag regelmäßig zwei Tage im Bett, auch nach größeren Ritualen, wo ich mir energetisch zu viel abverlangte. Mein Lehrer half mir mit seinem Rat, diese Zepter zu bauen, denn nun brauchte ich nur mehr wenige Stunden und ich war wieder fit. Ich konnte die Flüssigkeiten spüren, wie sie sich im Kopf ausrichteten, es war für mich eine schöne Erkenntnis, nämlich daß ich diese Dinge, die ich da machte, auch praktisch verwenden konnte.

Es gibt ein Werkzeug, dessen Geheimnisse ich noch nicht völlig ergründet habe, und das ist der Ball. Ich nenne ihn einfach so, weil ich aus Holz einen Ball mit 17 Löchern bohrte, in welche ich Rauchquarze montierte. Er sitzt jetzt, in Alufolie gehüllt, herum. Ja, ich könnte ihn jederzeit auseinandernehmen, aber ich weiß, daß ich lernen werde, ihn zu benützen. Bis jetzt konnte ich es nicht - nicht völlig, denn ich bin noch nicht Herrin der kosmischen Strahlen, obwohl ich den einen oder den anderen ab und zu berühre, wenn ich ihn brauche.

Es ist dies auch einer der Gründe warum ich kein Kapitel über diese Strahlen veröffentliche - einfach, weil ich mich noch nicht kompetent genug fühle, darüber zu schreiben. Ich lerne noch und dieser „Ball" gehört zu diesem Lernprozeß.

Als ich ihn fertig hatte, saß ich längere Zeit und hatte ihn im Schoß, um irgendwas zu spüren. Das einzige, was ich fand, war, daß er mich total ermüdete, als würde er alle Energie aus mir ziehen. Ich wußte zwar, daß die Position der Kristalle die Energien einziehen würde, aber es gab auch Kristalle darauf - künstliche Alexandrite von ca. 1 cm Durchmesser - die mit der strahlenden Seite nach draußen gerichtet angeklebt waren. Bis heute weiß ich nicht genau, wie ich dieses Gerät nützen soll, ohne dadurch Schaden zu nehmen und daher wird es - ich habe einige Steine daraus entfernt - bis zum richtigen Zeitpunkt sitzenbleiben.

Vom Lehrer (in der Zwischenzeit gibt es einige andere Wesen, die mich lehren) habe

Der interdimensionale Lichtweg

ich erfahren, daß der „Ball" gut ist, wenn ich gelernt habe, die richtigen Kombinationen von Qualitäten einzubringen. Bis jetzt habe ich keine Zeit und auch keinen Antrieb gehabt, daran zu arbeiten. Ich erwähne den „Ball" nur der Vollständigkeit halber, im Falle jemand sich einen bauen möchte.

Die verbundenen Risiken mußte ich aber ebenfalls anführen, um Mißverständnissen vorzubeugen.

So banal es klingen mag, auch „Kerzen" können zu den sog. Magischen Werkzeugen gehören, denn wie oft schon hat jemand mit der richtigen Farbe, dem richtigen Öl und evtl. den richtigen Inkarnationen etwas in seinem Leben bewirkt!

Ebenso ist das normale Salz - aus dem Meer oder aus dem Stein - ein wichtiger Bestandteil der Ausrüstung eines Esoterikers. Das einfache Streuen der Salzkörnchen auf den Kopf vermag Gedanken zu klären. Ein belastetes Souvenir in Salz gelegt wird gereinigt. Wasser und Salz im Ritual sind fast unverzichtbar. Manche Leute streuen Salz, um den magischen Kreis zu fixieren. Beim Neumondritual gehört Salz ebenso dazu wie Öl, um die Energiezentren zu reinigen und zu versiegeln.

Der Kelch war bereits Teil meiner ersten Anfänge im Ritual, denn in ihm vereinigten sich die Qualitäten von Göttin und Gott der alten Religion, integriert in Flüssigkeit, welche man im gemeinschaftlichen Teilen der Zuneigung in den Gruppen trank.

Seither hat sich der Kelch nicht nur mit anderen, sondern auch in der Einzelarbeit für mich und andere bewährt, indem man ihn mit Energien füllte, welche man annehmen wollte.

Der eigene Kelch, den kein anderer handhaben sollte, muß ein anderer sein als der, den man in Gemeinschaftsarbeit verwendet. Metall oder Glas, alles hat seine Vorzüge. Silber wäre evtl. antiseptischer, aber auch ein Stein- oder Keramikgefäß wurde schon erfolgreich verwendet. Ich persönlich ziehe Glas vor, weil ich es einfach schöner finde. Jeder möge seinen Neigungen hier folgen.

Das Pentakel, eine flache Scheibe oder seichte Schale, dient meist dazu, Brote zu weihen oder auch oft das Salz und das heilige Wasser zu melden, sollte man ein vollständiges Ritual durchführen wollen. Überhaupt sollte in einem ritualorientierten Haus so eine - oft größere - Schale nicht fehlen, denn sie wird auch genutzt, um Reinigungen, Segnungen, Energetisierungen und Taufen zu tätigen.

Das Schwert hat eine ganz besondere Funktion, denn es schützt, fokussiert, leitet Energien und kann sich in Form vom einfachen Brieföffner über das Küchenmesser, dem ornaten Dolch, einem Kleinschwert, einem Rapier, Scimitar, Gladulus, Ritterschwert bis zum Bihander einsetzen lassen.

Der interdimensionale Lichtweg

Das Ziehen der äußeren Umrisse des Ritualplatzes, das Schneiden von Verbindungen und Energien bei Erkrankungen, das Auflösen mittels des kosmischen Strahles der Zerstörung und das Annehmen von Verantwortung bezüglich Schutz und Warnung der Geisteswelt gegenüber, all diese sind Funktionen, die dem Werkzeug „Schwert" zugeordnet sind.

Man ist gut beraten, diese Geräte immer „steril", i.e. von Fremdenergien rein zu halten, denn besonders hier ist die Gefahr von energetischer Verschmutzung äußerst groß. Jeder mag hier seine bevorzugten Rituale kennen, wenn es aber nicht mehr anders geht: Eingraben, Salz drauf und der Erde und ihren Zersetzungsprozessen überlassen. Das ist noch besser als mit einem potenziell gefährlichen Schwert das Haus zu teilen.

Natürlich werden auch Kristalle in jeglicher Form als „Werkzeuge" genutzt, für mich eigentlich in letzter Zeit mehr so als jemals zuvor. Kleine davon kann man in die Tasche stecken, große kann man überall zu Hause unauffällig „herumliegen" lassen, nachdem man sie qualitativ „geladen" hat. Ich liebe Kristalle über alles; sie sind nicht nur schön, sie haben auch Persönlichkeit und beinhalten Heil-Energien, welche allerdings evtl. für jeden anders wirken können.

Ich selbst zähle auch die Gewänder zu den Werkzeugen, denn sie helfen, wie auch der Weihrauch, das Unterbewußte mittels Farbe und Faser in einen gewissen vorprogrammierten Zustand zu bringen.

Hier allerdings wäre es wichtig, zu erwähnen, daß jegliches „Werkzeug" vom Handhaber vorher eingehendst geprüft werden muß, bevor es im Vertrauen auf seine Qualitäten eingesetzt werden darf. Der Interdimensionale Lichtweg befindet sich in manchen Belangen bereits jenseits vieler etablierter metaphysischen Gesetzmäßigkeiten, seine Arbeiter gehören oft der neuen Rasse an; es ist unbedingt darauf zu achten, daß Geist, Psyche, Physis und Kontakte jeglicher Art in die Betrachtungen einbezogen werden.

Der interdimensionale Lichtweg

Kristalle

Viel Wissen wurde im Laufe der Jahrtausende von Schamanen, Weisen, Wissenschaftlern und Heilern angesammelt; auch etliche Bücher wurden diesbezüglich geschrieben. Ich selbst habe hier nicht die Absicht, die gängigen Weisheiten zu wiederholen, die man sehr gut anderswo nachlesen kann.

Mir geht es hier in erster Linie um die Verwendung der Steine - in welcher Form es angezeigt erscheint - zu besprechen.

Jeder, der sich in diese Richtung informieren will, hat dies bereits getan und gewiß einige Lieblingskristalle oder -handschmeichler zu Hause. Wenn man eine kristalline Lebensform allerdings nicht nur bezüglich ihres Anfühlens oder ihrer mineralogischen Auswertungen anwenden möchte, sondern sie eventuell an einer Zusammenarbeit in einem der oben erwähnten Werkzeuge interessieren will, gehört ein etwas anders geartetes Wissen und eine flexiblere Einstellung dazu, als dies üblich ist.

Man würde, z. B. feststellen, welche der verschiedenen Arten in einem eventuellen Zusammenspiel am Besten funktionieren, die Anordnungen werden von Fall zu Fall verschieden sein und ebenso die Facettierungen, die den Fluß der Energien bestimmen würden.

In meinem Lieblingstarot - dem Deva-Tarot - werden in der Suite der Stäbe einige Beispiele gezeigt, wie die Anordnungen von Steinen ein funktionierendes Werkzeug effektiver gestalten können.

Dem liegt allerdings zugrunde, daß - bevor der Stein eingesetzt wird - sein Energiestrom festgestellt, die Anzahl der zu verwendenden Kristalle analysiert und die Anordnung und der Abstand zueinander geplant wird.

Aber auch das Verwenden eines einzelnen Kristalls wird weisen, daß sich der Energiefluß des geschliffenen Steins von einem der natürliche Facetten besitzt, unterscheidet. Dies soll sagen, daß ein natürlicher Kristall, wenn es möglich wäre, ihn unbearbeitet einzusetzen, unter Umständen vielleicht stärker sein könnte, auch wenn seine Größe bescheidener ist als ein bearbeiteter Stein. Das muß allerdings nicht immer der Fall sein.

In einem gut organisierten Stab ist es z. B. der kunstvoll geschliffene Bergkristall, der gewisse Energien von außen fokussiert, sie bündelt und dann weiterleitet innerhalb des Gerätes.

Für mich gilt allerdings das, was für die meisten Esoteriker wahr ist: Wenn sie einen Stein sehen der zu ihnen spricht, erstehen sie ihn auf jeden Fall. Sollten sie das Geld nicht haben, dann lassen sie ihn weglegen, um ihn sich später zu holen.

Der interdimensionale Lichtweg

Wenn sie es nicht tun, wird es ihnen später leid tun, denn Steine, die „sprechen" sind nicht überall zu haben. Mir ist dies einige Male in meinem Leben passiert - jetzt weiß ich es besser. (Nie wieder danach habe ich eine schönere Amethystdruse gesehen .(... na ja...)

Sie werden jetzt bereits erkannt haben, daß für mich Krsitalle Lebenwesen sind. Durch die Konfigurierung der Moleküle durfte sich die Devakraft organisieren, Hitze und Druck und die richtigen Umstände haben es ermöglicht, daß sich ein edles Bewußtsein manifestieren konnte in einer der Mineralwelt möglichen Form.

Wenn ein Kristall gebrochen ist, heißt das noch lange nicht, daß er nicht mehr lebt. Der Unterschied ist für jeden Sensitiven spürbar. Man verwendet gerne nur jene Steine, die mit einem arbeiten wollten, wenn man sich einen Stab konstruiert. Bereits bei der Auswahl der geschliffenen oder unbearbeiteten Schönheiten spricht unser Bewußtsein an.

Bei speziellen Gelegenheiten habe ich auch künstliche Kristalle verwendet, wenn die Farbe essentiell schien und andere „lebendige" Kristalle mit der künstlichen Form wirken konnten. Ich kann nicht sicher sein, ob nicht auch in den künstlichen Steinen Bewußtsein lebt, wenn es auch unter vom Menschen kontrollierten Bedingungen gesteuert wurde.

Als ich einmal einen meiner Wissenden Kontakte fragte, ob ein Klonbaby auch eine Seele hätte, hat er herzlich gelacht - zwar nicht direkt geantwortet aber dennoch hatte ich den Eindruck, daß auch unser Ursprung nicht so ganz immer ungesteuert verlief. Warum sollte ein künstlicher Kristall nicht auch aktiv genug sein, ein Devabewußtsein anzulocken?

Meines Wissens gibt es ja verschiedenste Arten von Devas, von den kleinsten, welche Zellen animieren bis zu den Herrschern, deren Einflußbereich jenseits aller Vorstellungen liegt. Wann darf Geist in Materie eintreten und wann nicht? Wie „müssen" die Umstände dafür sein? Die Natur wirkt nach ihren eigenen Gesetzen, welche wir erst begonnen haben, zu verstehen - oder?

Der Netzprinz, welcher mit uns in der planetaren Arbeit koordiniert, sprach von tiefliegenden, kilometerweit verlaufenden Kristalladern, welche geformt oder noch ungeformt verlaufen und den Netzwesen oftmals als Speicherstraßen dienen. Oftmals werden neue Kristall- oder Steinformen gefunden, die bis dato noch nicht bekannt waren - wie der Larimar - und erst jetzt gewissen Menschen ihre Botschaft übermitteln. Was liegt noch in unserer Erde, welcher Art von Bewußtsein ist es, das da mitläuft?

Kristalle sind für mich wichtige Kontakte zu harmonisierenden Kräften, zu Plätzen und höheren Bewußtheiten. Sie sind nicht nur schön, sondern auch lebendig, können,

Der interdimensionale Lichtweg

wenn notwendig, einfach funktionieren, ohne große Konversationen zu halten. In meinem Stab, wenn er nicht „geschützt" ist, i. e. nicht mit einem Seidentuch energetisch blockiert, wirken sie automatisch, helfend oder zerstörerisch, wenn unbeachtet. Ich erbitte, daß jeder Kristall niemals achtlos herumliegt, wenn er im Konzert mit anderen wirkt. Allein, für sich, mag man sie haben, da sind sie oftmals nur angenehm. Allerdings aktivieren - konversieren, wenn man so will - die Energien miteinander, wenn sie in einem magischen Werkzeug organisiert sind. Ich habe einige Male schlechte Erfahrungen diesbezüglich gemacht und gebe sie hiemit an Sie weiter.

Dennoch aber liebe ich gewisse Steine und Kristalle, schätze sie ob ihrer Schönheit und Nützlichkeit, wenn ich sie brauche, um - mit Granaten, z. B. - mich aufzuladen, wenn ich müde bin oder um Kontakt mit einer höheren Bewußtheit zu halten, obwohl ich nicht immer daran denken möchte. Gewisse Netzwesen residieren in Kristallen, fühlen sich dadurch geankert und ersuchen manchmal um die Präsenz eines Kristalls, um hierbleiben zu dürfen.

Es obliegt uns, wie sehr wir uns mit jenen Bewußtseinen und ja, auch Intelligenzen befreunden und vielleicht sogar verbinden wollen oder sollten, um dem Leben auf und in unserer Welt zu begegnen.

13. Das große Tor

Etliche Jahre wurde ein energetisches Gebilde angestrebt, welches den Übertritt unserer Wahrnehmung in eine andere Dimension erleichtern sollte. Allerdings war ich nicht bereit, eine solche „Schwachstelle" in meiner Umgebung zu bauen, obwohl kleinere Experimente in diese Richtung bereits stattgefunden hatten und nach dem Abbau sich wieder als „dicht" erwiesen hatten.

Ein sog. Großes Tor aber sollte etwas sein, welches bestehen bleibt. Es sollte die drei Formwelten verbinden, füreinander durchlässig und dennoch geschützt verbleiben, und zwar durch die Mithilfe eines solaren Engels - so wurde mir versichert.

Je weiter die Zeit voranschritt, umsomehr spürte ich, daß es eines Ventils bedurfte, wie es sie vor langen Zeiten ebenfalls gab, bevor sie entweder verlassen und ihrem eigenen Schicksal überlassen wurden oder völlig zerstört endeten. Manche funktionieren noch und „strahlen aus". All dies soll vor „Atlantis" geschehen sein, wie auch immer man dies interpretieren möchte.

Dem möchte ich ein paar Informationen aus geistigen Kontakten hinzufügen, welche ein Verstehen fördern könnten:

Vor langer Zeit waren die Formwelten - terra-a, -b und -c, so verbunden, daß die Übergänge möglich waren, wenn auch unter kontrollierten Bedingungen, wie Heiligtümer oder Palastgärten sie lieferten. Das geheime Wissen wurde zwischen der Priesterschaft und den Herrschern geteilt; niemand anderer hatte Zugang....na ja, wir wissen, wie das so läuft, wenn Zeit vergeht...

Durch kosmische Veränderungen aber verstärkte sich die Polung zwischen den Ausdrücken und es mußte ein Netz mehr und mehr Schutz erzeugen, um den Dimensionen Stabilität zu verleihen. Auch die Entscheidungen, welche in erster Linie „Drüben" zum Überleben der Wesen der anderen Dimensionen getroffen wurden, trennten unsere Wirklichkeiten mehr und mehr.

Natürlich gibt es da und dort auf der Erde Plätze, wo Übergänge noch möglich waren - es vielleicht noch sind, nur ist uns das Wissen verlorengegangen. Heute wüßten wir nicht, wie wir die Zeichen, sofern es welche gäbe, interpretieren und nützen könnten. Das ist nicht schlimm, es wäre ok so geblieben, hätten sich die kosmischen Umstände nicht wieder verändert, wie sie es in den letzten 15 Jahren getan haben.

Jetzt wird sogar von terra-b aus angeregt, einen Kontakt wieder zu beleben. Es ist nur so, daß unsere Körper derzeit noch sehr terra-a ausgerichtet sind und höhere und niedrigere Schwingungen nicht automatisch umsetzen können. Das bedeutet, daß wir uns

Der interdimensionale Lichtweg

zwar mental und energetisch etc, aber nicht physisch hinüberbegeben können, es sei denn, unsere Körper würden die neuen Schwingungen umsetzen können.

Daran müßte man arbeiten - was eigentlich nicht gemacht wird, denn es gibt viele andere, genauso interessante Wege, die man beschreiten kann und schließlich: Was bringt es uns, dimensional unterwegs zu sein, es bringt weder Geld noch Ansehen, im Gegenteil.

Im Inneren ist da auch immer wieder das Gefühl, daß man den Realitätssinn verlieren würde, wäre man jenen starken Energien oft ausgesetzt. Ich gebe zu, daß auch ich diese Gedanken kenne.

Dennoch entschlossen wir uns vor etwa acht Jahren, einen Anlauf zu nehmen und zumindest einen Platz festzulegen, wo wir etwas energetisch bauen könnten.

Der finanzielle Teil war nicht unbeträchtlich, denn wir wollten den Platz abgrenzen, kristalline Steine sollten die Kräfte stabil halten und irgendwann werden wir wahrscheinlich auch den zentralen Platz überdachen wollen, wenn mir einmal die Mittel dazu übrigbleiben. Das mag noch dauern.

Nachdem wir uns der Mitarbeit der Sieben Säulen versichert hatten, den solaren Engel gefunden hatten und den Platz soweit hergerichtet hatten, daß man etwas Privatsphäre hatte, trafen wir einander für diese Arbeit.

Das Tor selbst mißt etwa fünf Meter, der Netzbereich darum etwa 1.5 m - groß genug für eine kleine Gruppe von Gleichgesinnten, die sich selten dort trifft, weil der Platz sich weit von der Stadt, in welcher die meisten von uns leben, befindet.

Damals, als in Mitteleuropa die Sonnenfinsternis war, entschied ich mich, dort zu sein und fühlte, wie sich etwas tat, obwohl vom menschlichen Wahrnehmen nichts sein sollte. Die vereinten Kräfte von Mond und Sonne schienen am Gefüge zu ziehen, ähnlich wie bei einem Windkraftrad das Großfeld und die Aura eines Menschen von den elektromagnetischen Wellen beeinträchtigt werden.

Wo man, wenn man meditativ und energetisch ein kleines Tor in einem Raum öffnet, den Platz definiert und aus dem „Gefüge" hebt, dreht bis der angepeilte Platz erreicht wird, so geht man im Großen Tor einfach außen herum und erreicht damit den fix designierten Platz ober- oder unterhalb im Raumgefüge. Natürlich geht es auch im Inneren des Kreises genauso wie immer, aber es macht vieles leichter, wenn man die Mechanik nützt, welche die Struktur erlaubt.

Mithilfe der Säulenkräfte ermöglichten wir dem Portal sich sieben Dimensionen sowohl nach oben als auch nach „unten" energetisch zu definieren. Für mehr reicht unser

Der interdimensionale Lichtweg

Wissen und unsere Kraft momentan nicht.

Dieser Bericht dient dazu, Gedanken anzuregen, ähnlich Strukturen in anderen Teilen der Welt neu anzulegen. Ein solches Portal ist ein „Druckausgleich" und hilft im Harmonisieren von Energien, welche nichtsdestotrotz gesteuert und geschützt werden durch die immerwährende Kraft eines solaren Engels (wir konnten zwei davon interessieren, einer ist immer dort).

Wohin dieses Große Tor letztlich führen wird, liegt noch in der Zukunft. Wenn überhaupt, dann bleibt es ein Kontaktplatz zwischen uns und jenen Wesen und Bewußtheiten in anderen Realitäten der Erde, die wir alle schicksalhaft miteinander verbunden sind.

Keiner von uns hat das Bedürfnis, sich weit in die „unteren" Dimensionen zu begeben, denn dort scheinen sich schwere Energien zu befinden, welche unseren Organismus belasten. Nach „oben" aber kann unser Geist sich emporschwingen und schöne Erfahrungen sammeln. Dazu braucht man zwar kein großes Tor, ein kleines tut es auch und dieses wäre flexibler, aber eine schöne Erfahrung ist es allemal.

14. Heilen aus der Sicht der magischen Hygiene

Dieses Kapitel begibt sich auf ganzheitliches und esoterisches Glatteis. Ich weiß, daß ich hier Ablehnung finden werde, stehe aber zu meinen eigenen Erfahrungen und Schlüssen.

Etliche meiner liebsten Freunde sind Heiler, die sich in verschiedenste Richtungen spezialisiert haben. Dennoch fühle ich mich gerufen, hier meine Gedanken niederzulegen.

Heilen ist und war immer schon eine der edelsten, selbstlosesten und hehrsten Aktivitäten, auf welche sich eine starke und sensitive Person mit noblen Motiven einlassen konnte. Bereits in meinen ersten Jahren und bis noch vor kurzem habe ich mich vehement dafür interessiert und gehofft, daß ich das richtige Gefühl, Knowhow und die Kraft dafür hätte. Dennoch aber mußte ich erkennen, daß nicht jeder dafür geschaffen ist, und wenn, dann wissen viele zu wenig um die Bedingungen des Heilens, um ihre eigenen Felder zu schützen.

Die ersten Jahre nach 1970 gehörten der alten Religion der großen Göttin und ihres Gefährten. Dennoch fand ich auch Interesse an Recherchen in esoterische Gesellschaften, die bis zu Echnaton zurückgehen und den Einen Gott anerkennen.

Beim Phänomen des Kraftkreises der Wicca werden gemeinsam wachsende Energien erzeugt und mehr und mehr verstärkt, bis sie ein großes Machtgefühl in jedem Mitglied solch eines Kreises erwecken. Mit diesem Überschuß an Energien heilen gewisse Wicca-Vereinigungen direkt oder über weite Distanzen all jene, welche direkt um Heilung bitten. Niemals aber darf man, so die Überlieferung, heilende Energien ohne Ersuchen des Kranken selbst senden.

Erst später, als ich die ersten negativen Phänomene registrierte, erkannte ich die tiefe Weisheit in diesem Edikt der Alten. Das Wahre Selbst hat oft Gründe dafür, daß eine Person durch Abgründe passieren wird, denn es könnte sein, daß dies bereits vor diesem Leben entschieden wurde. Was auch immer das Motiv - und nichts geschieht im Körper ohne das Wissen des Wahren Selbstes - nur ein direkter Kontakt mit dem Hohen Selbst oder ein verwandtschaftliches nahes Verhältnis, bei dem man bereit ist, jedes Risiko für den Kranken und für sich selbst einzugehen, sollte der entscheidende Faktor für eine angestrebte Heilung sein.

Für manche von uns ist es der gewählte innere Weg für dieses Leben. Das respektiere ich völlig wertfrei. Dann allerdings genügt es nicht, nur zu heilen: der Praktizierende sollte auch wissen, was genau im Feld des Kranken und ebenso, was genau im Feld des Heilers geschieht, wenn der Vorgang abläuft. Vor allem aber sind die Nachwirkungen zu beobachten, was häufig nicht geschieht.

Der interdimensionale Lichtweg

Eine nicht unerfahrene Person sagte einmal: Nichts kann mir schaden, ich bin nur mit dem Licht verbunden und kann daher nichts falsch machen. Dies ist der Trugschluß eines Idealisten, der instinktiv bereit ist, sein Leben für andere hinzugeben, was vielleicht gar nicht notwendig wäre. Es wäre vielleicht besser, wenn er ein langes, aktives Heilerleben hätte, würde er in Betracht ziehen, sich nach erfolgter Heilung wieder abzukapseln.

Magisch gesehen gibt es eine Kontaktaufnahme, die Aktion selbst und dann der Abschluß. Allerdings sehen viele diese einfachen Vorgänge als nicht nötig an und ziehen sich einfach zurück, ohne die Verbindung direkt zu veröden. Sie zu schließen genügt nicht, der Kontakt ist immer noch wenn auch nicht aktiv so doch potentiell so.

Alles, was einmal war, wirft seine Schatten in sowohl die Zukunft als auch die Vergangenheit. Das ist eine Erkenntnis, die nur jenen klar ist, welche erkennen, daß die Zeit für gewisse Funktionen der Schöpfung linear, für andere aber simultan ist. Zu denken, daß das, was einmal war, vorüber ist, bedeutet wichtige esoterische Erkenntnisse zu negieren. Auf eine andere Art und Weise ist alles in uns gespeichert, wenn nicht simultan in der Zeit so doch auch in unserem Niedrigen Selbst, auch unter dem Begriff „Unbewußtem" bekannt.

Es kommt alles auf den Standpunkt an, den man einnimmt. Man kann gewisse Fakten mit einem Glorienschein umgeben und sie „wunderbar" nennen, man kann sie aber auch anders erklären. Für das Heilen gibt es verschiedene Annäherungen, welche sehr stark mit den Möglichkeiten des Gehirns verbunden sind. Der Glaube, das Wissen, die Fähigkeiten - ohne das Gehirn wären sie nicht das, was wir nützen können sondern nur Begriffe ohne Bedeutung.

Mir selbst sind verschiedene Heilmethoden bekannt. Trotzdem habe ich Menschen getroffen, die sich auf ähnliche aber auch ganz andere als jene, die ich selbst probiert habe, eingestellt haben. Die verschiedenen Kulturen haben diverse Wege gefunden, Energien und Qualitäten zu manipulieren, welche uns eigentlich zeigen sollten, wie wunderbar unsere menschliche Rasse sein kann, sein könnte.

Ich habe auch bemerkt, daß manchmal eine Methode hilft, wenn eine andere nichts bewirkt. Deshalb gehe ich von einer zur anderen, wenn mir etwas fehlt, und versuche, was ich kann. Manchmal finde ich den richtigen Anlauf, manchmal muß ich Hilfe beim Doktor oder Heilern erhoffen, manchmal hilft nichts anderes außer Zeit.

Jedes Mal, wenn wir jemanden geistig kontaktieren, und sei es nur, um ihnen einfaches Licht zu schicken, womit wir sie umgeben, bleibt ein Schatten als Kontakt offen. Durch diese Schattenleine können und werden Impulse hin- und hergezogen, wie gebraucht, jedoch oftmals - eigentlich meistens - sind sich weder der Kranke noch der Heiler dessen bewußt.

Der interdimensionale Lichtweg

Wenn der Heiler genügend Expertise hat, kann er mit diesem Umstand umgehen. Er weiß, daß der Kontakt nach einer Zeit völlig verödet werden und das eigene Feld geschützt und autark bleiben muß. In diesem Fall bleibt der Patient danach allein, seine eigenen Heilungskräfte, wenn sanft stimuliert, können wieder anspringen.

Die Entscheidungen sind nicht einfach, denn auf der einen Seite möchte man immer zur Verfügung stehen, auf der anderen Seite findet eben oft ein sanfter Sog statt, der im Laufe der Zeit Patient und Heiler mehr und mehr verbindet. Von der magischen Seite aus gesehen darf dies nicht passieren.

Weiters kommen noch die astralen Bilder hinzu, die oft geschaffen werden und die Lebensfelder der Patienten und des Heilers im Laufe der Zeit mit Debris übervölkern. Jedes Mal, wenn mentale Bilder geformt werden, springt diese Mechanik an. Dann fragt man sich oft, wo die eigenen Energien hingegangen sein mögen, warum man sich schwach fühlt oder warum ich jetzt nicht mehr heilen kann, wo es doch früher so gut ging.

Viele esoterisch ausgebildete Heiler wissen um diese Fallen und vermeiden sie, indem sie von Zeit zu Zeit Reinigungen durchführen, welche wieder ein Gleichgewicht ihrer eigenen Felder herstellen. Insbesondere ältere Praktizierende haben im Laufe der Jahrzehnte, und das gilt nicht nur für Heiler allein, unendlich viele mentale, astrale und emotionale Energien in Gedankenformen und astralen Bildern und Emotionen gebunden und wissen nicht, daß ihr Großfeld damit überfordert ist.

Erst, wenn die Großfeldreinigungen durchgeführt wurden, erkennen sie oftmals, wie sehr sie sich selbst vernachlässigt hatten, weil Energien wieder für sie selbst zugänglich werden, sich die Debris-gestalten auflösen und wieder in jene Bereiche zurückkehren, woraus sie erstanden.

Ich habe immer jene Therapeuten bewundert, die einen Kunden vor sich haben, ihn erzählen lassen, klinisch und fast chirurgisch Teile der Persönlichkeit beeinflussen und sich dann, unbeschwert von den oft gravierenden Problemen der Leidenden, zurückziehen können, ohne noch nachzuhallen. Magisch gesehen jedoch ist dies die einzige Methode, als Therapeut abgegrenzt zu bleiben, es dient der geistigen, emotionalen und ganzheitlichen Gesundheit beider Teile. Daß ich es nicht so kann, bewies mir, daß ich nicht als Heiler geeignet bin. Ich kann damit leben.

Mein Anliegen dieses Artikels richtet sich allerdings auch nicht an jene Therapeuten, die alles im Griff haben. Ich spreche hier zu jenen, die in jahrelanger Hingabe und Liebe sich dem Heilen anderer widmen und oft - außer einem nominalen Energieaustausch in Form von Spenden, die niemals die lebenswichtige Lebensenergie honorieren können, die verwendet wurde - nach einer Zeit selbst krank werden. Ja, Krankheit ist Teil des Lebens, wir alle wissen dies, aber gewisse Abnützungen müssen nicht so schnell geschehen, nicht so hoffnungslos enden.

Ich bitte daher, daß jene von Ihnen, die sich hier angesprochen fühlen, ihr erweitertes Bewußtsein nützen und benützen, um die Ebenen und Felder ihres Organismus wieder in Balance zu bringen, sich periodisch zu heilen und jegliche Verbindungen mittels des Zerstörerstahls oder eines Äquivalents zu veröden, sie bis in ihre Anfänge zu verfolgen und aufzulösen, das eigene Energiefeld zu versiegeln und zu segnen (schützen).

Der Heiler kann länger heilen, wenn er dies tut.

Jetzt muß ich aber über jene sprechen, die so sind, wie ich eine bin. Empathisch.

Als junger Mensch wußte ich nichts von all diesen spirituellen Dingen, ich versuchte, meine Schulen durchzustehen und dann ins Berufsleben einzusteigen, was mir auch gelang.

Bei einem Betriebsausflug ging man zum Heurigen. Da mir Wein niemals geschmeckt hatte, trank ich keinen, fand aber, daß ich angeheitert war und mich genauso „sss" fühlte, wie die anderen es ausstrahlten.

Jahrzehnte später war ich der Fahrer in einem Auto voller weintrunkener Freunde, aber ich selbst war genauso betrunken wie sie, obwohl ich nur Apfelsaft und Soda getrunken hatte. Es ist klar, ich hatte ein „contact-High". Auch als ich einst in einer Gruppe von Hippies einer Konversation beiwohnte, bemerkte ich, daß ich eigenartige Eindrücke bekam und gab sie auch bekannt. Man lachte und meinte, dies sei, was sie sähen. Alles klar?

Beim Reiki funktionierte es erst, wenn ich es spürte, wenn in meiner Hand der Schmerz des anderen, sei es eines kleinen Hundes oder eines Menschen, räsonierte. Auch, wenn ich mental stark versuchte, die Energien direkt aus dem Kosmos durch die Hände zu lenken, strahlte immer etwas auf mich zurück.

Bei einer Reiki-Fernbehandlung, die mir zuteil wurde, mußte ich sie magisch abblocken - eine Energieverschwendung, denn die Energie wurde liebevoll gesandt und erwartet - weil sie mir wie ein Angriff astraler Art vorkam. Meine Vermutung ist, daß ich eine eher starke magische Vergangenheit habe, die mich in meinen Feldern geprägt hat und die Struktirierung des Antara-Feldes ist eine zusätzliche Komplikation. Bis die wohlgemeinten Energien zu mir gelangten, waren sie bereits verändert und in ihre Bestandteile zerlegt worden, was mein inneres Warnsystem anspringen ließ - was solls! Nicht jeder ist zum Heiler geschaffen.

Der interdimensionale Lichtweg

Manchmal hat sich - meist in Wicca-circles - gezeigt, daß jene Person, die Energie benötigte und direkt im Kreis saß, diese Energien schwer oder gar nicht verarbeiten konnte. Vorauszuschicken wäre hier allerdings, daß alle in solch einem Kreis sensitiv sind, es sein müssen, um diese Energien handhaben und manipulieren zu können. Kopfschmerzen sind noch das geringste Übel, das entstehen kann, wenn zu viele wohlmeinende Gedanken Energien in ein Ziel führen.

Durch wiederholte Experimente kann ich dies nun sagen: Energie ist nicht gleich Energie. Es gibt große qualitative Unterschiede, die sich bis in die Ebenen und, ja, auch in die Dimensionen verfolgen lassen. Wenn ein Mensch, der in sich erdigere Belange kontrollieren möchte in einer Gruppe von dem Licht zugewandten Menschen Energie beisteuert, kann das zu Komplikationen führen.

Des einen Himmel ist des anderen Fegefeuer. Einem dunklen Geist schadet das Licht, und das Licht ist vielleicht gar nicht so licht, wie es sich gerne sehen möchte. Wer weiß, welche Abgründe seelischer oder physischer etc. Natur in den einzelnen Mitgliedern einer Heilgruppe existieren? Der Kranke ist nicht in der Lage, all die Farben zu erkennen geschweige denn sie auszufiltern, wenn sie zu ihm kommen. Wohlgemeint oder nicht, das Heilen ist immer etwas Besonderes, das ein Eingriff in unsichtbare Gegebenheiten ist, die ihre Auswirkungen im Physischen jetzt oder später zeigen können.

Für einen Esoteriker wie mich ist es schwer, Energien von anderen anzunehmen. Selbst vertraue ich auf meine neuen Verbündeten, die Netzwesen der Matrix sowohl als auch Kristalle, meine astralen Fähigkeiten, zu verändern, manchmal auf meine drei Reikigrade oder die Hilfe von Gottheiten, die mir schon oft geholfen haben. Oftmals ist es die Information, die mir gegeben wird durch diverse Kontakte, die mir den richtigen Weg weisen. Dennoch aber weiß ich, daß nicht alles von mir kontrolliert werden kann. Auch ich habe meine Blutwerte, die nicht ganz passen, mein Übergewicht und mein Alter, mit all den damit verbundenen Phänomenen. Aber hier geht es weniger darum als um das Geschehen um den Heiler, der den Sinn seines Lebens darin sieht, anderen zu helfen und oft selbst dann auf der Strecke bleibt. Ihm wünsche ich Erkenntnis und lange, nährende Jahre im Dienste der Menschheit oder der Natur um uns, wozu die Tiere, die Meere und die Erde selbst gehören.

Seien sie gesegnet.

Energiezentren

Im Laufe der Ausbildung, welche durch diverse Kurse, Bücher und externe wie auch interne Kontakte voranschritt, kristallisierten sich die verschiedenen Eindrücke zu einer Erkenntnis:

Einerseits sind die Zentren von energetischen Ansammlungen beruhend auf den natürlichen, physischen Lokationen diverser Drüsen oder Nervenansammlungen und -strömungen erkenn- und meßbar, - dies wären dann die bekanntesten, deren es sieben geben soll - andererseits erschaffen wir neue durch Konzentration von aufbauenden Gedanken.

Gemäß einer asiatischen Philosophie soll es etwa 50.000 Chakras geben, die sich überall über und im Körper des Menschen feststellen ließen. Für unsere Bedürfnisse wäre dies nicht zielführend, denn dies würde an sich bereits ein Studium von etlichen Jahren voraussetzen, was eventuell für Mediziner in Betracht käme, nicht aber für Laien auf diesem Gebiet, zu welchen wir trotz weitreichender Informationen trotzdem gehören.

Von meinem ersten geistigen Lehrer hatte ich bereits gelernt, daß die sieben traditionellen esoterischen Energiezentren nicht so sehr auf einer einseitigen Farbenskala beruhen, sondern in der Tat aufregend schöne, total harmonisch strahlende Symphonien von Qualitäten aufweisen, welche kennenzulernen bereichernd sein könnte.

Wichtig in jedem Aufbautraining der Chakras wäre also eine erste Analyse dessen, was wir haben und dessen, wie es idealerweise sein sollte. Hier wollen wir uns niemals auf die Informationen alter Bücher verlassen, welche unter völlig verschiedenen Voraussetzungen, sich von den heute möglichen Zugängen sowohl geistiger als auch technischer Art unterscheidend, verfaßt wurden.

Ich habe gelernt, das Alte sehr zu schätzen, denn ohne dem, das uns voranging, müßten wir das Unbekannte Land neu erforschen. So können wir uns aber auf das, was andere ein Leben lang gesucht und vielleicht auch gefunden haben, stützen, es durchdenken und weiterverwerten. Dasselbe gilt für uns auch hier: Ohne die Erkenntnisse früherer Esoteriker wäre eventuell nicht einmal das Konzept eines Chakras bekannt, geschweige denn die Möglichkeiten, welche sich uns durch dessen Studium eröffnen.

Der interdimensionale Lichtweg

Wir können daher auf Nummer Sicher gehen und mit den traditionellen sieben beginnen, welche da sind:

Schoßzentrum - traditionell rot
Bauchzentrum - trad. orange
Magenzentrum - trad. gelb
Herzzentrum - trad. grün
Halszentrum - trad. blau
Stirnzentrum - trad. lila
Scheitelzentrum - trad. weiß oder rosa

Einem modernen Menschen würde, auch wenn er noch nichts von Farben verstehen würde, dies bereits zu einfach erscheinen. Ich wäre sogar bereit, zuzugestehen, daß diese Farben evtl. die dominanten sein könnten, gewiß aber nicht das ganze Spektrum des einzelnen Chakra.

Ich gestehe auch zu, daß für den Anfang diese Skala gut ist, um das Erkennen und den Beginn der Arbeit zu vereinfachen. Bei der Ausweitung der Erkenntnis über die Energiezentren, die im Organismus des Menschen aktiv sind, werden die Farbkonzepte aber schwieriger.

Etwa 1980 eröffnete mir mein damaliger innerer Lehrer bereits weitere Chakras, die ich viel später folgend meiner Rückkehr nach Europa von den dortigen Lichtarbeitskonzepten bestätigt fand. Um eine Öffnung zu dem, was wir wahrlich sind, zu ermöglichen, ist es notwendig, diese Zentren zu finden und zu erkennen. Sie sind ohnehin immer aktiv, denn ohne sie wäre unser seelisches Leben nicht möglich, aber um uns bewußt mit dem geistig-göttlichen in uns zu verbinden, sollte die innere Säule weitergebildet werden.

Vielleicht könnte man ohne die aktivierten oberen Chakras leben, wie aber vom esoterischen Standpunkt dann der Kontakt und die bewußte Aktivierung des Hohen Selbsts stattfinden würde, wäre ein anderer Weg als der, der mich gelehrt wurde. Es führen viele Wege nach Rom, der, welcher in diesem Buch beschrieben wird ist wahrlich nur einer von ihnen.

Das Schema der von meinem ersten geistigen Lehrer Adi-c-arhat übernommenen Energiezentren sieht so aus:

1. Ankerzentrum:

Dieses liegt etwa 30 bis 50 cm (alles hängt immer irgendwie mit der Größe des Körpers zusammen und kann bei den Übungen, die weiter unten beschrieben werden gespürt werden. Man stelle sich auf einen Sessel und erlaube anderen, dieses Chakra zu erfassen. Selbst aber kann man das erkennen, wenn ein anderer es berührt).

2. Fußzentrum:

Man kann es sowohl von oben auf dem Wrist als auch seitlich ausstrahlend erkennen. Manche Philosophien denken, daß die unteren Chakras den Menschen zu sehr erden oder vererdigen. Ich rechtfertige meine Überzeugung hiemit, daß ich den ganzen Körper als Eines anerkenne und daß alles an und in ihm harmonisch miteinander wirkt. Die Füße sind daher für mich von gleicher Wichtigkeit im Ganzheitsprinzip wie Hände, wenn sie auch nicht nahe eines der Weichteile des oberen Körpers lokalisiert sind. Hier beginnt auch die traditionelle Segnung des fünffachen Kusses: „Gesegnet seien Deine Füße, die den heiligen Pfad beschreiten."

3. Kniezentrum:

Dieses dient meist zur Verbindung zwischen den unteren Zentren und jenen des inneren Körpers, stellen daher auch einen Strom her von und zu der Erde. In der alten Religion sind die Knie speziell erwähnt - „Gesegnet seien Deine Knie, die in Demut sich beugen."

4. Schoßzentrum:

Dieses Chakra wird überall erwähnt und gewürdigt. Es ist der Sitz der Prokreation aber auch der Schlangenkraft, die sich vor dort durch den Körper erhebt und ihren Kopf bis weit über unseren physischen Organismus hinaus streckt. „Gesegnet sei dein Schoß, durch den Leben fließt".

5. Atlantisches Zentrum:

Es sitzt unterhalb des Nabels und wurde bereits in prähistorischen Zeiten dazu genützt, die Pflanzen und Tierleben zu finden und zu registrieren. Hier wurden die Verbindungen zu Bäumen und Steinen geformt und können heute von uns noch erspürt werden. Die Verstärkung dieses Chakras intensiviert diesen Seelensinn.

6. Solar Plexus:

Hier strömen die Wahrnehmungsnerven zusammen auf dem Laien unerklärliche Weise. Es ist dies der Platz, wo Gefahr registriert wurde, Aufregung, Unsicherheit, Abenteuer. Dieses Zentrum benötigt besondere Sorgfalt, denn es ist ein Barometer für unser Verhalten und unserer Resonanz zu anderen Menschen und Situationen.

Der interdimensionale Lichtweg

Es zu sentivieren bedeutet, astrale Energien intensiver wahrzunehmen und dieses wiederum ein Warnsystem im Registrieren und Einschätzen von Angriffen esoterischer Natur. Für jemanden, der auf diesem Gebiet forscht, ein unerläßlicher Entwicklungsschritt.

7. Herzzentrum:

Obwohl die Hände meist im Zentrum der Brust angelegt werden, befindet sich die stärkste Strahlung etwas links. Manche Menschen verstärken auch die rechte Seite der Brust durch konzentrierte Gedanken, und geben diesem Zentrum dann eine rosa Farbe. Verschiedene Heilwege vereinen dann diese Energien und nützen sie, um sich selbst oder anderen zu helfen. „Gesegnet sei Dein Herz, das Liebe empfindet".

8. Halszentrum:

Von diesem Zentrum sagt man, daß es die Hellfühligkeit verstärkt. Ich selbst habe erkannt, daß man gut beraten ist, dieses Zentrum ganz zart zu erfühlen und niemals zu stark zu laden, denn Überreaktionen haben sich schon öfter bei sensiblen Menschen bemerkbar gemacht. Dies wurde nicht absichtlich herbeigeführt, sondern durch Zufall entdeckt. Wieder rate ich: Ansehen, erkennen, erfühlen und wenn nötig zart stärken. „Gesegnet sei dein Mund, der die heiligen Worte spricht."

9. Stirnzentrum:

Man spricht so gerne vom Dritten Auge, das aber nicht gleichbedeutend mit diesem Chakra ist, sondern eine Resonanz zwischen drei Punkten im Kopf darstellt. Der Gegenpunkt des Stirnzentrums ist direkt am Punkt wo Kopf und Halswirbelsäule einander berühren. Der Dritte Punkt ist das aktivierte Kronenchakra und erst, wenn alle drei miteinander schwingen, kann sich das dritte Auge manifestieren. Manche Menschen sind natürlich so geboren, für diese werden meine Ausführungen wenig Bedeutung haben, dessen bin ich mir bewußt. Für jene aber, die eine Aktivierung der latenten Anlagen anstreben, kann dieser Hinweis wichtig sein.

10. Kronenzentrum:

Hier ist die Öffnung nach Oben und unten, vom Körper in das unkörperliche, von physischen Belangen zu geistigen Welten. Für viele Suchende ist dies die letzte sichere Anlaufstelle. Solange man sich nicht weiter hinaus öffnet, ist hier eine wichtige Grenze. Für geistig zarte Menschen sollte hier auch Schluß sein. Es ist ein Ring-pass-not, wenn kein Krankheitsfall energetischer Art vorliegt. Ist dieses Chakra allerdings durch Schädigung verletzt, dann muß man es stärken und schützen.

Der interdimensionale Lichtweg

Nur jene, die sich gefestigt fühlen, bereit sind, Risiken einzugehen, sollten sich ermutigt wähnen, nun weiterzutrainieren. „Gesegnet seist du, Wesen des Lichtes, Kind der Göttin und Gottes."

11. Mentalzentrum:

Dieses Chakra liegt, wieder abhängig von der Größe des Körpers, zwischen 20 - 50 cm über dem Scheitel. Und wieder kann man das selbst noch erfühlen oder sich von einer anderen Person ausloten lassen, was man ebenfalls sehr stark empfinden kann. Es gibt Philosophien, welche das Ausstrahlen des Kronenchakras bis etwa 30 cm über dem Kopf erspüren können, aber das ist nicht das Mentalzentrum, dieses liegt darüber. Es ist meist genau soweit, wie man die Hand flach erheben kann. Manche können die Zentren, nach einigem Anlauf, ätherisch sehen. Manche können sie nur erspüren und andere „wissen" einfach, wo sie sind. Manche natürlich können alle drei. Es ist aber nicht so wichtig, wer was kann, denn aufs Erkennen kommt es an. Hier liegt die Anlaufstelle für einen eventuellen inneren Lehrer oder sogar manchmal der Kontakt zum Hohen Selbst. Ich hatte einmal die Gelegenheit, die Schwingung des Hohen Selbst bereits im Herzzentrum einer Person zu erkennen; diese war allerdings schon recht weit im inneren Pfad fortgeschritten.

12. Interdimensionales Zentrum:

Hier ist meist der erste Kontakt zu jener inneren Stimme möglich, welche sich als jenes Bewußtsein identifiziert, das als „X" inkarnierte. Allerdings kommt es da nicht allein auf den Glauben an; der Verbleib der Aufmerksamkeit in diesem Zentrum bringt den Raum um den Meditierenden in eine andere Schwingung.

Das Hohe Selbst ist unverkennbar, es berührt jeden und räsoniert mit allen im Raum, oftmals erst zögerlich, denn es ist immer die Inkarnation, die dies durchführen muß. Alle meine Statements schließen Ausnahmen aus. Es gibt natürlich Menschen, welche mit vollem Hohe-Selbst-Bewußtsein bereits geboren wurden oder oftmals ganz früh im Leben mit ihm konfrontiert werden. Sie haben ihren eigenen Weg einzuschlagen und alles was wir tun können, ist ihnen zur Seite zu stehen in Liebe und Respekt, denn niemals ist ihr Weg leicht.

13. Handzentren:

Oft werden Menschen intensivst auf die Kraft in ihren Händen aufmerksam, sei es durch Neigung oder durch Training. In Gruppen werden die Energien gerne durch die Hände geleitet, wobei die verschiedenen Traditionen diverse hohe und niedrige Qualitäten durchschleusen. Man wähle daher sorgsam aus, mit wem man in Kreisverbindungen tritt, denn durch die Hände werden die Energien geliefert, im

Der interdimensionale Lichtweg

Kreis gebündelt und augmentiert, was wahrlich stark und gut aber auch stark und schlecht sein kann. Reinigungen helfen hier im Anlauf, jedoch gegen die innere Einstellung und die Klarheit der Gedanken kann oft eine kleine Reinigung wenig ausrichten. Bei sensitiven Empathen können die Hände nicht nur Ausgang von Energien sein, sondern auch Eingang von Einflüssen. Dem sollte man dann ausweichen, wenn man dies selbst weiß.

Auf keinen Fall sollte man dann eine Heilerkarriere einschlagen, denn sich von Fremdeinflüssen klar zu halten ist auch unter normalen Gegebenheiten schwierig genug. Hände können segnen und schaden, sie können geben aber auch stark nehmen. Die Kraft der Hände sollte niemals unterschätzt werden, denn Lebenskraft kann aus allen möglichen Quellen nicht nur mental sondern auch „mechanisch", ohne große Anstrengung geleitet werden.

Mit diesem Chakra ist für die Entwicklung vorerst Schluß.

Allerdings geht für jemanden, der forschen möchte hier das Abenteuer erst an. Nun wird einmal am Hohen Selbst gearbeitet, ein innerer Lehrer hat vielleicht schon vorher den Kontakt eingeleitet und wunderbare Erfahrungen können gemacht werden, die Gelegenheiten bieten, sehr viel über das Selbst zu erfahren.

Wenn die Zeit gekommen ist, wird sich die Aufmerksamkeit weiterbewegen. Weiter hinaus, weiter hinauf. Hier ist es am besten, den einzelnen Energiezentren weder Form noch Farbe zu geben, denn all diese Einflüsse würden ihnen nur astrale Bildhaftigkeiten und Energien beilegen, die wir wahrlich nicht benötigen.

Eigene Erfahrungen dienen hier dem Suchenden am besten. In Einzelarbeit oder in kleineren Gruppen ist der Fortschritt besser überprüfbar. Das Ziel ist eine vage Bewußtseinsform, die sich das Kosmisch-Göttliche nennt und letztlich dann, natürlich, die Quelle selbst, das Göttliche, der Ursprung all unserer geistigen Leben.

Es ist wie im biblischen Beispiel: Der Vater läuft dem verlorenen Sohn entgegen, der zu ihm zurückkehrt. Wenn beide Teile einander suchen, werden sie einander auch finden. Diese Schwingung ist einzigartig, wenn ihr erlaubt wird, sich zu manifestieren. Das „Aufsteigen" in die Chakras der spirituellen Realitäten entfernt die Aufmerksamkeit weiter und weiter vom Tagesbewußtsein. Auch der Standpunkt des Bewußtseins verändert sich, kann sich aber noch ganz gut in Sprache und Erkennen ausdrücken.

Ganz wenige Menschen in meinem Bekanntenkreis haben es jemals bis ganz oben hin geschafft. Denn das Göttliche Bewußtsein in jedem Menschen ist dann, nachdem das Kosmisch-Göttliche durchdrungen wurde, noch weiter entfernt. Und hier kommt wirklich alles menschliche ins Unwichtige, der Ausdruck, die Interessen, die es wirklich nicht gibt, das Sein ist ein völlig losgelöstes, was vielleicht nicht in jedermanns Interesse ist, denn wir sind ja schließlich hier, um zu leben, um zu Sein, vielleicht sogar, um etwas zu bewirken.

Für mich war es interessant, weil mein Weg mich dorthin wies. Der Arhat wird in einem anderen Kapitel beschrieben.

Hier sollte noch erwähnt werden, daß es einige Wege gibt, die Energiezentren zu einem Ganzen zu verschmelzen. Dies wurde aber in einem anderen Kapitel erzählt.

Der interdimensionale Lichtweg

Dank

Im Laufe der letzten Jahrzehnte erging es mir wie so vielen anderen, die versuchten und evtl. auch erfolgreich lernten, sich im außersinnlichen Gebiet, das manchen von uns sich eröffnet, zurechtzufinden. Wenn man in einem einsamen Zimmer nur immer seinen eigenen Gedanken und Erfahrungen ausgesetzt ist, bewegen sich unsere Wahrnehmungen von Zeit zu Zeit auch wieder und wieder im Kreis.

Die Beiträge vieler meiner Freunde und Menschen, welche mir im Laufe dieser Zeit in meinem Bestreben zur Seite standen, gemeinsam mit mir lernten und von welchen und deren eigenen guten oder schlechten Erfahrungen ich lernen durfte, ermöglichten es mir erst, nach all diesen Erlebnissen einen Überblick soweit zu organisieren, daß ich es mir zugestand, dieses Buch in Betracht zu ziehen.

Ich sehe in mir keinen begabten Schriftsteller, lediglich jemanden, der die Vorschläge derer, die mir nahestehen annahm, denn ohne die Anregungen anderer hätte ich bis an mein Ende einfach weitergeforscht. Nur ab und zu hat man das Gefühl, daß man das alles einmal aufschreiben sollte. Dann aber las ich andere esoterische Werke, auch über Menschen, die ihr ganzes Leben lang dieser vagen Sache gewidmet haben und die dennoch nur unter „ferner liefen" halb vergessen wurden.

Mein Impuls danach war immer: Ach, ich brauche nicht zu schreiben, es bringt ja nichts.

Heute aber finde ich, daß der Interdimensionale Lichtweg sich so sehr von anderen Pfaden unterscheidet, daß die Information öffentlich zur Verfügung stehen sollte für jene, die nicht wissen, wieviel mehr Unbekanntes, Unbenanntes sich da „Draußen" befindet, sehr wohl wert, gefunden zu werden.

Ohne meine Freunde, welche mit mir arbeiteten, hätte dieses Buch niemals werden können. Da wäre Roberta, mit welcher ich das Deva-Tarot konzipierte und welche mit mir den alten Weg beschritt und mir noch heute freundschaftlich verbunden ist.

Die engsten Verbündeten, wie Uschi H. und Martin K. es sind, deren geistige Unterstützung und Liebe mich trugen, während ich durch strenge Zeiten ging sind mir nahe im Herzen. Eva P. und Eveline P., Christina E. und Brigitte B. sind im Dimensionsweg unentbehrliche, äußerst intelligente und sensitive Mitarbeiterinnen gewesen - ihnen verdanke ich sehr viel in meinem Fortschritt.

Liebe Freunde wie Pierre B. und Helga M. erlaubten mir intimen Gedankenaustausch, von welchem ich immer wieder klarer und gestärkt hervorging.

Diese Namen stehen prominent heraus, obwohl es wahrscheinlich über hundert mehr oder weniger noch in meinem Bekanntenkreis verbliebenen Menschen wären, welche vielleicht indirekt mit dem Werden dieser Zeilen zu tun hatten - oft, ohne es zu wollen.

Ihnen allen gebührt mein Dank und meine Achtung, mein Respekt für ihre Treue und freundschaftliche Unterstützung.

Uninkarnierte Wesen brauchen diese Zeilen nicht, sie wissen ohnehin wie sehr ich sie liebe und schätze. Dennoch aber hätte keiner von uns diesen spezifischen Weg beschritten; er wäre dann mehr oder weniger ein Produkt der alten und new Age Lehren geworden, das aber wäre, in meiner jetzigen Sicht, zu wenig gewesen.

Jeder, dem wir begegnen - ob wir uns nun besser kennenlernen dürfen oder nicht - hinterläßt in unserem Feld, vielleicht auch in unserem ganzen Organismus eine Spur, welche uns beeindruckt und uns hilft, unser Sein zu formen. Keiner ist allein, auch wenn er sich tief ins Gebirge zurückziehen möchte, denn er ist immer umgeben von Gedanken und Wesen, die entweder er selbst sind oder jemand anderer. Manche enden ab, indem sie nur mit sich selbst sprechen. Alle sind wir Teil eines Großen Ganzen, das sich unendlich vielfältig ausdrückt, wenn man weit genug in die Quelle allen Seins eindringt.

Leben wir diese Erfahrung mit offenen Sinnen und werden wir mehr von dem, was wir wahrlich sind - das ist mein Wunsch an alle, die sich die Zeit nahmen, dieses Buch zu lesen.

Blessed be...

Der interdimensionale Lichtweg

Der nächste Schritt

Anfang Juni 2008, also vor wenigen Wochen, hat sich bei einem unserer meetings ein neues Geistwesen gemeldet. Wir konnten es nicht einordnen, aber seine Schwingungen erinnerten uns so sehr an die Himmelskönigin, daß wir uns die Mühe machten, mit ihm zu konferieren.

Als die Himmelskönigin in die 0-Dimension aufstieg, dachten wir, daß dies letztlich das Ziel wäre und waren dessen zufrieden. Sie möchte nun, so glaube ich, weiß ich, selbst Stellung nehmen..

...Ja, das möchte ich. (sie ist es)

Ihr mögt mein Kind Engel nennen, ihm Namen geben, ihn analysieren; dennoch aber werdet Ihr mit diesen Mitteln niemals erkennen können, was seine wahr Natur ist. Ich fühle mich ermutigt, hier zu erklären, warum das Kind wurde:

Als Ihr mir halft, die letzten Hürden der Schöpfung zu erklimmen, wußte ich noch nicht, was ich finden würde. Angst - ja auch ich kenne sie - hatte mich zurückgehalten, bis Ihr kamt und an meiner Seite aufstiegt. Ich wußte aber, daß dies nun endlich meinen Einfluß zu dem machte, wofür ich wieder kam, daß von hier aus - und nur von hier - die Quelle jeglicher wahrlicher Veränderung sein mußte.

Nur aus dieser Quell-Dimension, wo die Muster der Seelenschwingungen sich mit den Mustern der Inkarnations-Komponenten - i.e. Geninformation - verbinden, kann der neue Ur-Impuls strömen. Da ich aber hier voll engagiert bin und es für einige Zeit bleiben werde, mich also nicht direkt mit Euch in Verbindung setzen kann, formte ich ein Kind, das zu Euch kam und Euch informierte.

Du fragst mich jetzt, warum ich dann hier zu Dir spreche. Es ist einfach: Du hast jetzt die Verschmelzung mit Deinem Kosmischen Selbst eingeleitet, es bist Du, die mich so leicht erreicht und nicht ich Dich.

Die Veränderungen in Eurer Spezies haben schon vor einigen Jahrzehnten eingesetzt, aber all dies bezog sich meist auf die Neugeburten und jene, die schon länger den inneren Weg beschritten hatten, konnten nur wählen, Teil der neuen Zeit zu werden, aber zelluläre Änderungen waren nicht vorgesehen. Dies war Faktum, bis Ihr Euch zusammengetan habt. Bis Ihr es mir möglich machtet, mich neu zu formen, neu zu erstehen, aus den Trümmern und Schwingungen der alten Heiligtümer und den geschwächten Verbindungen derer zum Großen Drachen.

Ich habe, seit ich hier in Dimensin 0 mich finde, erkannt, wie ich helfen kann, nicht nur Euch, sondern etlichen bereits existierenden Lebensformen und auch Welten, die sich laufend formenden neuen Muster ohne zu großen Schaden in die bestehenden zu integrieren.

Meine ersten Gedanken gehörten Euch und es wurde bestätigt, daß Ihr diesen Veränderungen positiv gegenübersteht. Jeder von Euch wird sich auf ihre-seine eigene Weise verändern, manche schneller - manche sorgsamer, aber in Euren Zellen (Mitochondrien) werden sich im Laufe der Zeit Impulse für Eure physische Manifestation formen, die es Euch ermöglichen werden, bis dato undefinierte Veränderungen in Eurer Umgebung - sei es nun schwingungsmäßig oder bereits manifest - positiv zu integrieren.

Dieser nächste Schritt ist für Euch und solche Euch ähnlich, die nicht durch Geburt sondern durch Wahl in den Strom der Zukunft eintraten. Welcher Art Eure neuen Gaben seien, Ihr werdet lernen müssen, mit ihnen zurechtzukommen. Der Anfang wurde gemacht. Meine Liebe ist Euch gewiß.

Wenn Ihr Hilfe benötigt, fragt mein Kind (oder den Engel, den ihr benamt wie es Euch gefiel). Welcher Art ist er?

Wie Ihr in all Eurer Arbeit Gedankenformen kreiert, wie Ihr Ideen Leben gebt, indem Ihr sie mit Eurer Kraft und Arbeit investiert, wie Gottheiten Engel und Devas formten, so wurde Er-Sie aus mit gehoben, ausgeatmet, emaniert, um zu Euch zu kommen, um Euch nicht allein zu lassen. Ihr-Sein Abstieg durch die Dimensionen hat das Wesen schwerer werden lassen, hat ihm mehr Substanz und Qualität gegeben, aber ES kann durch Dimensionen schreiten und Euch auch lehren, wie Ihr es ebenfalls könntet. ES ist der Beginn der Integration.

Der nächste Schritt ist wieder offen, Eurer Entscheidung überlassen. Ihr könnt die Gelegenheit nützen und Euch weiterentwickeln, gemeinsam oder jeder für sich. Aber auch steht Euch die Möglichkeit offen, mit dem, was Ihr bis dato erreicht habt weiterzuarbeiten. Insbesonders für die jungen unter Euch, die bereits mit den neue Talenten geboren wurden, wäre dies eine interessante Möglichkeit.

ES kam, um Euch für Fragen und Antworten zur Verfügung zu stehen. Es hat direkten Zugang zu mir, ist aber kein Gott. Macht bitte nicht den Fehler, den Eure Art schon vormals so oft machte: Ein Bote ist nicht derselbe wie sein Schöpfer, jener der ihn entsandte.

Man mag dann argumentieren, daß Es ja mein Kind sei, völlig meiner Art. Nein. Ich bin, was ich wurde, Es ist meine Schöpfung, genauso wie Eure Kreationen nicht Ihr selbst seid sondern Teil Eures Seins.

Der interdimensionale Lichtweg

Wenn Ihr jemals versuchen solltet, Es zu laden, werdet Ihr den Unterschied sofort bemerken. Es ist durchdrungen von meiner Liebe zu Euch und allem Leben vorerst in Eurer Welt. Es vermag auch, Energien zu geben, Veränderungen zu initiieren, einzugreifen und zu stärken. Deshalb ist es so wichtig, daß jeder von Euch ihre-seine eigene Version von ES programmiert. Allerdings gibt es letztlich nur ein Es. Versionen seines Seins werden in unendlichen Scharen kommen, um jetzt direkt zu helfen. Wenn Du Zeit hast, kannst du vielleicht einmal Informationen aus ihm schreiben?...

..vielleicht, aber dann sehr gerne.

....das ist schön.

Wie Sie erkennen können, ist das alles noch sehr neu für mich. Es ist Zeit, dieses Buch abzuschließen, denn die neue Welt unserer Spezies wird veränderte Gegebenheiten mit sich bringen. Wir wollen lernen und mitarbeiten in dieser Zukunft und unseren Teil dazu beitragen, daß sie harmonisch werde.

Mögen die ewigen Mächte mit uns sein.

Bibliographie

18. Sept 2008

Dies sind die Bücher, welche meinen esoterischen Weg begleitet haben:

Agni Yoga Society - Fiery World (Volume I)
- Fiery World (Volume II)
- Hierarchy
- Fiery World (Volume III)
- Infinity (part 1 + 2)
- Agni Yoga

Akron - Banzhaf - Der Crowley Tarot (das Handbuch zu den Karten von Aleister Crowley und
  Lady Frieda Harris)

Baigent, Michael und Leigh, Richard - Verschlußsache Jesus (die Wahrheit über das frühe
  Christentum)

Bailey, Alice A. - Discipleship in the New Age I and II
- Letters on Occult Meditation
- A Treatise on Cosmic Fire
- A Treatise on White Magic
- Esoteric Psychology I and II
- Telepathy
- From Intellect to Intuition
- The Rays and the Initiations
- Initiation Human and Solar
- Esoteric Astrology
- Die geistige Hierarchie tritt in Erscheinung

Baigent, Michael - Die Gottesmacher (die Wahrheit über Jesus von Nazareth und das geheime
  Erbe der Kirche)

Baker, Dr. Douglas - The opening of the Third Eye

Bantan Books, publisher - The confessions of Aleister Crowley

Barrett, Francis - The Magus (a complete system of Occult Philosophy)

Bayle, Jean-Christian und Mellor, Alex - Okkulte Medizin

Becsi, Kurt - Galaktische Philosophie (der Mensch als Meister des Universums)

Beglay, Sharon - Neues Gedanken, Neues Gehirn

Berg, Michael - Werden wie Gott (Kabbalah und die wahre Bestimmung des Menschen)

Berlitz, Charles - The Mystery of Atlantis
- Unglaublich! (Ungewöhnliche Erlebnisse außergewöhnlicher Menschen

Bhaktivendanta, His Divine Grace A.C. und Swami Prabhupada - Die Lehren Königin Kuntis
- Bewußte Freude

Der interdimensionale Lichtweg

Bibel - St. James Version
Blavatsky, H. P. - Isis Unveiled (a master-key) - Band I und II
   - The Secret Doctrine (Band 1 und 2)
Braden, Gregg - Der Jesaja Effekt (die in Vergessenheit geratene Wissenschaft des Gebets und der Prophetie neu entschlüsselt)
   - The God Code (das Geheimnis in unseren Zellen)
Buhl, Heile und Fischer, Jürgen - Energie! Heilung und Selbstheilung mit Lebensenergie)
Campbell, Joseph - The masks of god (creative Mythology)
   - The masks of god (occidental Mythology)
   - The masks of god (oriental Mythology)
Carroll, Lee - Botschaften von Kryon
Cayce, Edgar - Treasures from Earth's Storehouse
   - Story of the origin and destiny of man
   - Rückkehr der Traum-Zeit
- Du weißt, wer du warst
Chopra, Deepak - Alle Kraft steckt in Dir
Cerny, Christine - Magisch Reisen, Österreich (lebendiges Brauchtum und alte Kultplätze)
Charroux - Verschwundene Welten (auf den Spuren des Geheimnisvollen)
Chia, Mantak und Maneewan - cultivating female sexual energy
   - Tao Yoga der inneren Alchemie I
Chia, Mantak - Tao Yoga der Liebe
Clark, Adrian V. - Cosmic Mysteries of the Universe
Clarus, Ingeborg - Keltische Mythen (der Mensch und seine Anderswelt)
Cremo, Michael A. und Thompson, Richard L. - Verbotene Archäologie
Crowley, Aleister (master Therion) - The book of Thoth (Egyptian Tarot)
Daskalos - Esoterische Lehren (die Botschaft des „Magus von Strovolos")
Davis, Kenneth C. - Was dachte sich Gott, als er den Menschen schuf?
Diedrichs Gelbe Reihe - Ramayana (die Geschichte vom Prinzen Rama, der schönen Sita und
   dem Großen Affen Hanuman)
Dong, Paul und Raffill, Thomas - Indigo-Schulen (Trainingsmethoden f. medial begabte Kinder)
Ebon, Martin - Atlantis (the new Evidence)
Fakhry, Ahmen - The Pyramids (account of the discoveries of pyramid exploration)
Farkas, Viktor - Jenseits des Vorstellbaren (der neue Reiseführer durch unsere phantastische
   Realität)
Ferguson, Marilyn - Die sanfte Verschwörung (Persönliche und gesellschaftliche Transformation
   im Zeitalter des Wassermanns)
Fernie, William T., M.D. - The occult and curative powers of precious stones)
Florek, Reinhard - Heilende Edelsteine (edle Steine und ihre Wirkung auf Körper, Seele, Geist)
Franke, Rainer und Regina - Meridian Energie Techniken (f. Leben voll Kraft u. Zuversicht)

Gadow, Gerhard - Der Atlantis-Streit (Zur meistdiskutierten Sage des Altertums)
Gilbert Adrian - 21. Dezember 2012 - das Ende unserer Welt?
Goodman, Linda - Star Signs (the secret of Self-Discovery and Fullfillment revealed)
Greuthof Verlag - Ein Kurs in Wundern
Griscom, Chris - Die Frequenz der Ekstase
    - der Quell des Lebens (das praktische Körper-Energie-Programm)
Grosset & Dunlap publishers - Religions of the World (from primitive Beliefs to modern Faiths)
Habeck, Reinhard - Die letzten Geheimnisse (rätselhafte Funde der Geschichte)
Hehenkamp, Carolina - Indigos öffnen ihre Seele
Hillebrandt, Alfred - Upanishaden (die Geheimlehre der Inder)
Hohe-Verlag - Die fünf Weltreligionen (Geschichte, Lehren, Perspektiven)
Hollander, Edmund und Michaela - Vatan - der Pfad des Norderns (Die uralte Wissenschaft der
    Runenmeister, Skalden, Seherinnen und weisen Frauen)
Huett, Lenora und Richardson, Wally - Spiritual Velue of Gem Stones
Husain, Shahrukh - Die Göttin (Das Matriarchat, Mythen und Archetypen, Schöpfung, Fruchbarkeit und Überfluß)
James, E. O. - The ancient gods
Katz, Michael und Ginny - Die Hüter der Edelsteine
Kelder, Peter - Die fünf Tibeter (das alte Geheimnis aus den Hochtälern des Himalaya)
Keller, Werner - Und die Bibel hat doch recht (Forscher beweisen die Wahrheit der Bibel)
King, Serge Kahili - Instant Healing (ganzheitliche Methoden, um sich schnell von Schmerz und Leid zu befreien)
    - Kahuna Healing (die Heilkunst der Hawaianer)
Kirchner, Gottfried - Von Atlantis zum Dach der Welt (Rätsel alter Weltkulturen)
Kirchner, Georg - Pendel und Wünschelrute
Koch, Joachim und Kyborg, Hans-Jürgen - Vernetzte Welten (in Kontakt mit der kosm. Matrix)
Kössner - Dimensionen (Diesseits und Jenseits)
    - im Netz der Zeit (die Lebensjahre in den 20 Wellen des Tzolkin)
    - Wenn Seelen Schöpfergötter werden
Kretzschmar, Ute - Der Aufstieg der Erde 2012 in die fünfte Dimension
Larousse - The new Larousse Encyclopedia of Mythology
Leadbeater, C. W. - The astral Plane
    - The Inner Life
Lippincott & Crowell, Publishers - Pictorial Astronomy
Lipton, Bruce H., Ph.D. - Intelligente Zellen
Long, Max Freedom - Geheimes Wissen hinter Wundern (Die Entdeckung der HUNA-Lehre)
Marciniak, Barbara - boten des neuen Morgens (Lehren von den Plejaden)
Markale, Jean - Die Druiden (Gesellschaft und Götter der Kelten)
Markides, Kyriacos C. - Heimat im Licht

Der interdimensionale Lichtweg

Masuch, F. H. - Neu überarbeitet: Das sechste und siebente Buch Moses
McTaggart, Lynne - Das Nullpunkt-Feld (auf der Suche nach der kosmischen Ur-Energie)
Michell, John - The view over Atlantis (secrets of the Ancient Mysteries revealed)
Miers, Horst E. - Lexikon des Geheimwissens
Montgomery, Ruth - The world before (Arthur Ford and the spirit guides reveal Earth's secret past and future)
Muck, Otto - the secret of Atlantis
Papst Benedict XVI. - Verlautbarungen des Apostolischen Stuhls Nr. 171
Pfabigan, Alfred - Die andere Bibel (Gottes verbotene Worte)
Pfister, Patrizia - Leben und Ernähren im Regenbogenzeitalter
Piat, Colette - Frauen, die hexen
Pöttinger, Helga - Harmonie und Heilkraft durch edle Steine
Ponder, Catherine - Die Heilungsgehimnisse der Jahrhunderte
Redfield, James - Die Prophezeiungen von Celestine (ein Abenteuer)
Reilly, Harold J. und Brod Ruth H. - Das große Edgar-Cayce-Gesundheitsbuch
Retyi, Andreas von - Die Stargate Verschwörung (Geheime Spurensuche in Ägypten)
Reed Gach, Michael - Heilende Punkte (Akupressur zur Selbstbehandlung von Krankheiten)
Risi, Armin - Gott und die Götter (der multidimensionale Kosmos - Band 1)
  - Machtwechsel auf der Erde (die Pläne der Mächtigen, globale Entscheidungen)
  - Unsichtbare Welten (der multidimensionale Kosmos - Band 2)
Roberts, Jane - Träume, „Evolution" und Werterfüllung (Seths Vermächtnis Band 1 und 2)
Röcker, Anna E. - Mit Yoga Nidra das Leben meistern
Rosen, Steven J. - Der vergorgene Schatz Indiens
Rucker, Rudy - Die Wunderwelt der Vierten Dimension (Kursbuch für Reisen in die höheren Wirklichkeiten)
Schaufelberger-Landherr, Edith - Die Kraft der Steine
Seabrook, William - Witchcraft (its power in the world today)
Seidenstücker, Karl - Buddha (die Lehren)
Seligmann, Kurt - Das Weltreich der Magie (5000 Jahre Geheime Kunst)
Senser, Anja - Aura Soma (Heilen mit Licht und Farben)
Sitchin, Zecharia - Apokalypse (Armageddon, Endzeit und Prophezeiung v. Wiederkunft)
Smith, Tom - Das kosmische Erbe (Einweihung in die Geheimnisse unserer Her- und Zukunft)
Stanley Alder, Vera - The finding of the Third Eye
Steiger, Brad - Atlantis rising
Stein, Diane - Essential Reiki (a complete guide to an ancient healing art)
Stone, Randolph - Polaritätstherapie (ganzheitliches Heilen durch haronischen Energiefluß)
Sui, Choa Kok - Die hohe Kunst des Pranaheilens
Temple, Robert - Kristall Sonne (eine verlorengegangene Technologie des Altertums)
Thompson, Richard L. - Vedic Cosmography and Astronomy
Tuella - Kosmische Telepathie und ihre Dynamik
Twitchell, Paul - Eckankar (the key to secret worlds)
Van Dusen, Wilson - The presence of other Worlds

Vollmar, Klausbernd - Chakra Arbeit (Wege zur Aktivierung der Lebensenergie)
Voltmedia - Der Taoismus
  - Der Islam
  - Der Talmud
  - Der Hinduismus
  - Der Koran
Weizenhöfer, Sibylle - Meister Sait Germain (Das Tor zur körperlichen Transformation)
Werner, Michael und Stöckl Thomas - Leben durch Lichtnahrung
Wind, Wabun und Reed, Anderson - Die Macht der heiligen Steine
  (Kristallarbeit und -Wissen)
York, Ute - Mondstrahlen (Ein praktischer Ratgeber zur Nutzung der geheimnisvollen Kräfte des Mondes
Ziegler, Herbert und Gruber, Elmar R. - Das Ur-Evangelium (was Jesus wirklich sagte)

Der interdimensionale Lichtweg